So heilt der Kosmos

Marcia Starck

So heilt der Kosmos

Astrologie der Mutter Erde
Planeten und Tierkreiszeichen in ihrer Verbindung zu Farben, Klängen, Kristallen, Edelsteinen, Aromatherapie, Blüten- und anderen Naturheilmitteln

WINDPFERD
Verlagsgesellschaft mbH.

Titel der Originalausgabe *Earth Mother Astrology*
Erschienen bei *Llewellyn Publications, St. Paul, MN 55164, USA*

Illustrationen im Innenteil aus *The Goddess Series* von Rohmana Harris:
The Ecstatic Mother: Air and Ether; The Great Mother: Water and Earth;
Warrior Mother: Fire and Earth; The Muse of Enchantment: Earth an Air
Aus dem Amerikanischen übertragen von Michael Gagern

Die hier vorgestellten Methoden sind nach bestem Wissen und Gewissen dargestellt, die Informationen sollen aber ärztlichen Rat und Hilfe nicht ersetzen. Der Verlag übernimmt keinerlei Haftung für Schäden, die sich aus dem Gebrauch oder Mißbrauch der in diesem Werk dargestellten Diagnose- und Behandlungsmethoden sowie Rezepten ergeben.

1. Auflage 1991
2. Auflage 1994

Umschlaggestaltung: Wolfgang Jünemann,
unter Verwendung einer Illustration von Pat Morrissey
Gesamtherstellung: Schneelöwe, D-87648 Aitrang
ISBN 3-89385-074-0

Printed in Germany

Dieses Buch ist den drei großen Erd-Müttern gewidmet: meiner Großmutter Rose Kaplan und meiner lieben Freundin Frida Waterhouse, die sich beide bereits auf eine andere Ebene begeben haben, und meiner Mutter Helen Cantor.

Danksagung

Allen Freunden, die mich mit ihrem Wissen und ihrer Weisheit beim Schreiben dieses Buches inspiriert haben, danke ich hier. Besonders danke ich Richard und Patricia Katz von der Gesellschaft für Blütenessenzen in Nevada City dafür, daß sie mir bei dem Kapitel über die Blütenessenzen mit Rat und Tat beigestanden haben; Kathi Keville, eine wunderbare Kräuterheilkundlerin und Freundin, für ihre Hilfe im Kapitel über Kräuter; »Weißer Elch« Loving, der mich tiefer in das Reich der Kristalle geführt hat; Gynne Stern für ihre Freundschaft, Unterstützung und Hilfe bei der Herausgabe des Buches; Carl Weschke, Nancy Mostad, Kathy Halgren, Terry Buske und dem Team von Llewellyn für ihre Führung und Hilfe und der wundervollen Sierra Nevada, die meine Vision während des Schreibens hochgehalten hat.

Inhaltsverzeichnis

Vorwort

Unsere Erde befindet sich in einem äußerst kritischen Zustand. Unsere Naturschätze sind zum großen Teil geplündert; viele Tierarten und Vögel sind ausgerottet; Klimaveränderungen führen in manchen Ländern zu extremer Trockenheit. Ernten verdorren und Hunger und Heimatlosigkeit sind die Folgen. Andere Länder werden von Überschwemmungen heimgesucht, die zu einem beträchtlichen Teil von der gewaltigen Vernichtung der Wälder herrühren. Durch die Zerstörung der Regenwälder wird unserem Planeten Sauerstoff entzogen, was den bekannten »Treibhauseffekt« zur Folge hat: die Erdoberfläche wird aufgeheizt. Wenn wir die »Gaia-Hypothese« verstehen, die besagt, daß die Erde selber ein lebendiger, atmender Organismus ist, der genau spürt, wie er gequält und vergewaltigt wird, dann verstehen wir, daß sie mit Überschwemmungen, Vulkanausbrüchen und Erdbeben zurückschlägt. Das Gesicht des Planeten, den wir lieben, wird zerstört, der Boden für unsere Existenz geht verloren.

Zur gleichen Zeit wie sich die Gaia-Hypothese durchzusetzen begann, erwachte die alte Religion der Mutter-Gottheit wieder und damit die matriarchalische Kultur, die der gegenwärtigen patriarchalischen Gesellschaftsordnung mit ihrem Vater-Gott vorausgegangen ist. Der Schwerpunkt der damit verbundenen Bewegung liegt auf der Rückgewinnung der weiblichen, nährenden Energie, als Ausgleich für die aggressive männliche Energie, die den Planeten derzeit noch beherrscht. Das Bedürfnis nach Ausgleich und Heilung für unsere Mutter Erde hat starke Seelenkräfte mobilisiert und kann als Quelle vieler ökologischer Initiativen und Aktivitäten zur Erhaltung der natürlichen Lebensgrundlagen und der damit verbundenen eingeborenen Kulturen angesehen werden.

Um diese neuen Energien auf unserem Planeten verstehen zu können, wenden wir uns häufig der Astrologie zu, denn sie erlaubt uns Einsichten in planetarische Kreisläufe. Die Astrologie lehrt uns, wie diese Zyklen sich in geschichtlichen Ereignissen niedergeschlagen haben und welche Marksteine sie unterwegs auf der Entwicklungsspirale schon gesetzt haben.

Die harmonische Konvergenz am 15./16. August 1987 war ein Beispiel dafür, wie die Ausrichtung der Planeten mit altem esoterischen Wissen in Übereinstimmung sein kann, wobei hier speziell der Kalender der Maya und die Prophezeiungen der Hopi-Indianer gemeint sind. Zu dieser Zeit standen sieben Planeten in Feuerzeichen und gaben damit einen Hinweis auf die zugleich reinigenden und zerstörerischen Eigenschaften der Zeit, in die wir jetzt eingetreten sind. 1988 hatten wir eine Saturn/Uranus-Konjunktion, die sich alle 45 Jahre ereignet und immer neue Energie und neues Bewußtsein über die Welt ausbreitet. Dreimal ereignete sich diese Konjunktion im Schützen, das erste Mal nur Minuten entfernt vom ersten Grad des Steinbocks. Steinbock ist ein Erdzeichen und ein kardinales Zeichen. Der erste Grad kennzeichnet bei kardinalen Zeichen einen vollkommenen Neubeginn, weil die kardinalen Zeichen mit den Tag- und Nachtgleichen und Sonnenwenden assoziiert werden, den Neuanfängen der Jahreszeiten. Die letzte Saturn/Uranus-Konjunktion fiel in den Stier, ebenfalls ein Erdzeichen; das war in den frühen vierziger Jahren.

1989 gab es eine Saturn/Neptun-Konjunktion, ebenfalls im Steinbock. Während Saturn für Struktur und Ordnung steht, löst Neptun diese Strukturen auf und demontiert die Ordnung, setzt aber an die Stelle eine höhere energetische Schwingung. Mit Neptun im Steinbock machen sich Missionare auf den Weg, um die Erde zu spiritualisieren und ins Gleichgewicht zu bringen. Im gleichen Jahr erreicht der Planet Pluto, der im Sonnensystem am weitesten außen gelegene Planet, sein Perihelium, seinen der Sonne (und damit auch der Erde) am nächsten gelegenen Punkt, während seines 284. Jahreszyklus. Pluto symbolisiert Tod, Zerstörung, Umwälzung, Vulkantätigkeit. Pluto steht auch für Verwandlung, Reinigung, Wiedergeburt. Kann dies nicht eine Zeit sein, in der die Mutter Erde geheilt wird, in der die Energien der Erde sich erneuern und in der die Erd-Mutter Astrologie mit vollem Bewußtsein zu neuem Leben erwacht?

Was ist die Astrologie der Mutter Erde?

Mutter-Erde-Astrologie setzt ein Energie-Gleichgewicht von Erde und Himmel, von Mutter und Vater, Frau und Mann voraus. Mutter-Erde-Astrologie handelt von der heiligen Hochzeit, dem »Hierogamos«. Gemeint ist damit das Gleichgewicht, das wir alle suchen, wenn wir uns darum bemühen, die entgegengesetzten Energien oder das Männliche und das Weibliche in uns zum Zusammenwirken zu bringen. Die heilige Hochzeit war das Thema der Eleusischen Mysterien im klassischen Griechenland: Die Erdmutter Demeter verband sich dem Himmelsvater Zeus. Das symbolische Produkt ihrer Vereinigung war in ihren Mysterienfeiern eine Maisähre als Zeichen für die Fruchtbarkeit der Erde.

Diese heilige Hochzeit findet auf drei Ebenen statt: einmal in jedem von uns, indem wir unsere männlichen und weiblichen Energien in ein Gleichgewicht zu bringen versuchen; dann innnerhalb der Gesellschaft, in dem Bemühen um Frieden und Harmonie, das Männern und Frauen nur gemeinsam gelingen kann; und schließlich auf der kosmischen Ebene im Gleichgewicht zwischen der Erde als Mutter und dem Himmel als Vater. Wenn alle drei Ebenen im Gleichgewicht sind, dann befinden wir uns im Gleichklang mit den natürlichen Gesetzen. Wie wir uns der Erde annehmen und wie wir uns unserer eigenen körperlichen Existenz annehmen, folgt den gleichen Grundregeln und hat die gleichen Auswirkungen.

Für unsere Tätigkeit hier auf der Erde hat jeder von uns mit seinem Körper eine Art Fahrzeug gewählt, und für dessen Pflege und Erhaltung trägt auch jeder selbst die Verantwortung. In dem Maße, in dem wir diese Verantwortung übernehmen, tragen wir auch dazu bei, Mutter Erde und Vater Himmel, und damit den gesamten Planeten, zu heilen.

Unser körperliches »Gefährt« wird von gefühlsmäßigen und geistigen Einflüssen nachhaltig mitgesteuert, und deshalb brauchen wir einige Instrumente, die uns helfen, den Kurs zu halten. Einige dieser Instrumente entstammen dem Reich der Pflanzen - Speisen, Kräuter, Blüten, Aromen. Andere kommen aus der Welt der Mineralien - zum Beispiel Kristalle und Edelsteine. Wieder andere können wir dadurch entwickeln, daß wir unsere Sinne kultivieren, zum Beispiel Klänge und Farbwahrnehmungen.

Ein möglicher Weg um herauszufinden, welche von diesen Instrumenten für unseren persönlichen Lebensweg zu einem bestimmten Zeitpunkt besonders sinnvoll sind, ist das Studium unserer astrologischen Kalender zur Zeit unserer Geburt und zum gegenwärtigen Zeitpunkt. Jeder von uns ist in seiner Seinsweise einzigartig und verfügt über ein eigenes Energiefeld. Wir sind alle an einem bestimmten Tag zu einer bestimmten Stunde an einem bestimmten Ort geboren. Die Art, wie die Gestirne an einem bestimmten Ort zu einer bestimmten Zeit zueinander standen und stellen, symbolisiert die Energieformen, die wir uns für unser Leben ausgewählt haben und bestimmt unsere Persönlichkeitsmerkmale, unsere Stärken, Schwächen und körperlichen Empfindsamkeiten.

Was für die Menschen stimmt, das trifft auch für die Pflanzen zu. Auch sie werden von diesem Zusammenspiel der Sterne geprägt.

Pflanzen blühen auf in der einen Jahreszeit und welken und sterben in einer anderen. Man sammelt bestimmte Kräuter zu ganz bestimmten Zeiten des Jahres und Tages. Kräuter sind, ebenso wie wir, von kosmischen Energien geprägt; deshalb ist die medizinische Wirkung bestimmter Pflanzen und Kräuter auch von Mensch zu Mensch verschieden. Dasselbe gilt für Kristalle und Edelsteine, auch wenn sie unter der Erdoberfläche wachsen. Selbst sie sind von den Schwingungen der Sterne beeinflußt und entsprechend korrespondieren sie mit den verschiedenen Temperamenten und Charakteren unterschiedlich.

Die Nahrung, die wir aufnehmen, hat verschiedene Farben, jede strömt ein eigenes Aroma aus und sie enthalten unterschiedliche Nährstoffe. Wahrscheinlich brauchen wir, wenn wir unter den Einfluß eines bestimmten planetaren Kreislaufs kommen, auch eine ganz bestimmte Nahrung. Unter dem Einfluß von Uranus brauchen wir zum Beispiel mehr Vitamin B und sowohl Magnesium als auch Mangan, um unser Nervensystem im Gleichgewicht zu halten.

Die Schwingungen von Tönen und Farben können uns helfen, unsere Stimmungen zu verändern und uns harmonisch auf die Veränderungen der Erde einzustimmen.

Wir brauchen, wenn wir mit diesen monatlichen, jährlichen und saisonalen Veränderungen ernsthaft arbeiten wollen, Zeremonien und Rituale. Rituale öffnen uns für die Energien, die Mutter Erde und Vater Himmel für uns bereithalten und helfen uns, mittels dieser Energien miteinander Verbindung aufzunehmen. Bei Neumond und Vollmond und bei Tages- und Nachtgleiche haben wir die Möglichkeit, unserer Mutter Erde Heilung zu bringen, indem wir die Energien, die auf unseren Planeten treffen, ausbalancieren helfen.

Einleitung

Wie dieses Buch benutzt werden sollte

Dieses Buch ist so geschrieben, daß es mit einem genau berechneten Horoskop benützt werden sollte. Aber auch das Sonnenzeichen alleine ist schon ausreichend, um mit diesem Buch zu arbeiten, Mondstellung und Aszendent sind die beiden nächstwichtigen Horoskoppunkte. Wer ein genau berechnetes Horoskop haben will, kann es sich selbst errechnen (die aufwendigste, aber auch erkenntnisreichste Methode) oder sich mit Hilfe einer im Handel befindlichensich Astro-Software berechnen. Außerdem kann man sich an einen guten Astrologen wenden oder eine Firma beauftragen, die sich auf die Komputerberechnung astrologischer Daten spezialisiert hat.

Man braucht für die Berechnung des Geburtshoroskops drei Daten - Geburtstag, Geburtszeit, Geburtsort. Wer die genaue Geburtszeit nicht kennt, kann sie beim Bürgermeister - oder Einwohnermeldeamt - des Geburtsorts erfragen. Es gibt aber auch Astrologen, die aus der Kenntnis des Zeitpunkts bestimmter bedeutender Ereignisse im Leben einer Person deren genaue Geburtszeit rekonstruieren können.

Wenn das Geburtshoroskop einmal aufgezeichnet ist, dann können jährliche Progressionen und Übergänge eingetragen werden. Dadurch lernt man die Zyklen kennen, die man gerade durchläuft.

Wer nur sein Sonnenzeichen kennt, kann sich in diesem Buch im Kapitel »Sternzeichen« zunächst über das Zeichen und den dieses Zeichen beherrschenden Planeten informieren und dann in den anderen Kapiteln nachlesen, welche Vitamine und Mineralstoffe von diesem Planeten beherrscht werden und welche Kräuter, Edelsteine, Aromen, Farben und Töne mit ihm in Verbindung gebracht werden. Blütenessenzen sind unter den Sternzeichen aufgeführt und nicht unter den Planeten. Zu beachten ist allerdings, daß man auf diese Weise nur zu sehr allgemeinen Informationen kommt, und daß die Kräuter, Kristalle, Edelsteine und Pflanzenessenzen eigentlich auf der Basis des Geburtshoroskops zu ermitteln sind und nicht nur mit Hilfe des Sonnenzeichens.

Wie die Astrologie der Mutter Erde sich auf das Horoskop anwenden läßt

Gegen Ende des Buches finden sich einige Fallbeispiele, mit deren Hilfe wir erfahren, wie man die Information, die auf die verschiedenen Kapitel verteilt ist, für das persönliche Horoskop nutzen kann. In den folgenden Abschnitten wird nun erklärt, wie man mit einem genau berechneten Horoskop, diese Informationen nutzen kann.

Wenn wir unser Geburtshoroskop analysieren, entdecken wir, wie wir unser »Körper-Fahrzeug« in einen so harmonischen Zustand bringen können, daß wir uns in gutem Gleichgewicht auf der Mutter Erde bewegen.

Nach den Gesetzen der Metaphysik ergeben sich viele Ungleichgewichte im körperlichen Bereich aus Störungen der Harmonie der höheren »Fahrzeuge« - der emotionalen, mentalen und kausalen Körper. Demgegenüber erklärt die Wissenschaft Ungleichgewichte im Körper-Fahrzeug aus genetischen und Erbursachen. Das vollständige Bild ergibt sich vermutlich aus einer Kombination von metaphysischem und naturwissenschaftlichem Ansatz.

Es gibt sehr viele Autoren, die auf diesen Zusammenhang zwischen dem psychisch-mentalen und dem körperlichen Bereich eingehen. So zum Beispiel Dr. Hans Selye in: *The Stress of Life* (McGraw Hill, Book Co.), wo er zeigt, welche physiologischen Veränderungen der Körper durchläuft, wenn er verschiedenen Arten von Streß ausgesetzt ist. In ihrer Krebsforschungsarbeit wiesen O. Carl und Stephanie Simonton nach, daß emotionale Faktoren Zellveränderungen innerhalb des RNA/DNA Codes bewirken. Wie können wir also diese Ungleichgewichte im physiologischen Bereich mit Hilfe des Geburtshoroskops feststellen? Das Horoskop verweist nur, das sollte man nicht vergessen, auf mögliche Störungen. Die Intensität des Drucks von außen, dem wir gerade ausgesetzt sind, die Übungen, die wir machen, wie wir essen und unseren Körper behandeln, all dies beeinflußt den Gesundheits- und Gleichgewichtszustand.

Wenn wir das Horoskop studieren, beginnen wir mit einer ***Elementen-Analyse***, um festzustellen, ob ein Element zu stark oder zu schwach vertreten ist. Sehr viel Luft ist zum Beispiel ein Zeichen, daß das Nervensystem mehr Aufmerksamkeit verlangt. Das heißt, daß wir prüfen müssen, welche Planeten und welche Zeichen mit Luft und welche mit dem Nervensystem in Verbindung stehen.

Dabei stoßen wir speziell auf Merkur und Uranus und auf die Sternzeichen Zwillinge, Waage und Wassermann, das dritte, siebte und elfte Haus. Wenn wir nun in den verschiedenen Kapiteln nachschlagen, was dort zu Merkur und Uranus geschrieben steht, dann finden wir heraus, daß ihnen bestimmte Mineralien zugeordnet sind, zum Beispiel Magnesium und Mangan, der B-Vitamin-Komplex, Kräuter, die besonders auf das Nervensystem wirken, wie Kamille, Katzenminze und Grüne Minze und Kristalle und Edelsteine wie Lapislazuli und blauer Turmalin. Ein anderes Beispiel wäre ein Mangel an Feuer, was sich durch eine geringe Anzahl Planeten in den Zeichen Widder, Löwe, Schütze und durch eine schwache Stellung der Planeten Mars, Sonne und Jupiter im Horoskop und durch das Fehlen von Planeten im ersten, fünften und neunten Haus anzeigen würde.

Wenn wir die einzelnen Kapitel genauer betrachten, finden wir, daß Mars mit Eisen, die Sonne mit Vitamin D und Jupiter mit Kieselerde in Verbindung gebracht werden. Wir stellen auch fest, daß einige der im Zusammenhang mit diesen Planeten erwähnten Kräuter wie Cayenne und Ingwer im Körper Feuer erzeugen, ebenso wie einige Edelsteine, zum Beispiel Blutstein, Karneol und Rubin.

Nach der Elementen-Analyse betrachtet man das restliche Horoskop. Kommt darin eine ***Zusammenballung von Planeten*** in einem Zeichen oder einem Haus vor? Das könnte nämlich auf eine physische oder psychische Schwäche hindeuten. Jemand, der drei oder vier Planeten in der Waage hat, müßte beispielsweise wahrscheinlich an seinen Beziehungen arbeiten. Solche Personen tendieren zu schwachen Nieren. In diesem Buch sind unter dem Planeten Venus Kräuter aufgelistet, die für die Nieren unterstützend wirken, und die Bioflavone, die Rutin enthalten und ebenfalls unterstützend wirken. Drei oder vier Planeten im siebten Haus, das den Schwingungen der Waage entspricht, könnten ähnliche, wenn auch etwas abgeschwächte Wirkungen haben.

Neben der ***Sonne*** müssen der ***Mond*** und der ***Aszendent*** und ihre Stellung zueinander (ihre Aspekte) untersucht werden. (»Aspekt« ist der Ausdruck für die mathematische Distanz der Planeten voneinander. Zu den »harten« Aspekten gehören diejenigen, bei denen der Kreis von 360 Grad folgendermaßen geteilt ist: durch 2, sie stehen sich also gegenüber, sind um 180 Grad getrennt; durch 4 oder 90 Grad, d.h. daß sie ein Quadrat bilden; durch 8 oder 45 Grad, das Halbquadrat, oder eine Kombination aus diesen wie zum Beispiel beim Anderthalbquadrat (Verhältnis 5:4), bei dem der Abstand 135 Grad beträgt. Diese Aspekte, zu denen auch die Konjunktion gehört, d.h. daß zwei Planeten nebeneinander stehen, sowie die Quincunx, also eine 150 Grad-Position, wie sie bei einem Aspekt des ersten mit dem sechsten Haus gegeben ist, sollten vorrangig in die Analyse einbezogen werden. Die »weichen« Aspekte, wie das Trigon (120 Grad) und Halbsextile (30 Grad) stören das Gleichgewicht nicht, sondern sind eine gewisse Entlastung für die harten Aspekte.) Beispielsweise kann eine Person mit Mond im Steinbock zu Kalziummangel neigen, erst recht, wenn sich im Horoskop viele harte Aspekte zu Saturn finden, denn Saturn ist der Herrscher des Steinbocks. Jemand, dessen Sonne im Skorpion ist und bei dem Pluto, der den Skorpion beherrscht, hart gestellt ist, braucht möglicherweise zusätzliches Vitamin E oder Selen oder die einen oder anderen unter Skorpion aufgeführten Kräuter bzw. Blüten.

Die Planeten im ***sechsten Haus*** sollten ebenso beachtet werden wie der Herrscher dieses Hauses. In welchem Zeichen steht es und wie ist es aspektiert? Wenn die Häuserspitze im Schützen mit dem Planetenherrscher Jupiter von Saturn durch ein Quadrat aspektiert ist, könnte das auf Probleme mit der Leber oder Bauchspeicheldrüse hindeuten und auch auf verminderte Produktion von Gallenflüssigkeit (diese wird von der Leber, die von Jupiter beherrscht ist, produziert und in der Gallenblase, die von Saturn beherrscht ist, vorrätig gehalten. In diesem Fall können Jupiter-Kräuter wie Löwenzahnwurzel und Zichorie wichtig sein, ebenso wie beispielsweise die Edelsteine Türkis oder Chrysokoll.

Schließlich sind ***»Leistungsdreiecke«*** im Horoskop (zwei sich gegenüberstehende Planeten, die zu einem dritten jeweils einen Winkel von 90 Grad bilden) wichtige Indikatoren für Spannungsbereiche und Ungleichgewichte. Venus in Opposition zu Saturn und im rechten Winkel zu Mars kann auf eine Person hindeuten, die Energie zurückhält und den Ausdruck ihrer Empfindungen unterdrückt. Venus regiert den Stier, der wiederum die Schilddrüse steuert, und das kann bedeuten, daß diese Person Jod braucht. Ihr würden auch Blütenessenzen helfen, die zu dem Zeichen Stier und Waage gehören, wie beispielsweise *»Iris«* und *»Penstemon«* und ebenso Kristalle wie der Rosenquarz oder rosa Turmalin.

Wenn die Analyse des Geburtshoroskops abgeschlossen ist, sollte man unbedingt die gegenwärtigen ***Progressionen*** und ***Transite*** betrachten, um zu verstehen, in welchen Zyklen man sich momentan befindet und wie die eigene Energie davon gerade betroffen ist. Bei Uranus-Transiten kann es eine Menge Veränderungen geben, die das Nervensystem belasten. Mineralien wie Magnesium und Mangan sowie Farben aus dem blauen Spektrum können da helfen. Neptun-Transite können psychisch zu größerer Empfindlichkeit führen und das Immunsystem angreifen, was zu Allergien oder niedrigem Blutzucker führen kann. Mit etwas Kalium und Blütenmitteln wie *»Clematis«* und *»Lotus«* oder Kristallen wie Amethyst, Fluorit oder Sugelit lassen sich wohltuende Wirkungen erzielen.

Nachdem das Horoskop mögliche Ungleichgewichte aufzeigt, ist es nützlich, die Ergebnisse durch andere Systeme zu bestätigen. Es gibt eine Menge guter Systeme, die in irgend einer Weise mit alternativen Heilmethoden verbunden sind. Eines, das in Verbindung mit dem Horoskop besonders gut funktioniert, ist die Radiästhesie, die Wissenschaft der Entdeckung von Schwingungen durch die Verwendung eines Pendels oder die Wünschelrute. Mit Hilfe der Radiästhesie läßt sich herausfinden, welche Chakren (Energiezentren im feinstofflichen Bereich des Körpers) im Ungleichgewicht sind, welche Körperorgane mehr Aufmerksamkeit benötigen und welche Vitamine und Mineralstoffe fehlen. Es können mit dieser Methode auch alle Kräuter, Blumenmittel, Farben, Edelsteine und Kristalle überprüft werden, die sich aus dem Geburtshoroskop für die Behandlung angeboten haben. Mit dem Pendel kann man entweder die empfohlene Liste von Kräutern, Blüten, Edelsteinen, Farben und Kristallen durchgehen oder man pendelt direkt über dem Empfohlenen.

Eine andere bewährte Methode zur Bestätigung der Empfehlung ist der Muskeltest, die Anwendung der Kinesiologie, die darin besteht, daß man das empfohlene Mittel in der Hand hält und feststellt, ob dem Körper dadurch Kraft zufließt oder abgezogen wird. Andere gute, vorwiegend asiatische Diagnosesysteme stützen sich auf Irisdiagnose und Pulsnehmen.

Am Anfang - Elemente, Qualitäten, Planeten, Sternzeichen und Häuser

1

Am Anfang waren die Erde und der Himmel, Mutter und Vater oder die Elemente Erde und Luft. Auch das Wasser war da, denn ein großer Teil der Erdoberfläche war mit Wasser bedeckt. Feuer war das letzte Element, denn es kam erst mit und durch den Menschen (oder war, wie in den Mythen berichtet wird, ein Geschenk der Götter an die Menschen) und steht für ihre geistige und schöpferische Kraft.

Wir sollten über die verschiedenen Gewichte der ***Elemente*** in unseren persönlichen Horoskopen Bescheid wissen, weil wir die Möglichkeit haben, Ungleichgewichte auszugleichen.

Wie können wir feststellen, ob die Elemente sich im Gleichgewicht befinden? Astrologische Schulen haben in der Vergangenheit häufig einfach gezählt, wieviel Planeten sich in dem jeweiligen Zeichen befanden; oder sie betrachteten die Mondknoten, den Aszendenten und die Himmelmitte. Sie beschäftigten sich auch mit den Häusern, ihrer Verbindung mit den Elementen und den zu ihnen gestellten Planeten.

Eine etwas vollständigere Systematik müßte auch noch den Planetoiden Chiron, der sich zwischen den Umlaufbahnen von Saturn und Uranus befindet, in die Analyse einbeziehen sowie die vier wichtigsten Asteroide: Ceres, Vesta, Pallas und Juno. Nachdem man diese ebenso wie Sonne, Mond, Aszendent, MC, Planeten und Knoten in die Erwägung einbezogen hat, muß man noch die Planeten unter dem Gesichtspunkt betrachten, in welche Häuser sie fallen Feuer, Erde, Luft oder Wasser.

Das Überwiegen eines Hauses oder mehrerer Häuser des gleichen Elements gibt diesem Element in einem Sternzeichen erhebliches Gewicht.

Als nächstes betrachtet man die Planeten. Sind irgendwelche an den Spitzen der Eckhäuser stehenden Planeten dabei? (Das sind solche Planeten, die innerhalb eines 5-Grad-Orbis am Aszendenten, Deszendenten, MC oder IC stehen). Manchmal hat jemand wenig Feuer im Horoskop, aber mit Mars nahe einem Eckpunkt kann dieser Mensch sehr feurig sein. Saturn an einem solchen Eckpunkt würde das Erdelement verstärken. Weitere Gesichtspunkte ergeben sich daraus, ob ein Planet in Konjunktion zu Sonne oder Mond steht. Ebenso muß der beherrschende Planet beachtet werden oder auch der Planet, der die meisten Aspekte hat; diese Faktoren geben der Analyse eigenes Gewicht. Die äußeren Planeten bleiben viele Jahre lang in einem Zeichen, so daß die Stellung von Uranus, Pluto und Neptun in den Zeichen nicht so bedeutungsvoll ist, wie ihre Stellung in den Häusern.

Im folgenden findet sich eine Aufstellung der zu den einzelnen Elementen gehörenden Sternzeichen, Häuser und Planeten.

FEUER Die Zeichen Widder, Löwe und Schütze; das erste, fünfte und neunte Haus und Mars, Sonne und Jupiter; außerdem der Planetoid Chiron (der verwundete Heiler mit Pfeil und Bogen) der häufig mit dem Schützen in Verbindung gebracht wird.

ERDE Die Zeichen Stier, Jungfrau und Steinbock; das zweite, sechste und zehnte Haus; der Planet Saturn; außerdem die Asteroiden Ceres (die Mutter Erde und Göttin des Getreides) und Vesta (die vestalische Jungfrau und Göttin des Herdes). Beide Asteroiden stehen für Eigenschaften der Jungfrau: Ceres, die nährende Erd-Energie und Vesta, Frömmigkeit und Reinheit.

LUFT Die Zeichen Zwillinge, Waage und Wassermann; das dritte, siebte und elfte Haus; die Planeten Merkur und Uranus; und der Asteroid Pallas. (Pallas Athene ist für ihre Weisheit und geistige Kreativität bekannt und wird mit dem Sternzeichen Waage in Verbindung gebracht

WASSER Die Zeichen Krebs, Skorpion und Fische; das vierte,

achte und zwölfte Haus; der Mond, Neptun, Pluto und Venus. (Manchmal wird Venus dem Luft-Element oder dem Wasser zugeordnet, weil Venus sowohl den Stier als auch die Waage beherrscht. Dagegen spricht, daß Venus eine sehr stark emotionale und ästhetische Qualität hat. Aphrodite oder Venus stieg bei ihrer Geburt aus dem Wasser. Wahrscheinlich ist sie eine Verbindung aller dieser Elemente. Auch der Asteroid Juno (Göttin der Ehe und im allgemeinen der Waage zugeordnet) hat im Lauf der Zeit, weil Zeus sie so häufig betrogen hat, einen Zug der Selbstaufopferung angenommen und wird mit den Fischen in Verbindung gebracht.

Untersuchen wir jetzt die Elemente in bezug auf ihre Ausgewogenheit, Überschuß und Mangel um zu sehen, wie sich die Extreme beeinflussen lassen.

Feuer - Feuer regt an und ist schöpferisch; bei ausgewogenem Feueranteil hat man gute körperliche Energie und Vitalität und kann Ideen in die Tat umsetzen. Selbstbewußtsein, Fröhlichkeit, Optimismus, Mut, Inspiration, Wärme und Zuneigung stellen sich ein.

Das Feuer-Element beherrscht die Hitze und die Verdauung des Körpers. Es ist auch mit der Reinigung verbunden, weil der Körper sich mit Hilfe seiner Ausdünstungen von Gifststoffen befreit. Zuviel Feuer kann wütend machen, jähzornig, aggressiv und gewalttätig. Physiologisch gesehen kann es Herzschmerzen verursachen, Leberschäden wie Gelbsucht, Verdauungsprobleme wie Magengeschwüre (zuviel Gallenflüssigkeit), Probleme mit der Gallenblase, Entzündungen, Hautausschläge, Fieber und Atemlosigkeit.

Zum Ausgleich sollte man bei zuviel Feuer kühlende Nahrung zu sich nehmen und außerdem schwimmen und baden. Man sollte kühle Farben tragen, also blaue und grüne, und Edelsteine wie grüne Granate, Aventurine, grüne Kalzite, Aquamarine, Smaragde und Malachite. Unter den Blütenmitteln empfehlen sich *»Impatiens«* für Leute, die schnell aufbrausen und *»Chamomile«* zur Beruhigung von emotionalen Ausbrüchen.

Die chinesische Medizin arbeitet in solchen Fällen mit der Niere, einem Wasser-Organ.

Bei einem Mangel an Feuer hat man einen schwachen Blutkreislauf, die Hände und Füße sind kalt, der Körper steif, die Muskeln schlaff. Die Vitalität ist schwach, die Verdauung schlecht, die Person ist antriebsschwach, und es fehlen ihr Mut und Selbstvertrauen.

Solche Menschen sollten Übungen wie Aerobik machen, die ihren Kreislauf in Gang bringen und die Herzmuskulatur stärken oder wandern und bergsteigen, weil das kräftigt und Selbstvertrauen und Mut einflößt. Zusätzlich kann man mit wärmenden Gewürzen wie Cayenne-Pfeffer, Zimt, Curry und Kardamom das Essen verbessern, Kräutertees mit Pfefferminze und Ingwer zur Anregung der Verdauung nehmen und bei der Kleidung die Farben Rot und Orange bevorzugen. Als Edelsteine eignen sich Karneol, Rubin, Blutstein und Topas; *»Indian Paintbrush«* und *»Scarlet Monkeyflower«* sind passende Blütenmittel und als Aromen kommen schwarzer Pfeffer, Basilikum und Zimt infrage.

In der chinesischen Medizin wird das Feuer von Holz angefacht. Leber und Gallenblase sind holzbezogene Organe, so daß es sinnvoll ist, diese Organe zu stimulieren.

Erde - Die Erde ist dicht und schwer; wer ein ausgewogenes Erdelement besitzt, ist praktisch veranlagt und stabil, hat ein Verantwortungsbewußtsein und kann wie die Erde selber nährend und fürsorglich sein.

Das Erd-Element regiert die Knochen, Zähne, Haut, Knorpel, Muskeln, Sehnen und Nägel.

Zuviel Erde kann sich als Lethargie und Trägheit äußern, der Körper ist steif und schwer, es fehlt an Körperübung, es kommt zu Trägheit, Depressivität, übermäßiger Besorgnis um materielle Güter, Langsamkeit im Aufnehmen neuer Ideen und zur Erstarrung von Gedanken und Gewohnheiten.

Übungen aller Art sind gute Hilfen bei einem Überschuß an Erde.

Scharf gewürzte Gerichte und Kräuter wie Cayenne und Ingwer schaffen einen Feuer-Ausgleich im Körper. Feurige Farben wie helles Gelb und Orange helfen extremen Erd-Typen. Kristalle wie Karneol, Hämatit, Rhodochrosit und Feuer-Achate sind in diesen Fällen gut. Blütenmittel wie *»Chesnut Bud«* und *»Chicory«* brechen Gewohnheitsmuster auf und *»Oak«* und *»Mustard«* helfen bei Depressionen.

In der chinesischen Medizin hat das Holz eine gewisse Kontrolle über die Erde, so daß ein Überschuß des Erd-Elements ausgeglichen werden kann, indem Leber und Gallenblase (beides sind Holz-Organe) über ihre Akupunktur-Meridiane stimuliert werden.

Bei fehlendem Erd-Element gelingt es den betroffenen Menschen nicht, ihre Möglichkeiten zu nutzen; sie wirken dann meistens unstabil, träumerisch, idealistisch.

Für solche Menschen sind Übungen im Freien wichtig. Sie sollten barfuß gehen, um die Energie der Mutter Erde aufzunehmen. Vollkornnahrung und Wurzelgemüse wie Kartoffeln, Kürbis, Rote Bete ist in diesen Fällen angebracht. Unter den Edelsteinen sind die grünen zu bevorzugen: Malachit, Smaragd, Chrysopras und Aventurin. Zur Erdung helfen die Blütenessenzen der *»Clematis«* und *»Manzanita«*.

In der chinesischen Medizin belebt das Feuer die Erde. Kräuter fürs Herz zur Anregung des Kreislaufs sind ebenso gut wie die Stimulierung der Punkte auf den Herz- und Darm-Meridianen.

Luft - Luft ist leicht und eine wesentliche Voraussetzung der Bewegung; wenn das Luftelement im Gleichgewicht ist, äußert sich das in der Grazie der Bewegung. Solche Menschen haben eine ausgewogene Wahrnehmung und gute Kommunikationsmöglichkeiten mit anderen.

Das Luft-Element beherrscht das Atem- und das Nervensystem. Ein Übermaß an Luft im Horoskop deutet auf Ruhelosigkeit hin. Solche Menschen sind leicht ängstlich, nervös und zappelig. Physiologisch äußert sich das oft in trockener, rauher Haut, brüchigen

Haaren und Nägeln, steifen Gelenken wie bei Arthritis, Blähungen, Asthma und nervösen Störungen. Psychisch kann ein Zuviel an Luft dazu führen, daß man uninteressiert und unpersönlich wird. (Viele Fachleute verbinden das Sternzeichen Wassermann mit diesen Eigenschaften.)

Luft trocknet das Wasser im Körper. Luft-Typen sind deshalb häufig sehr schlank gebaut. Sie brauchen viel Flüssigkeit sowie Öl für die Haut, um die Trockenheit des Körpers auszugleichen. Wichtig sind für sie Beschäftigungen im Freien wie Spazierengehen und Schwimmen. Sie sollen sich mit Vollkornnahrung ernähren, weil diese sie erden kann und die meisten B-Vitamine enthält und außerdem Blattgemüse wegen des Chlorophylls, der Magnesiumione. Außerdem sollten sie ergänzend Vitamine und Mineralstoffe zu sich nehmen wie den B-Komplex, Magnesium und Mangan. Für die Entspannung ihrer Nerven sind Dunkelblau und Lila gute Farben, und deshalb eignen sich auch Kristalle wie der blaue Turmalin, grüner Kalzit, Chrysokoll und Edelsteine wie Lapislazuli, Saphir und Aquamarin, weil sie solchen Menschen zu geistigem Frieden und einem ausgeglichenen Nervenzustand verhelfen. Nervenberuhigende Kräutertees wie Kamille, Katzenminze, Eisenkraut, Hopfen und Baldrian sind sehr gut, und von den Blütenmitteln eignen sich am besten *»White Chesnut«*, *»Mimulus«*, *»Morning Glory»* und *»Lavender«*.

In der chinesischen Medizin kontrolliert das Feuer die Luft. Deshalb werden scharfe, würzige Speisen empfohlen, die die Verdauung anregen.

Ein Mangel an Luft kann zu Wahrnehmungsstörungen führen.Introvertierte, müde, kurzatmige Menschen mit langsamen Bewegungen leiden häufig an einem Mangel am Luftelement.

Diese Menschen sollten unbedingt Atemübungen machen, außerdem in Gruppen arbeiten, um ihre Kommunikationsfähigkeit zu verbessern. Tanz und überhaupt bewußte Bewegung tun solchen Menschen gut. Kräutertees wie Asiatisches Wassernabelkraut (Gotu Kola) stimulieren die Gehirntätigkeit. Blütenmittel wie *»Scleranthus«*,

»Sweet Pea«, »Quaking Grass«, und *»Penstemon«* helfen bei Kommunikationsschwierigkeiten in Gruppen.

In der chinesischen Medizin wird die Luft von der Erde stimuliert. Es ist daher ratsam, mit den Magen- und Drüsen-Meridianen zu arbeiten.

Wasser - Wasser reinigt und fließt. Wenn das Element im Gleichgewicht ist, kann die betreffende Person sich emotional auf andere Menschen einlassen, ohne alles nur aus ihrer Sicht zu betrachten. Solche Menschen sind außerdem in keiner Weise abgeschnitten von ihren intuitiven Kräften, sondern können ihrer Kreativität bestens Ausdruck verleihen. Wasser macht weich und rund und verleiht dem Körper Geschmeidigkeit und Sanftheit.

Physiologisch betrachtet beherrscht das Wasser das Lymphsystem, alle Flüssigkeiten im Körper, auch das Blut und die verschiedenen flüssigen Ausscheidungen.

Übermäßig viel Wasser im Horoskop kann zu Übergewicht führen, macht müde, träge, träumerisch und sicherheitsbedürftig. Es kann sich in häufigen Verschleimungen, Erkältungen und Verstopfung der Lymphdrüsen äußern.

Wasserüberschuß wird dadurch ausgeglichen, daß man vorwiegend gekochte und würzige Nahrung zu sich nimmt. Wassertreibende Tees wie Löwenzahnblätter, Brennessel und Alfalfa sind gut; ebenso trockene Blütenmittel wie *»Honeysuckle«*, *»Red Chesnut«*, *»Chamomile«*, *»Clematis«* und *»Pink Yarrow«*. Sie erhöhen die Empfindlichkeit im Gefühlsbereich. Kristalle wie Rosenquarz, Kunzit, rosa Turmalin und grüner Aventurin wirken besänftigend und heilend auf die Gefühle. Auf einer höheren Ebene kann man mit Amethyst, Fluorit und Sugelit an den Emotionen arbeiten.

In der chinesischen Medizin hat das Erdelement des Magens und der Drüsen die Kontrolle über das Wasser, so daß man mit Hilfe von Akupunktur oder Akupressur über diese Organe auf das Wasser-Element Einfluß nehmen könnte.

Menschen, die an Wassermangel leiden, sind unfähig, ihre

Gefühle zu zeigen oder ihre Sympathie oder Antipathie zum Ausdruck zu bringen; ihre Körper sind rauh und oft leiden sie unter Durst und Wasserentzug.

Zum Ausgleich für diesen Mangel sollten solche Menschen viel trinken, vor allem Gemüsesäfte und Kräutertees; sie sollten nah am Wasser leben und Kunstunterricht nehmen, um zu lernen, die intuitiven und kreativen Seiten ihrer Natur auszudrücken. Gut sind in solchen Fällen Blütenmittel wie *»Holly«*, die *»Sticky Monkeyflower«*, *»Fuchsia«*, *»Garlic«* und *»Black-eyed Susan«*, denn sie helfen, Gefühle herauszulassen und auszudrücken. Edelsteine wie Perle, Turmalin und Opal regen die Kreativität an, während Rauchquarz und schwarzer Obsidian helfen, ungelöste alte Gefühle herauszulassen.

In der chinesischen Medizin regt die Luft das Wasser an. Man arbeitet dort deshalb mit den Meridianen von Lunge und Darm.

Qualitäten: *Kardinale, fixe und veränderliche Kreuze*

Zusätzlich zur Elementenanalyse sollte man im Horoskop unbedingt feststellen, welche Rolle die Eigenschaften der Zeichen spielen: handelt es sich um kardinale, fixe oder veränderliche? Man muß aber nicht nur die Anzahl der Planeten (ebenso wie Chiron und die vier Asteroide, Aszendent und MC) zählen, soweit sie in kardinalen, fixen oder veränderlichen Zeichen vorkommen, sondern auch prüfen, wieviele Planeten und Asteroide sich jeweils gerade in einem Eckhaus, einem dem Eckhaus folgenden oder einem fallenden Haus befinden.

Kardinale Zeichen sind solche, die eine Jahreszeit einleiten: Widder und Waage, die Tages- und Nachtgleichen, und Krebs und Steinbock, die Sonnenwende. Eckhäuser sind das erste, vierte, siebte und zehnte. Kardinale Energie ist Tatkraft, Pflichterfüllung und Verantwortungsbewußtsein. Personen, in deren Horoskopen sich starke kardinale Planeten oder Planeten in ***Eckhäusern*** befinden, neigen dazu, Probleme eher durch nach außen gerichtete Handlungen und kommunikativ zu lösen, als daß sie in ihrem Inneren nach psychologischen Motiven forschen oder sich in die äußeren Umstände und Bedingungen einfach fügen. Kardinale Betonung führt zum Initiieren von neuen Projekten und zum Draußen-in-der-Welt-Sein. Kardinalität ist energisch und aggressiv. Widder, das »Ich« wird durch die Waage, das »Wir« ausgeglichen. Wünsche des einzelnen müssen sich mit dem größeren Ganzen, mit den Beziehungen zu den anderen die Waage halten. Krebs steht für persönliche Sicherheit und Heim, während der Widder draußen in der Welt sein muß, Verantwortung übernimmt, neue Projekte organisiert und lehrt.

Personen, die zuviel Kardinalität in ihrem Horoskop haben,brauchen dringend Momente der Meditation und Besinnung. Sie sollten Körperübungen mit starker Betonung auf die Bildung von innerer Bewußtheit machen, zum Beispiel Yoga oder Tai Chi. Kristalle wie Amethyst, Fluorit und Sugelit helfen, die höheren Zentren zu entwickeln. Wer einen Mangel an Kardinalität feststellt, sollte sich in die Welt wagen und aktiv werden, mit Menschen arbeiten. Ihnen helfen die Kampftechniken, besonders Aikido, ihre Energie zu entfalten. Kristalle und Edelsteine wie Karneol, Jaspis, Bluteisenstein, Rhodochrosit, Rubin und Blutstein können ihnen dabei helfen.

Das ***Fixkreuz*** bezeichnet diejenigen Zeitabschnitte, in denen wir die Energie der jeweiligen Jahreszeiten intensiv erfahren: Stier im Frühling, Löwe im Sommer, Skorpion im Herbst und Wassermann im Winter. Einem Eckhaus ***nachfolgende Häuser*** sind das zweite, fünfte, achte und elfte. Fixenergie ist stabil und zuverlässig; ihre negativen Eigenschaften sind: Sturheit, Hartnäckigkeit und Feindseligkeit gegenüber allen Veränderungen. Der Stier ist willensstark und hängt an Besitz und an einmal angenommenen Werten, wogegen der Skorpion imstande ist, diese Anlagen umzuwandeln, sofern er nicht wiederum an seiner Macht- und Lustnatur scheitert. Der Löwe liebt es, beherrschend zu sein und manipuliert gerne und kann seinerseits vom Wassermann lernen, humanitäre Zwecke zu verfolgen und das eigene Ego hintanzustellen, wenn er sich dabei nicht wieder darauf fixiert, die anderen und die gesamte Gesellschaft zu verändern. Fixiertheit verlangsamt die Arbeit. Menschen mit dieser Eigenschaft sind eher introvertiert und selbstgenügsam. Sie lassen sich in ihrer Arbeit weniger gut in Teamarbeit einbinden.

Personen, die zu viel von dieser fixen Energie haben, brauchen sehr häufig tief in den Körper eingreifende Therapien wie Rolfing und Bioenergie, um alte physische und psychische Verhaltensmuster aufzubrechen; Blüten-Essenzen wie *»Chicory«*, *»Chesnut Bud«*, *»Fuchsia«*, *»Black-eyed Susan«* und *»Trillium«* und Kristalle wie Rauchquarz und Schwarzer Obsidian sind häufig nützlich. Personen mit einem Mangel an Fixiertheit benötigen Körperübungen, sie müssen für Erdung sorgen: sie sollten spazierengehen und laufen. Sie müssen an ihrer Willenskraft arbeiten und ihre Projekte auch zu Ende führen. Kristalle wie Tigerauge und Falkenauge helfen, die höheren Energien in den Körper hineinzuziehen; Körner und Wurzelgemüse haben für diese Menschen eine wohltuende Wirkung.

Mit dem ***veränderlichen Kreuz*** sehen wir Zeiten. in denen sich die jahreszeitliche Energie verändert: Zwilling im späten Frühjahr, Jungfrau im Spätsommer, Schütze im Spätherbst und Fische im späten Winter. Personen, in deren Horoskop das Veränderungszeichen dominiert und die ein fallendes Haus haben, sind eher flexibel und anpassungsfähig. Sie können aber auch zerstreut, undiszipliniert und wischi-waschi sein. Zwillinge neigen dazu, ihre Energie auf zu viele Projekte gleichzeitig zu verteilen und sich dadurch zu zerstreuen, während Schützen sich möglicherweise zu weit strekken, zu viele Ziele ansteuern. Die Jungfrau verliert sich leicht in zu vielen Details und Analysen, während bei den Fischen die Tendenz des tagträumerischen, des fehlenden Realismus zu beobachten ist. Alle Veränderungszeichen müssen lernen zu fokussieren und ihre Energien unter Kontrolle zu bringen. Mit etwas Ausgewogenheit kann eine Person mit Veränderungsbetonung besonders gut analysieren und Information vermitteln.

Ein Übermaß an Veränderungsbetonung verlangt nach Erdung und Fokus. Körperübungen wie Yoga, Tai Chi und die Kampfsportarten sind dabei sehr hilfreich. Blütenmittel wie *»White Chesnut«*, *»Madia«*, *»Shasta Daisy«*, *»Vervain«* und *»Wild Oat«* können helfen, den Fokus zu finden und die Energien auf ein Ziel zu richten. Kristalle und Edelsteine wie grüne Kalzite, Aventurin, Chrysopras, Chrysokoll und Malachit können Energien erden. Ein Mangel an Veränderungsbetonung kann starre und versteinerte Haltungen verstärken. In diesem Fall tun fließende Bewegungen wie Tanz und Tai Chi dem Körper gut. Blütenessenzen wie *»Rock Water«*, *»Quaking Grass«* und *»Willow«* so wie die Kristalle Rosenquarz, Kunzit und Sugelit könnten hier nottun.

Planeten

SONNE - Löwe

Das Symbol für die Sonne ist ein Kreis mit einem Punkt in der Mitte. Sie ist Ausdruck für die Vitalität und das Ego jedes Lebewesens. Die Sonne strahlt Licht und Kraft aus, so wie jedes Individuum aus dem eigenen Zentrum oder Kern herausstrahlt. So wie die Sonne sich im Zentrum der Milchstraßensysteme befindet, so steht sie in den astrologischen Karten für das Wesen oder das Zentrum der individuellen Existenz. Sie steht auch für männliche Autoritätsfiguren wie den Vater oder den Ehemann. Sie ist das Zeichen für das wahre Selbst oder die Willenskraft.

Im Körper beherrscht die Sonne das Herz oder die Herzgefäße, von denen die anderen Zellen mit Leben gefüllt werden.

MOND - Krebs

Der Mond, der die Strahlen der Sonne zurückwirft, verändert sich ständig und reflektiert. Der Mond ist weiblich und wird in vielen Völkern als Großmutter Mond angesprochen. Der Mond steht für die unbewußten Seiten des Menschen: Instinkte und Begierden. Während wir danach trachten, unseren der Sonne zugehörenden Ego-Bedürfnissen nachzugehen, ist unsere unbewußte, dem Mond zugehörige Seite, nicht ausgeschaltet. Unsere Instinkte und Gewöhnungsmuster halten uns gefangen. Die Sonne bildet eine Einheit, aber der Mond vereinigt zwei Wesen in sich. Das Mondsymbol stellt zwei Hörner dar. Der Mond nimmt zu und nimmt ab und ist von daher Symbol des dualen Lebensprozesses von Tod und Wiedergeburt.

Im Körper regiert der Mond die Flüssigkeiten, die Ausscheidungen der Drüsen und die Verdauungssäfte sowie die Schleimhäute.

MERKUR - Zwillinge und Jungfrau

Merkur oder Hermes, der geflügelte Bote, verbindet die Sonne und den Mond. Merkur ist das verspielte Kind, das hin- und hertändelt, erzählt und Sachen untersucht. Sein Symbol hat drei Teile: Das untere Kreuz steht für die Dinge, die praktische Welt; das Sonnensymbol darüber repräsentiert das Geistige, und darüber liegen die Mondhörner. In dem Symbol ist ausgedrückt, daß der Verstand die wechselnden Mondqualitäten zur Kenntnis nimmt und abwägt. Im astrologischen Horoskop zeigt die Merkurstellung, wie eine Person Wesentliches von sich selber mitteilen und wie sie Sinneseindrücke verstandesmäßig einordnen kann.

Im Körper herrscht Merkur über die Nerven, die mit jeder Zelle durch ein System von Impulsen verbunden sind. Merkur regiert auch die Atemwege, die Sprache und das Gehör.

VENUS - Stier und Waage

Venus, die Göttin der Schönheit, ist der nächste Nachbar der Erde.

Nur über Venus (das Prinzip der Liebe) kommen wir zur Sonne (dem Kern aller Dinge). Wir haben hier auf der Erde die Aufgabe, Venus zu verstehen und müssen unsere schöpferischen Venuskräfte einsetzen, wenn wir zu irgendeinem wesentlichen Inhalt vordringen wollen. Venus hat ein Bedürfnis nach Harmonie und sublimiert deshalb das sexuelle Verlangen zu gesellschaftlich annehmbaren Formen der Beziehung (Waage-Funktion). Venus steht auch für die Mutter Erde und ihre Reife und überfließende Sinnlichkeit (das Stier-Element). Farbe, Musik, Töne, alle Sinne sind von Venus beherrscht. Sie sorgen dafür, daß wir hier auf Erden mit Zierde und Schönheit leben können.

Im Körper beherrscht Venus den Hals, die Schilddrüsen, Nieren und Blase.

Mars - Widder

Mars, der Krieger und Angreifer, befindet sich, von der Venus aus betrachtet, auf der entgegengesetzten Seite der Erde. Sein Symbol ist das Kreuz des Materiellen oberhalb des Kreises, der für das Geistige steht. Das Kreuz hat hier die Form des Pfeils, der auf die Leidenschaften und Begierden hinweisen soll. Es ist derselbe Pfeil, der sich beim Skorpion wiederfindet, der auch teilweise von Mars beherrscht wird. Während Venus für Liebe und Harmonie steht und für das Geistige, das sich über die Begrenzungen durch die Materie erhebt, zeigt Mars den Geist, wie er vom Gewicht der Materie niedergehalten wird. Unser Erdenweg stellt uns die Aufgabe, diese beiden entgegengesetzten Kräfte ins Gleichgewicht zu bringen. Physiologisch gesehen herrscht Mars über das Blut, die Muskeln und die Nebennierendrüsen. Körperzustände, die auf Überhitzung zurückzuführen sind, wie Fieber, Entzündungen und Rötungen, unterliegen ebenfalls der Herrschaft von Mars.

Jupiter - Schütze

Jupiter oder Zeus ist der König der Götter. Er hat den größten Planeten. Er ist der große Wohltäter und steht für Wachstum und Ausdehnung auf der Erde. Sein Symbol enthält den zunehmenden Mond. Dieser ist längs des Kreuzes nach außen gedreht. Der Mythologie zufolge wuchs Jupiter mit der Milch einer Ziege auf, deren Hörner von Essen und Trinken überflossen. Das ist der Ursprung des Füllhorns. Jupiter steht für die soziale Ordnung und für die guten Sitten. Er verleiht die Gabe der Prophetie und einen optimistischen Glauben. Er fordert uns auf, hinter den Namen und Formen der Dinge ihre tiefere Bedeutung zu entdecken.

Physiologisch gesehen beherrscht Jupiter die Leber und die Bauchspeicheldrüse und den Ischias (das ist der längste Nerv im Körper). Übermäßiges Wachstum wie Geschwüre und Fettsucht sind ebenfalls Jupiters Domäne.

SATURN - Steinbock

Saturn oder Kronos ist der älteste Gott. Er hat die Zeit gehütet und die Gesetze gemacht. Er hat den Lebewesen auf der Erde ihre Aufgaben zugewiesen. Saturn ist immer schon der Lehrende und der Prüfende gewesen. Er steht für vollkommene Gerechtigkeit und höchste Leistung. Er richtet die Energie auf die praktischen Anliegen und hält sie auf dem Boden der Realität. Saturn baut die Strukturen für die Mineralien und Steine auf. Saturn kann auch kalt und begrenzend sein und den Erdenkindern die Strahlen der Sonne vorenthalten. Das ist der Fall, wenn wir uns an Pflichten und Verantwortungen gebunden fühlen. Auch das Zeichen für Saturn enthält das Kreuz und den zunehmenden Mond, aber anders als bei Jupiter ist hier das Kreuz oben. Damit wird ausgedrückt, daß Menschen mit starkem Saturn einen ausgeprägten Verantwortungssinn in materiellen Angelegenheiten haben.

Saturn beherrscht den Körperbau, Rückgrat, Zähne, Knochen, Gelenke, Nägel und die Haut.

URANUS - Wassermann

Uranus weckt die Menschheit für ein neues Zeitalter. Von allen Planeten hat er die exzentrischste Umlaufbahn. Er dreht sich anders als die anderen, indem er in einer Art Seitenlage seine Bahn rollt. Uranus steht für alles Unkonventionelle, Rebellische, Individualistische. Er regiert die Elektrizität und die atomare Strahlung (die zum ersten Mal mit Hilfe des chemischen Elements Uran nach außen getreten ist. Intuitive Einsichten kommen blitzartig, und so bewegt sich Uranus eine Oktave höher als Merkur jenseits der von Saturn gesteckten Grenzen, um alte Strukturen und Verhaltensmuster aufzubrechen. Das Zeichen für Uranus ist an den Buchstaben H angelehnt (für Wilhelm Herschel, der den Planeten entdeckt hat); zwei Halbmonde, getrennt von dem Materie-Kreuz. Als Oktave Merkurs ist Uranus mit dem Nervensystem verbunden; er regiert die elektrischen Kräfte, die durch die Nervenkanäle strömen.

Neptun - Fische

Neptun oder Poseidon, der Gott des Meeres, bringt der Mutter Erde das Wasser. Er fließt durch jede einzelne Person und schafft so die Voraussetzung dafür, daß wir uns in das kosmische Bewußtsein und in die Wirklichkeit der Transzendenz einschalten. Neptun schwingt eine Oktave höher als Venus und transponiert die Liebe auf die Ebene des Mitleids und der mystischen Teilnahme. Neptuns positive Schwingungen erzeugen Musik, Dichtkunst, Tanz, Film und Photographie. Seine negativen Schwingungen verleiten zur Flucht in die Phantasie, in Drogen, Alkohol und ähnliche neptunische Illusionswelten. Sein Symbol ist der Dreizack, der aus dem Kelch des Mondes, dem empfangenden Prinzip besteht, das über dem Kreuz der Materie thront. Damit ist angedeutet, wie die materielle Welt überstiegen werden kann, um Zustände eines höheren Bewußtseins zu erreichen.

Physiologisch regiert Neptun die cerebrospinalen Flüssigkeiten, die Pinealdrüse und das Lymphsystem. Ihm unterstehen obskure und schwer einzuordnende Krankheiten, Alkoholismus, Sucht, Halluzinationen, Schizophrenie und andere Psychosen.

Pluto - Skorpion

Pluto oder Hades war der Gott der Unterwelt und von den Erdlingen sehr gefürchtet. Er verbrachte die Hälfte seiner Zeit über und die andere Hälfte unter der Erde und konnte dadurch die Tiefen des Bewußtseins, das Unterbewußte ausloten. Pluto führt die Menschen durch Tod, Wiedergeburt und durch Prozesse der Reinigung, vergleichbar den Jahreszeiten und dem Wandel zwischen Tag und Nacht. Pluto schwingt eine Oktave höher als Mars, und wenn seine Kraft zum Ausbruch kommt, ist es wie der Ausbruch eines Vulkans (demgegenüber explodiert Mars nur wie eine Bombe). Ein Zeichen für Pluto besteht aus den Buchstaben PL, die auch für Percival Lowell stehen, der den Planeten entdeckt hat. Das andere Zeichen hat das Kreuz der Materie unter dem Kelch oder dem Halbmond und darüber den vollen Kreis. Der Kreis ist das Symbol der Sonne oder das geistige Prinzip, das sich auf dem Wege der Verwandlung durch die Pluto-Energie durchsetzt.

Pluto herrscht über Vermehrung und Ausscheidung, Dickdarm und After eingeschlossen. Verborgene Zellveränderungen und Zerstörungen von Gewebe gehören ebenfalls zu Pluto.

Asteroide

Der Gürtel, auf dem sich die Asteroide befinden, liegt zwischen Mars und Jupiter. Die vier größten Asteroide - Ceres, Vesta, Juno und Pallas - werden in der Astrologie für zusätzliche Erklärungen und Einsichten in das Horoskop hinzugezogen.

CERES - Jungfrau und Krebs

Ceres oder Demeter (die Mutter) galt den Griechen als die Große Mutter oder Erd-Mutter. Sie war die Göttin des Getreides und der Fruchtbarkeit. Sie war die Mutter der Persephone - Kore, die von Pluto in den Hades entführt wurde und dort in der Unterwelt jedes Jahr einige Zeit verbringen mußte. Ceres' Suche nach ihrer Tochter und ihre Vereinigung bildete den Rahmen für die eleusischen Mysterien, die über mehrere tausend Jahre in Griechenland gefeiert wurden. Als Göttin des Getreides und der Landwirtschaft wird Ceres mit dem Sternzeichen der Jungfrau in Verbindung gebracht.

Sie steht für harte Arbeit einerseits und andererseits für die Freuden der Erntezeit. In ihrer Eigenschaft als nährende und schützende Mutter ist Ceres auch mit dem Sternzeichen Krebs verbunden, und sie herrscht - gemeinsam mit dem Mond - über Schwangerschaft und Fruchtbarkeit.

Personen, die in ihrem Horoskop an prominenter Stelle Ceres haben, sind oft Heiler, manchmal Ärzte, Schwestern oder Massagetherapeuten oder Ernährungsberater oder in einer anderen Weise verantwortlich für das Wohl vieler Menschen. Wenn Ceres zur Sonne, dem Mond, dem Aszendenten, Venus oder Mars dazukommt, durch Fortschreiten oder Übergang, dann könnte das auf eine Zeit der Schwangerschaft deuten oder eine Arbeit im Zusammenhang mit Kindern oder Fürsorge anzeigen. Das Symbol für Ceres ist die Sichel, ein Hinweis auf die Landwirtschaft.

Im körperlichen Bereich gehört der weibliche Fruchtbarkeitszyklus zu Ceres (ebenso wie zu Juno). Ceres an prominenter Stelle deutet auf wiederholte Schwangerschaften.

VESTA - Jungfrau und Skorpion

Vesta oder Hestia war die Göttin des Herdes, Symbolfigur für die Beschützerin und Hüterin des heiligen Feuers. Sie war auch eine der vestalischen Jungfrauen, deren Reinheit und Frömmigkeit verehrt wurde. Sie waren keine Jungfrauen im eigentlichen Sinn des Wortes, sondern ihre sexuellen Kontakte dienten nur nicht persönlichen Zwecken , sondern, als Trägerinnen des Kundalini-Feuers hatten sie mit den Männern, die zur Verehrung der Göttin in die Tempel kamen, stellvertretend sexuelle Begegnungen. Ihre Sexualität war also eingebunden in ihre Religion und der persönliche Ausdruck ihrer Sexualität wurde sublimiert, um mit dem göttlichen und höheren Selbst eine Vereinigung herbeizuführen. Vesta ist deshalb im Sinne von Hingabe, und sexueller Abstinenz mit der Jungfrau verbunden. Mit Skorpion verbindet sie die Kun-dalini-Energie und die Umwandlung der Sexualität auf eine höhere Ebene.

Vesta an prominenter Stelle im Geburtshoroskop deutet auf eine hart arbeitende Person mit einer ausgeprägten Anlage zu Frömmigkeit und mystischen Erfahrungen. Das könnte eine Person sein, die viel alleine ist und ihre ganze Aufmerksamkeit auf ihre inneren und äußeren Aufgaben konzentriert. Vesta-Transite deuten häufig die Notwendigkeit an, sich aus Beziehungen zurückzuziehen und viel Zeit alleine oder in klosterähnlicher Umgebung zu verbringen. Das Symbol der Vesta ist der heilige Herd mit dem heiligen Feuer.

Physiologisch ist Vesta mit den Geschlechtsorganen verbunden.

Juno - Waage und Skorpion

Juno oder Hera (das griechische Wort he era heißt »die Erde«) war die Schutzherrin der Ehe und regierte auch den weiblichen Fruchtbarkeitszyklus. Juno hat unter Zeus' ehelicher Untreue sehr gelitten und ihre Wut auch an den betreffenden Frauen ausgelassen. Einerseits steht Juno also für die »Hierogamos«, die Heilige Hochzeit. Sie gibt ihre Karriere, ihr geselliges Leben und manche ihrer Überzeugungen für eine verpflichtende Beziehung auf. Diese Eigenschaft verbindet sie mit der Waage. Andererseits ist sie eifersüchtig, besitzergreifend und rachsüchtig. Das verbindet sie mit dem Skorpion. Sie steht ebenso für die emotional und sexuell erfüllte Vereinigung von Mann und Frau wie für die Opfer, die man in der Ehe bringt einerseits und den männlichen Mißbrauch von Frauen andererseits. Juno-Aspekte im Horoskop können Hinweise darauf geben, wie ernst Beziehungen genommen werden und auch, ob es möglich ist, Beziehungen einzugehen, ohne die eigene Persönlichkeit dabei aufzugeben.

Im Horoskop einer Frau kann Juno auch Hinweise auf die Bereitschaft zur Aufopferung der Person geben sowie auf die Bereitschaft, von Männern mißbraucht zu werden. Junos Symbol ist das Königszepter. Als Herrscherin über den weiblichen Fruchtbarkeitszyklus ist Juno prominent im Übergang, wenn eine Frau ein Kind empfängt. Möglicherweise gibt es noch andere regelmäßig auftretende Zusammenhänge zwischen Juno und der weiblichen Fruchtbarkeit, aber sie sind bisher noch nicht bekannt.

Pallas Athene - Waage und Löwe/Wassermann

Pallas Athene war die jungfräuliche Göttin der Weisheit und Schutzherrin der Stadt Athen. Sie war die Kriegsgöttin und ist immer in voller Rüstung abgebildet. Sie ist auch die Herrin der bildenden Künste und des Handwerks und als Hygeia war sie die Gottheit der Gesundheit und des Heilwesens. Geboren ist sie aus dem Kopf des Zeus und symbolisiert damit das heraufkommende Patriarchat und die Verabschiedung der matriarchalischen Kultur. Athene war die Tochter ihres Vaters und hat ihre Mutter Metis nie anerkannt. Im allgemeinen gilt sie als Beispiel für die unabhängige, aggressive, den Wettbewerb nicht scheuende Frau. Astrologisch ist Pallas dem Zeichen Waage und der Polarität zwischen Löwe/ Wassermann zugeordnet. Ihre Beherrschung der Künste und des Handwerks wie Weben und Töpfern verbinden sie mit der Waage; ihr gesellschaftspolitisches Engagement, ihre inspirierten Visionen und ihre emotionale Unabhängigkeit sind typisch für den Wassermann, und dazu kommen der Mut und das Charisma des Löwen. Pallas steht für das Prinzip des Androgyn (Mann und Frau in einem). Die Wassermann/Löwe-Polarität ist besonders auch deshalb von Bedeutung.

Pallas an prominenter Stelle ist ein Hinweis auf sozialpolitisches Engagement, Beratungstätigkeit und auf die Arbeitsgebiete Gesundheit und Heilung und möglicherweise, je nachdem wie das restliche Horoskop aussieht, künstlerische Betätigung. Bei Frauen kann eine prominente Pallas auch eine aggressive und im Berufsleben wettbewerbsstarke und unabhängige Psyche anzeigen. Das Symbol der Pallas ist der Speer.

Wenn Pallas negativ aspektiert ist, deutet das auf Sehschwäche, Farbenblindheit, Legasthenie und Gehörschwächen hin.

Chiron - Schütze und Jungfrau

Chiron ist ein neuer, im Jahre 1977 entdeckter Planetoid. Der Größe nach ist er ein Asteroid, aber seine Umlaufbahn bewegt sich zwischen Saturn und Uranus. Chiron (die griechische Wurzel bedeutet »Hand« und Worte wie Chiropodie, Chirognomie und Chiropraktik leiten sich davon ab) ist der aus der Mythologie bekannte verwundete Heiler. Gleichzeitig mit seiner Entdeckung kam die holistische Medizin mit ihrer Betonung der heilenden Wirkung der Hände zu voller Entfaltung.

Chiron war das Ergebnis einer heimlichen Vereinigung von Kronos (Saturn), der die Gestalt eines Pferdes angenommen hatte, und Philyra, einer Meeresnymphe. Chiron hatte deshalb den Unterleib eines Pferdes und den Oberkörper und Kopf eines Mannes. Geboren wurde er in einer Höhle, wo er auch blieb und lebte und viele griechische Helden unterrichtete. Er lehrte den Asklepius die Heilkunst mit Kräutern und Chirurgie. Herkules lernte bei ihm die Astrologie. Asklepius bezog die Astrologie auf Teile des Körpers und ihren Befall mit Krankheiten und fand Erklärungen für den Zeitpunkt, zu dem eine Krankheit auftrat. Hippokrates, der Vater der modernen Medizin hat dieses Wissen später ergänzt und verallgemeinert.

Chiron hat einen elliptischen und exzentrischen Verlauf. Er kreuzt die Umlaufbahn von Saturn am Perihelion (am nächsten zur Sonne) und kommt uns sogar noch näher als Saturn und berührt die Bahn von Uranus am Aphelion (am weitesten von der Sonne entfernt). Er wurde deshalb als Brücke zwischen diesen beiden Planeten bezeichnet. Für das neue Zeitalter hat er eine wichtige Bedeutung, weil er zeigt, wie saturnische Denkweisen, die eher rational und strukturiert sind, in höchst intuitive und inspirierende uranische Denkweisen umgesetzt werden können.

Der Tod des mythischen Chiron enthält interessante Lehren für unsere Zeit. Chiron wurde von einem Giftpfeil des Herkules verletzt, der unbeabsichtigt sein Fußgelenk durchbohrt hatte. Er litt unter dieser Verletzung, konnte aber aufgrund seiner Unsterblichkeit nicht sterben. Daher bot er sein Leben an für Prometheus, der in der Unterwelt angekettet war, weil er den Göttern das Feuer gestohlen und es den Menschen gebracht hat. Chiron ließ den Menschen das Feuer, zeigte Mitleid mit Prometheus und nahm freiwillig den Tod auf sich. Zeus setzte ihn in Form der Schütze-Konstellation - der Bogenschütze mit seinem Bogen - an den Himmel. Von daher stammt auch die Verbindung Chirons mit dem Schütze-Zeichen, während seine Verbindung mit dem Sternzeichen Jungfrau auf seine außerordentlichen Heilerqualitäten und seine Dienstbereitschaft für die Menschen zurückgeht. Chiron ist wegen seiner Art zu sterben und aufgrund seiner medizinischen Lehren auch mit Skorpion in Verbindung gebracht worden (das Symbol des Skorpion enthält ebenfalls einen Pfeil). Jedenfalls wird er mit dem Element Feuer assoziiert, weil er, wie Jupiter ein leidenschaftlicher Lehrer, seine eigene Macht kennt und weil er die Fähigkeit zum Katalysator bewiesen hat, indem er den Menschen das Feuer zurückgegeben hat. Chiron steht in den Horoskopen von Heilern und Menschen, die selber durch kritische Heilungsphasen hindurchgehen, an prominenter Stelle. Solche Heilungsphasen sind nämlich häufig Auslöser für ihre eigene Initiation in einen Heilberuf. Viele Ärzte, Therapeuten, Pflanzenheilkundler, Akupunkteure und Chiropraktiker, aber auch bei vielen derjenigen, die mit Kristallen und feinstofflichen Heilmethoden arbeiten, steht Chiron in Konjunktion mit einem der Eckhäuser, mit der Sonne oder dem Mond.

Physiologisch gesehen deuten Chiron-Transit auf Lebensabschnitte, die von ernsten Gesundheitskrisen bedroht sein können. Darunter fallen besonders Schwangerschaften, Abtreibungen und Fehlgeburten.

Sternzeichen

Widder

Widder steht für den Frühling, wenn aus Blumen und Bäumen die Knospen herausbrechen. Er gibt den Anstoß zum Handeln und bringt die Dinge in Gang. Alle Neuanfänge sind vom Widder beherrscht, über den der Planet Mars regiert. Deshalb wird er mit aggressivem, impulsivem Handeln in Verbindung gebracht. Personen mit der Sonne, dem Mond oder dem Aszendenten im Widder können starrköpfig und impulsiv sein. Sie stürzen sich in Situationen und Projekte, ohne deren Folgen mitzubedenken und auch, ohne sie zu Ende zu führen.

Das Symbol des Widders ist das Horn vom Bock. Der Widder steht für die Zeit, in welcher der Bock zur Ruhe gekommen ist, nachdem er die Mutterschafe belegt hat. Die Ägypter haben ihn im Ruhezustand abgebildet; die Babylonier und Sumerer haben ihn den »gemieteten Arbeiter« genannt, weil es die Zeit der Vorbereitung der Äcker für die Aussaat war. Die Griechen identifizierten das Sternbild mit dem Goldenen Vlies, das Tag und Nacht von einem Drachen bewacht wurde, bis Jason es sicherstellte. Im Zeitalter des Widders (2160 vor unserer Zeitrechnung bis Christi Geburt) war der Widder das Opfertier in den religiösen Kulthandlungen; sein Tod bezeugte die Wiedergeburt, Ende und Anfang eines neuen Lebenszyklus.

Der Widder herrscht über den Kopf- und Gehirnbereich. Er wird mit dem Atmungsvorgang in Verbindung gebracht, bei dem wir Sauerstoff einatmen und Kohlendioxyd ausatmen. Personen mit starker Widderbetonung haben häufig Kopfschmerzen und Migränen, weil sie unter starken Spannungen im Kopfbereich stehen.

Stier

Ist der Widder stürmisch und impulsiv, so ist der auf ihn folgende Stier langsam, stetig und stur. Streut der Widder die Saat aus, so stampft der Stier sie in den Boden, damit sie Wurzeln schlägt. Der Stier regiert das Geld, die Besitztümer und die Werte, die sie darstellen. Vom Planeten Venus beherrscht, finden Stiere Geschmack an schönen Kleidern und Gegenständen. Anders als die leidenschaftlichen Widder, sind Stiere in Liebesangelegenheiten stetiger und sinnlicher. Stier ist ein ungeheuer fruchtbares Zeichen - es steht für die Zeit, in welcher Samen und Sprossen Blüten tragen und die Mutter Natur von luxuriöser Fülle überfließt. Menschen mit einem starken Stier Einfluß sind häufig hartnäckig, aber sie können liebevoll und ausdauernd sein und beugen ihren Nacken auch ebenso bereitwillig. Ein noch nicht entfalteter Stier ist häufig »bullig«. Der Stier empfängt vom Widder das Rohmaterial, sammelt es an und läßt es anwachsen. In der Finanzwelt nennt man einen Markt, der Wachstum und Wohlstand verspricht »bullish«.

Taurusist ein lateinisches Wort, das aus dem griechischen Buchstaben tau abgeleitet ist. Tau war ein Piktogramm für Geschlechtsverkehr, wobei der kürzere obere geschwungene Balken die Vulva darstellte und der längere senkrechte das männliche Glied. Das Zeichen sollte den Ursprung und die Kontinuität des Lebens symbolisieren.

In der Steinzeit sind Kuh und Stier in vielen Kulturen als religiöse Symbole verehrt worden. Nachbildungen von Stieren hüteten die Eingänge zu Tempeln und ihre Hörner zierten die Altäre. Stiere wurden während der Tages- und Nachtgleiche im Frühjahr geopfert. Ihr Blut sollte das Leben, das in der Erde brodelte, zu schnellerer Entfaltung bringen. Im alten Ägypten gab es den Apis-Kult, in dem ein lebender Stier als irdischer Vertreter des Gottes Apis, der in der Unterwelt wohnte, verehrt wurde. Der Stier wurde aufgrund ganz bestimmter Merkmale ausgesucht, die den vier Fixzeichen des Tierkreises entnommen waren: Löwe, Wassermann, Stier und Skorpion. Dieser heilige Stier war das Zentrum der orthodoxen religiösen Zeremonien; solange er lebte, wurde er verehrt und mit äußerster Hochachtung behandelt. Wenn er starb, fiel das ganze Land in Trauer. Der Minotaurus, halb Stier, halb Mann, war der Nationalgott Kretas. Gut überliefert sind auch die geflügelten Stiere mit den Menschengesichtern von Ninive, und im Zeitalter des Stiers (4320 bis 2160 vor Christus) sprach man von England als der »heiligen Insel des weißen Stiers«. Der Kult um diesen Stier muß sehr verbreitet gewesen sein, weil er dem nationalen englischen Markenzeichen den Namen gegeben hat: »John Bull«.

Im Körper regiert der Stier den Nacken und die Kehle. Stiergeborene haben daher oft Schilddrüsenprobleme. Diese sind darauf zurückzuführen, daß sie zuviel zurückhalten und ihre Liebe und ihre kreative Energie nicht ausdrücken.

Zwillinge

Zwillinge ist ein veränderliches, anpassungsfähiges Sternzeichen. Es steht für die Zwillinge Kastor und Pollux. Der Zwilling verbreitet die Informationen und Materialien, die vom Stier angesammelt worden sind. Als Luftzeichen repräsentiert Zwillinge die heiße, trockene Zeit des späten Frühlings und frühen Sommers, wenn die Luft vom Pflanzen- und Blütenduft erfüllt ist.

Das Symbol für Zwillinge ist zusammengesetzt aus zwei senkrechten Linien, die oben und unten von je einer Linie begrenzt werden. Es erinnert an Türpfosten oder einen Türsturz. Die Zwillinge Castor und Pollux waren die Hüter aller Türen und Eingänge. Sie waren identisch mit den heiligen Säulen Jachim und Boaz in Jerusalem, und oft fand man sie an den Toren babylonischer, assyrischer und ögyptischer Tempel. Zwei Säulen waren auch immer das Zeichen für die eleusischen Mysterien. Die Insel Samothrake war schon in ältester Zeit der Verehrung der Zwillinge geweiht. Hier begingen die Bewohner des alten Griechenland die Feiern für die »Cabeiri« oder die »Großen«, d.h. die Muttergottheit und ihre beiden Kinder. Jahrhunderte später bezog man sich in Rom auf diese Zwillingsgötter als Castor und Pollux. Nach der Legende war der eine unsterblich, der andere dagegen sterblich. Sie galten als Dioscuri, Söhne des Zeus. Als der sterbliche Kastor getötet wurde, setzte Zeus sie, als Antwort auf die Gebete des unsterblichen Pollux, als Zwillingskonstellation an den Sternenhimmel. Im Gemini-Zeitalter (6840 bis 4320 vor Christus) bildeten sich viele Alphabete und Schriftarten heraus. Weil Zwillinge von dem geflügelten Boten Merkur regiert wird, haben die unter starkem Zwillings-Einfluß stehenden Menschen häufig mit Schreiben und Kommunikation zu tun. Sie sind äußerst vielseitig, entsprechend der Dualität, die in dem Zeichen steckt. Oft verstreuen sie sich allzu dünn über Zuvieles und huschen allzu schnell von einer Sache zur anderen. Wenn sie aber ihr

Wesen voll entfaltet haben, dann können sie sehr gut fokussieren und verknüpfen die Energien von Himmel und Erde, wie in dem Bild von den beiden Säulen. Dabei werden sie zu kosmischen Netzwerkern, die Menschen und Ideen in aller Welt miteinander verknüpfen.

Zwillinge regiert die beiden Lungenflügel und die Arme. Personen, die im Sternzeichen Zwilling geboren sind, haben oft Probleme mit der Atmung und Krankheiten der Atemwege. Das ist vor allem der Fall, wenn sie vergessen, ihre Energien auszubalancieren und zu sehr im mentalen Bereich verharren.

Krebs

Krebs ist eine der kardinalen Stationen des Tierkreises. Es steht an der Sommer-Sonnenwende, am Anfang der heißen Zeit, die ihr Gegengewicht im kühlen, nahrhaften Wasser des Krebses findet. Die Sonne erreicht in dieser Zeit in der nördlichen Deklination ihren höchsten Stand und zieht sich dann rückwärts, wie ein Krebs, in die Eklipse zurück. Der Krebs wird vom Mond beherrscht und daher mit dem empfangenden Wasser-Prinzip verbunden. Die Ägypter haben sich dieses Zeichen als Skarabäus vorgestellt, der wegen seiner vorsorglich schützenden Art auch ein Mond-Wesen hat.

Der Mond ist immer schon als Personifizierung der weiblich-göttlichen Macht verehrt worden. Als Mond gab die Göttin ein Menge Geschenke, wobei das Licht inmitten der Dunkelheit, im übertragenen Sinne Einsicht und Weisheit, zu den schönsten und wertvollsten gehört. Die große Mutter-Gottheit und die vielen um sie herum gebildeten Kulte entstanden im Zeitalter des Krebs (8640 bis 6480 v. Chr.). Im alten Ägypten hieß sie Isis, Göttin des Mondes und der Magie. In Kreta wurde sie als »Unsere Frau des Berges und des Mondes« verehrt. In Chaldäa war es Nana, Göttin der Schöpfung, der Fruchtbarkeit und des Überflusses, in Griechenland Artemis Kybele und in Rom Rhea, die ihre Zwillinge Romulus und Remus stillt. In China und Japan ist die Verehrung der Großen Mutter heute noch sichtbar in der Art und Weise, wie das Haus heilig gehalten und die Ahnen geehrt werden.

Als Urmutter teilt der Mond mit den Menschen auch seinen Zyklus. Den 28 Tagen des Mondzyklus entspricht auch der Menstruationszyklus der Frau, und ihren Stimmungen und Veränderungen während dieses Zyklus' entsprechen die verschiedenen Phasen des Mondes. Auch das Wasser verbindet die Frau mit dem Mond. Der Mond bestimmt Ebbe und Flut, und es gibt die Vorstellung daß alles Wasser auf der Welt aus dem Leib des Mondes kommt, so wie der Fötus im Fruchtwasser geborgen ist.

Wie der Krebs, so können auch die Menschen, die im Zeichen des Krebses geboren sind, sehr extrovertiert sein und, sobald sie sich irgendwie als verletzbar empfinden, in ihre Schale zurückziehen. Weil sie emotional so empfindsam sind, müssen sie lernen, wie sie sich schützen können, ohne sich zu entziehen. Sie geben und nähren und neigen aufgrund ihrer großen Sensibilität zu Unsicherheit im Ausdruck ihrer Gefühle.

Physiologisch gesehen beherrscht der Krebs die Brustregion, den Magen, die Flüssigkeiten im Körper wie den Herzbeutel und die Augensäcke und alle Schutzzonen im Körper. Wenn sie irgendwie speziell verwundbar sind, neigen Krebs-Geborene dazu, in gerade diesen Zonen des Körpers Probleme zu entwickeln. Wenn sie ihre Gefühle zurückhalten, halten sie gerne ihre Flüssigkeiten zurück.

Löwe

Löwe ist ein fixes Feuerzeichen, das von der Sonne regiert wird. Das heißt, daß die Sonne ihre größte Kraft in der Löwe-Zeit entfaltet. Der Löwe ist der König der wilden Tiere und wurde in allen Zeiten als mystisches Symbol hoch geschätzt. In den alten Mysterien galt der Löwe als derjenige, der ohne Furcht war, weil er die göttliche Wahrheit besaß. Anwärter auf Initiation in die Mithras-Mysterien wurden, wenn sie ihre Prüfungen bestanden hatten, »Löwen« genannt und ihre Stirn wurde mit dem ägyptischen Kreuz gezeichnet. Mithras selber wird häufig mit einem Löwenkopf und zwei Flügelpaaren dargestellt. Der Bezug auf den Löwen und das »Geschenk der Löwenpfote« für den Meistergrad in der Loge geht vielleicht auch auf den Mithraskult zurück. Die Sonne, die über dem Rücken des Löwen aufgeht, ist immer schon Symbol der Macht und Herrschaft gewesen. Die ägyptischen Priester trugen in vielen ihrer Zeremonien Löwenhäute. Früher wurde die Korona der Sonne als Löwenmähne dargestellt, um daran zu erinnern, daß die Sommer-Sonnenwende im Zeichen des Löwen steht. In Ägypten wurden die in die Mysterien Eingeweihten häufig »Löwen« oder »Panther« genannt.

Der Löwe war der Abgesandte der Sonne und vertrat das Licht, die Wahrheit und die Erholung. Das Abbild des Löwen neben einer Tür oder einem Tor ist ein Wahrzeichen für göttlichen Schutz. Nachdem der Löwe heiliges Wissen symbolisiert, bedeutet die Bezwingung dieses wilden Tieres die Beherrschung dieser Weisheit. Sowohl Samson wie Herkules bezwangen den Löwen. In der Bibel sitzt Daniel beim Löwen in der Grube. Stier, Löwe, Adler und Mensch sind die Symbolfiguren der vier Evangelisten und gleichzeitig die vier Schnittpunkte der Schöpfung (jeder von ihnen ist mit einem der vier Fixzeichen des Tierkreises assoziiert: Stier, Löwe, Skorpion und Wassermann. Die biblischen Könige aus der Linie Juda hießen ebenfalls »Löwe von Juda«.

Die Verehrung der Sonne hat eine altehrwürdige religiöse Tradition. Viele Menschen datieren ihre Geschichte als Rasse oder Nation auf die Erscheinung einer göttlichen Person zurück, die von der Sonne abstammt und stellvertretend für den Vater im Himmel auf der Erde regiert. Osiris in Ägypten, Apoll, Hermes und Dionysos in Griechenland und auch Abraham als Patriarch der hebräischen Stämme waren solche Gestalten. Sie gründeten eine königliche Linie, deren Mitglieder das heilige Wissen hüteten. Ihre Blütezeit fällt in das Zeitalter des Löwen (10.800 - 8640 v. Chr.). Sonnenanbetung ist die älteste und reinste Form des Monotheismus. Die Menschen beteten die Sinne an und hüteten ein heiliges Feuer, das während der Winter-Sonnenwende ausgelöscht und wieder angezündet wurde. Diese Zeremonie symbolisierte die Wiedergeburt der Sonne.

Die Menschen, die im Zeichen des Löwen geboren sind, mögen von ihren Bewunderern sehr gerne als Löwen gesehen werden. Das Sternzeichen steht für einen ausgeprägten Willen und für Individualität. Wie Könige lieben sie es, über ihre Untertanen zu herrschen. Stolz ist eine der hervorragendsten Löwe-Eigenschaften. Entwickelte Löwe-Typen sind großzügig, weitherzig und mutig (wobei »mutig« hier engl.: courageous aus dem lat. cor = Herz abgeleitet ist). Für Löwe-Geborene ist es sehr wichtig, daß sie ihre eigenen Instinkte und Bedürfnisse kontrollieren lernen.

Nachdem die Sonne das Herz des Sonnensystems ist, beherrscht das Löwezeichen Herz und Kreislauf. Wenn Löwen ihre Liebe und Großzügigkeit abblocken, dann entwickeln sie häufig Herz- und Kreislaufprobleme.

Jungfrau

Jungfrau, das Zeichen für Dienstleistung und Gesundheit steht am Beginn der Erntezeit, wenn die Früchte des Feldes aufgesammelt werden. Dies ist eine sehr geschäftige Zeit und verweist auf den Fleiß des Arbeiters im Zeichen der Jungfrau. Das Symbol für die Jungfrau ist dem des Skorpions sehr ähnlich, aber das *M* hat eine geschlossene Seite, die auf die Geschlechtsorgane der unverletzten Jungfrau hindeutet. Das Bild der Jungfrau ist ein Mädchen, das einen Getreidebüschel trägt, um zu zeigen, daß Jungfrauen die Gabe der Unterscheidung besitzen: indem sie den Weizen vom Unkraut trennen.

In allen Kulturen verehrte man eine Erd-Gottheit. In Ägypten war Isis-Hathor die Gottheit der Erde und ihrer weiblichen Macht. Bei den Römern hieß sie Ceres (das engl. Wort *cereal* für Getreide kommt daher) und bei den Griechen Demeter. Während des Mond-Monats der Jungfrau pflanzten die Ägypter Blumen und ernteten Mais. Das Erntesignal für den Mais war das Erscheinen des Sterns Spica oder »Maisohr« bei Mondaufgang. In Nordamerika wurden an die Maismutter oder die drei Schwestern (Mais, Bohnen, Kürbis) eigene Gebete gerichtet.

Jungfrau wird von Merkur beherrscht, und von daher hat das Sternzeichen seine starke mentale Qualität. Jungfrau-Typen neigen dazu, alle Dinge einer genauen Analyse zu unterziehen. Auf der negativen Seite kann dies als übermäßig kritisch und urteilsschnell herauskommen. Die positiven Seiten der Jungfrau sind ihre Fähigkeit zu unterscheiden, ihre Aufmerksamkeit für das Detail und ihre Bemühung um Gesundheit und Heilung.

Physiologisch gesehen beherrscht das Sternzeichen den Verdauungstrakt und besonders den Dünndarm. Viele Leute mit einer starken Jungfrau-Betonung haben Aufnahme- und Verdauungsschwierigkeiten. Das kommt daher, daß sie oft zu schnell machen oder übermäßig viel mit dem Kopf arbeiten und Erfahrungen nicht für ihr eigenes Leben annehmen.

Waage

Waage, das Zeichen des Gleichgewichts und einziges Tierkreiszeichen, das nichts Lebendiges symbolisiert, steht für die Tag- und Nachtgleiche im Herbst. Das Symbol ist erst sehr spät in den Tierkreis eingeführt worden. Nach Ägypten kam es über das alte Rom. Das ägyptische Zeichen stellte das Wiegen der Ernte vor dem Verkauf oder der Lagerung dar. Die Römer sahen es in einem rechtlichen Kontext. Ursprünglich stellte das Waagezeichen das Kind Chonsu dar, den »Nachthimmelreisenden«. Er war der Sohn der großen Göttin und hatte auf seinem Kopf den Neumond. Er wurde zum Symbol des Ertrags der Erde und der reifen, erntebereiten Ackerfrucht. In späteren Darstellungen findet man zwei Kinder eins für die zunehmende und eins für die abnehmende Jahreshälfte, wodurch die zweifache Qualität der Waage angesprochen ist. Die Waage regiert die Beziehungen und Partnerschaften, sie sorgt dafür, daß das »Ich« mit dem »Wir« ausgewogen wird. Anders als Löwen, die durchaus mit Liebesaffären zufrieden sein können, muß die Waage ihre Bindungen mit Hilfe von Ritualen und Verträgen formalisieren. Die Waage hat einen ebenso starken Bezug zu formaler Gerechtigkeit wie zu den Gesetzen von Harmonie und Proportion.

Waage-Geborene zeigen sehr starke ästhetische Empfindsamkeit, und man findet sie oft mit Malen, Musik oder anderen künstlerischen Dingen beschäftigt.

Von der Anatomie her beherrscht die Waage die Nieren und die Blasen, die für den Flüssigkeitshaushalt des Körpers verantwortlich sind und Überflüssiges ausscheiden. Wer in seinen Beziehungen unklar ist und bestimmte Muster von Gefühlsäußerung nicht loswird, kann in diesen Bereichen Probleme entwickeln.

Skorpion

Das Symbol für den Skorpion ähnelt dem für die Jungfrau mit dem Unterschied, daß es einen nach oben gerichteten Pfeil hat, der auf die mit diesem Zeichen verbundene sexuelle Energie hinweist. Der Skorpion gehört zum Herbst, dem sterbenden Teil des Jahres, und so wurde er immer mit dem Tod und der Wiedergeburt und auch mit den psychischen Transformationsprozessen im menschlichen Leben in Verbindung gebracht. Die Symbole des Skorpions: Skorpion, Schlange und Adler sind aufs engste mit Leben und Tod verbunden. Die Ägypter stellten sich den Skorpion als Selket vor, eine Skorpion-Gottheit, die ihre Horden von Skorpionen während der jährlichen Sandstürme auf sie losließ. Sie beobachteten seine Stellung am Himmel, um sich rechtzeitig zu schützen. Sie nannten diese Sterne-Konstellation »Schlangensterne«. Schlangen waren immer schon voller religiöser Symbolik, nicht zuletzt seit der Geschichte der Genesis vom Garten Eden. Geheimnisvoll ist ihre Fähigkeit, sich der eigenen alten Haut zu entledigen und in eine neue hineinzuschlüpfen so wie die Erde sich jedes Jahr erneuert. Der Adler ist immer schon ein Symbol der Erneuerung gewesen. Bei den amerikanischen Ureinwohnern steht der Adler für den Osten, die tägliche Erneuerung.

Skorpion-Geborene können sehr tief in eine Sache eindringen und anderen als Katalysator für ihre Wachstumsbemühungen und Veränderungsprozesse dienen. Wenn sie am unteren Ende der Skorpion-Oktave schwingen, stechen sie vielleicht wie ein Skorpion. Am oberen Ende können sie ihre Eifersucht und ihre Bosheit überwinden und sich aufschwingen wie ein Adler. Skorpion steht auch für die Möglichkeit, mit Hilfe der sexuellen Energie durch Transformation höhere Bewußtseinsebenen zu erreichen. Die religiöse Literatur Asiens ist voll von Beschreibungen der Erweckung der Kundalini-Energie (der schlafenden Schlange an der Wurzel der Wirbelsäule). Der Skorpion hat die Fähigkeit, ausgediente Verhaltensmuster zu verwandeln und ist dabei hervorragend als Manager geeignet und in der Lage, anderer Leute Geldangelegenheiten zu betreuen. Der Skorpion beherrscht Investitionen, Erbschaften und die Ressourcen anderer Leute, während der Stier im Gegensatz dazu eher sein eigenes Vermögen verwaltet.

Physiologisch betrachtet herrscht der Skorpion über den Bereich der Zeugung und über die Ausscheidungsorgane wie Dickdarm und After. Menschen, die ihre Gefühle sehr stark zurückhalten oder alte Verhaltensmuster nicht abstreifen, haben häufig in diesen Regionen des Körpers die größten Probleme.

Schütze

In der Zeit des Schützen nehmen die Kräfte der Nacht immer mehr zu. Der Tag wird schwächer, und die Menschen kehren sich nach innen und richten ihre Gedanken verstärkt auf religiöse und philosophische Fragen. Weniger intellektuelle Menschen denken an Reisen, Sport und Spiele. Das Symbol des Schützen ist der Pfeil des Bogenschützen mit einem Stück vom Bogen. Das Symbol soll den Zentaur Chiron darstellen, der, von Artemis und Apoll ausgebildet, seinerseits ein Lehrer von Achilleus, Asklepius und anderen griechischen Helden war. Allerdings traf Herkules ihn mit einem vergifteten Pfeil. Seine Schmerzen waren so verzweifelt heftig, daß er lieber sterben wollte. Er tauschte seine Unsterblichkeit mit der Sterblichkeit des Prometheus und befreite ihn damit von seiner Strafe, die darin bestand, daß er mit Ketten an einen Felsen gefesselt war, während Geier an seiner Leber pickten.

Die Göttin Artemis oder Diana, Kriegerin und Jägerin, wird mit dem gleichen Symbol assoziiert. Sie steht für die Frau, die ihre Kraft und athletische Begabung bewies, um Mondpriesterin sein zu können. Das Sternzeichen Schütze verbindet also in sich körperliche Kraft und tieferes Wissen.

Der Schütze ist Lehrer und Prediger. Als Lehrer ist er der Wahrheit ergeben, dem Wissen auf der Spur und an der Bewahrung hoher moralischer Standards interessiert. Als Prediger tendiert er zum Missionieren, weil er von seinen Einsichten so fest überzeugt ist. Anders als die Skorpione, die ihr Wissen so lange zurückhalten, bis sie sich ihrer Sache ganz sicher sind, teilen die Schützen ihre Ideen und Visionen sehr gerne mit anderen. Beim Essen und Trinken können sie leicht maßlos sein so wie sie manchmal übermäßig optimistisch sind, wenn es ums Spekulieren geht wie beim Pferderennen und Spielen.

Der Schütze wird von Jupiter regiert und dessen Bereiche sind die Leber und Bauchspeicheldrüse. Schützen tendieren zu Schwächen in diesen Organen als Ergebnis allzu großen Schwelgens. Schütze beherrscht auch die Oberschenkel, unsere natürlichen Bewegungswerkzeuge. Deshalb gehen Schützen sehr gern spazieren, laufen und reisen in der ganzen Welt herum. Außerdem regiert das Sternbild den Ischiasnerv, den längsten Nerv im Körper. Menschen mit einem starken Schütze-Einfluß in ihrem Horoskop haben häufig Probleme mit diesem Nerv, was manchmal mit einem Mangel an Kieselerde zusammenhängt. Dieses Mineral ist mit dem Sternzeichen Schütze verbunden.

Steinbock

Der Steinbock schubst uns in die Winter-Sonnenwende. Die Dunkelheit macht dem Licht Platz, und die Tage werden langsam wieder länger. In allen alten Kulturen ist das Heraufkommen des Lichts gefeiert worden, wobei das Weihnachtsfest, die Feier der Geburt Christi, die in diese Zeit des Jahres fällt, als Höhepunkt gelten kann.

Der Steinbock ist die Bergziege, die mit sicherem Tritt, Schritt für Schritt, den Berg erklimmt. Seine Ausdauer und Geduld setzen ihn in die Lage, die Spitze trotz mannigfacher Hindernisse auf dem Weg zu erreichen. Steinbock hat den Unterleib vom Fisch und Kopf und Körper von der Ziege. Die Ziegenhörner symbolisieren die Mondhälften. Der Fisch steht für die Mondgottheit als Hüterin der Gewässer. In Babylon und Sumer wurde die Mondgöttin als Meerfräulein dargestellt, in der Form eines Fisches oder Delphins. (In orientalischen Tierkreisen wird dieses Zeichen durch einen Delphin dargestellt.) Die Ziege wird der Göttin der Heilung zugeordnet. In Lybien und Thrakien wurde die Göttin Ägis als Heilerin verehrt. Übersetzt heißt sie »Schützerin« oder »Führerin«. Ihr Symbol war die Ziege, weil sie ihre Füße sicher setzt und weil sie Milch gibt. Die Priesterinnen der Ägis waren auf dem Gebiet der Medizin spezialisiert und trugen Schürzen aus Ziegenfell. Die Göttin hieß auch Hygeia oder »Gesundmacherin«.

Der Steinbock herrscht über die Knie. Steinböcke müssen lernen, »ihre Knie zu beugen«, wenn sie ihre Ziele erreichen wollen - oder sie müssen etwas anerkennen, was größer ist, als sie selbst, auch das kann zum Ziel führen. Der entwickelte Steinbock hat Ähnlichkeit mit Christus, der in die Höhe gestiegen ist. Steinböcke eignen sich als Lehrer, Unternehmensleiter und Manager. Sie können in ihrer Gedankenwelt kalt, distanziert und verhärtet sein und Menschen, die sie sich auf einer sozial niederen Stufe vorstellen, von oben herab behandeln. Sie können aber auch den positiven Einfluß des Planeten Saturn, der den Steinbock beherrscht, ausprägen und Weisheitslehrer sein und durch den unerschütterlichen Glauben an sich selbst zur Personifikation von Disziplin und Verantwortungsbewußtsein werden.

Außer den Knien beherrscht der Steinbock noch den Knochenbau des Menschen: Rückgrat, Zähne, Knochen, Gelenke, Sehnen und Haut. Wenn Steinböcke in ihrem Denken zu schwerfällig werden, können sich im Körper Verhärtungen bilden, die dann zu Krankheitsbildern wie Arthritis und Rheumatismus führen.

Wassermann

Durch seine Konzentration auf Schwingungen und elektrische Kraftfelder öffnet das Wassermann-Zeichen der Betrachtung völlig neue Dimensionen. Obwohl es als ein Luft-Zeichen gilt, wird der Wassermann als Wasserträger dargestellt - ein Mann mit einem Wasserkrug, der allen Menschen etwas davon anbietet. Ursprünglich zeigte das Symbol eine Frau, die einen Wasserkrug trug (wie auf der Sternenkarte im Rider Waite-Tarot-Deck). In den ägyptischen Hieroglyphen war der heilige Wasserbehälter das Symbol für die Göttin Nut und für Weiblichkeit überhaupt, wobei die Schale die weiblichen Geschlechtsteile versinnbildlichte.

Der Wassermann ist menschenfreundlich, er gibt das Wasser des Lebens allen, denen es guttut. Weil der Planet Uranus das Sternzeichen beherrscht, sind die unter diesem Zeichen Geborenen die ersten, die neue Ideen und Erfindungen hervorbringen, ihren Mitmenschen immer voraus, innovativ und manchmal exzentrisch. Wenn sie allzuviel über den Kopf arbeiten und sich allzusehr in die Welt der Ideen verstricken, können sie leicht kalt und distanziert werden (Aquarius ist das Sternzeichen, das von der Sonne am weitesten entfernt ist). Menschen dieses Sternzeichens teilen gerne aller Welt ihre Ideen mit, ganz gleich zu welcher sozialen Schicht sie gehören. Dabei reagieren sie vielleicht auf die konservative Haltung der Steinböcke und sind dann eventuell zu rebellisch, exzentrisch oder sogar pervers. Ebensogut können sie zu idealistisch sein und bräuchten dann den Boden einer tieferen Wirklichkeit für ihre Visionen.

Physiologisch herrscht das Sternzeichen über den Kreislauf und die Fußgelenke. Wer nicht genügend mit seiner Herzensenergie verbunden ist (mit der Liebe und Wärme des Löwen und der Sonne), kann unter schlechtem Kreislauf und kalten Extremitäten leiden.

Fische

Für das Fischezeichen stehen symbolisch zwei Fische, von denen der eine stromaufwärts und der andere stromabwärts schwimmt.

Der noch nicht entwickelte Fisch hat häufig innere Konflikte, die es ihm schwer machen zu entscheiden, so daß er »wischi-waschi«-Ausstrahlung hat. Beim besser entwickelten Typus sind die Fische im Gleichgewicht - wie im Yin/Yang-Symbol. Der Fisch steht für Christus. Die griechischen Buchstaben des Wortes »Fisch« I.C.H.T.H.Y.S. können als Akronym für die Anfangsbuchstaben des griechischen »Jesus Christus Sohn Gottes, Retter« gelesen werden. Das Symbol Fische wurde gewählt, weil die Frühlings-Tag- und Nachtgleiche sich in das Zeichen der Fische bewegte und damit das Fische-Zeitalter ankündigte. Viele der Jünger Jesu waren Fischer. Sie entsagten der Welt und folgten ihm nach. Entwickelte Fisch-Naturen entsagen häufig der Welt der materiellen Güter, um auf spirituellem Weg Erleuchtung zu finden.

Die beiden Fische repräsentieren auch die wirkliche Welt und die Welt der Vorstellungen. Vorstellungen mögen zu Illusionen und zu Flucht führen wie beim Drogenkonsum. Die positive Seite aber liegt in der Begabung für künstlerische Erfolge durch Musik, Photographie und Theater. Fische regieren die Füße und so kommt es häufig vor, daß die unter dem Sternzeichen geborenen Personen in der Welt des Tanzes ihre kreative Energie entfalten. Und weil der Planet Neptun über das Sternzeichen herrscht, sind Fische oft im Bereich des Heilens, der Traumarbeit und mit metaphysischen Dingen beschäftigt.

Physiologisch regiert das Fische-Zeichen das Lymphsystem. Wenn Fische-Geborene ihre Gefühle zurückhalten, können die Lymphgefäße sich verstopfen, es kommt zu geschwollenen Lymphdrüsen und Knoten.

Häuser

Die Unterteilung in Häuser basiert auf der Drehung der Erde um ihre Achse. Alle 24 Stunden dreht sich die Erde um ihre Achse, und dadurch entsteht der Zyklus von Tag und Nacht. Aufgrund der

Bewegung der Sonne durch die Sonnenbahn, steigt im Laufe des Jahres bei der Dämmerung jeweils ein anderes Sternzeichen am Himmel auf. Die Tageszeit bei der Geburt entscheidet darüber, welches Zeichen aufgehen wird und welches also der Aszendent im Horoskop der betreffenden Person ist. Die Verteilung der Häuser beginnt mit dem Aszendenten.

In Astrologie der Mutter Erde werden die Häuser in Verbindung zu der Tageszeit betrachtet, die ihnen entspricht. Deshalb bewegen wir uns im Uhrzeigersinn und nicht gegen den Uhrzeigersinn und beginnen mit dem zwölften Haus.

Weil der Aszendent in der Zeit der Wenn der Tag mit der Dämmerung beginnt, von 6 bis 8 Uhr morgens, befindet er sich im ***zwölften Haus***. In dieser Zeit sammeln sich die Tagesenergien. Planeten im zwölften Haus können für große Qualitäten stehen, die jemand besitzt, die aber für die anderen Menschen nicht so sichtbar sind. Es handelt sich ja noch um eine dunkle Tageszeit, Saatzeit. Diese Planeten können auch für Charakterzüge oder Erfahrungen stehen, welche die betreffende Person in frühen Zeiten gemacht hat, als sie ihr Leben auf der Erde begann. Mit zunehmendem Alter werden diese Züge stärker. Vielleicht ist das der Grund, weshalb die astrologische Forschung so gute Ergebnisse hat, wenn sie das zwölfte Haus zur Erklärung dessen heranzieht, was die betreffende Person tun wird.

Das ***elfte Haus*** erstreckt sich von 8 bis 10 Uhr morgens. Das ist die Zeit, in welcher wir uns nach außen bewegen und mit den anderen Kontakt aufnehmen, je nachdem welcher Arbeit wir nachgehen. Traditionell beherrscht dieses Haus Freundschaften und Gruppenbeziehungen.

Das ***zehnte Haus*** oder die ***Himmelsmitte*** entspricht dem Zenith der Sonne, »High Noon«, der Zeit zwischen 10 und 12 Uhr. Planeten in diesem Haus weisen auf die Energien, die sich in der Welt am deutlichsten manifestieren und die jedem, der dieser Person begegnet, sofort auffallen. Dieses Haus kann als die Professionalität oder der soziale Status des betreffenden Menschen angesehen werden, und es ist auch ein Hinweis auf seine Führungsqualitäten. Deshalb haben viele berühmte Leute mehrere Planeten im zehnten Haus.

Dem ***neunten Haus*** entspricht die Zeit von 12 bis 14 Uhr, Zeit der Mittagsruhe. Sie wird als Zeit der inneren Ruhe verstanden. Es ist eine Zeit der Ausdehnung aber nach innen. Philosophische Gedanken, Metaphysik und Reisen in Gebiete, welche helfen, das Bewußtsein zu erweitern und uns mit neuen Einsichten zu versorgen, entsprechen dieser Zeit.

Von 14 bis 16 Uhr erstreckt sich die Zeitspanne, in der wir wieder in der Welt sind, allerdings etwas anders als vorher. Wir hatten eine Ruhepause und können die Dinge auf neue Weise angreifen. Vielleicht hat das mit der Eigenschaft der Umwandlung zu tun, die dem ***achten Haus*** zugesprochen wird. Die einfache Wirklichkeit wird transzendiert, man kann loslassen und einen Schritt weiter gehen.

Von 16 bis 18 Uhr rundet sich ein Zyklus ab, die Abendmahlzeit wird geplant und andere mögliche Abendbeschäftigungen. Das ***siebte Haus*** sagt etwas darüber aus, wieviel Zeit wir mit den Menschen verbringen, die uns nahestehen und wie wir uns auf die dunklen Stunden einstellen.

Mit dem ***sechsten Haus*** haben wir uns unter den Horizont bewegt, weg vom Sonnenlicht und hinein in die inneren Welten. Während dieser Zeitspanne erholen wir uns vielleicht mit irgendeiner Art von Meditation, mit einer Mahlzeit und Entspannung. Es ist eine Zeit, in der wir uns selbst, unseren Körper bedienen.

Das ***fünfte Haus*** (20 bis 22 Uhr) gilt als Zeit des Spiels und der Entspannung. Abendliche Aktivitäten bestehen häufig aus Sport, Geselligkeit, Unterhaltungen mit der Familie und mit Freunden.

Das ***vierte Haus*** (22 bis 24 Uhr) ist eine sehr tiefe Zeit, in der wir uns mit Hilfe des Schlafs in einen anderen Bewußtseinszustand begeben. Hier begegnen wir dem innersten Kern unseres Seins und berühren unsere unbewußtesten Gedanken und Bewußtseinsprozesse. Dieses Haus befindet sich am unteren Rand des Rades dort, wo wir in der Erde gegründet sind und gleichzeitig tief in unserer eigenen Sphäre stehen.

Das ***dritte Haus*** (0 bis 2 Uhr) ist die Zeit, in der wir Zugang zu den meisten unbewußten Gedankenabläufen und Motivationen finden. Daß das dritte Haus für unser Bewußtsein und für unser autonomes Nervensystem steht, erklärt sich aus dieser Nachtzeit, in der wir uns in jenem anderen Zustand befinden.

Vielleicht ist das ***zweite Haus*** (2 bis 4 Uhr) die Zeit, in der viele kreative Gedanken und Projekte als Samen in uns schlummern. Es ist die Zeit vor der Dämmerung, in der unsere Verbindungen mit der Erde langsam hochtauchen. Das zweite Haus wird häufig mit der Bindung an materielle Dinge aber auch mit Ideen in Verbindung gebracht.

Und schließlich ist da das ***erste Haus***, die glorreichen Augenblicke der Dämmerung, in denen wir das erste Licht entdecken und uns wieder in unserer körperlichen Existenz erfahren. Das ist der wahre Beginn unserer Beziehung zur Erde, in der wir so viele Formen annehmen wie wir nur können, um unsere Aufgabe hier zu erfüllen. Das erste Haus betrifft deshalb unsere Körper-Fahrzeuge, unsere »Personas« (Masken), unseren vorsichtigen und vorläufigen Erdengang.

Die Herrschaft der Planeten über Vitamine und Mineralstoffe

2

Bestimmte Vitamine und Mineralstoffe stehen in Beziehung zu den verschiedenen Planeten. So wie die Planeten und Sternzeichen bestimmte physiologische Prozesse in unserem Körper steuern, so haben sie Einfluß auf die Vitamine und Mineralstoffe, die wir für unser Wachstum und unser Gleichgewicht benötigen. Diese Nährstoffe beziehen wir von den Nahrungsmitteln, den Kräutern, Zusätzen zur Diät und aus der Arbeit mit den verschiedenen heilenden Schwingungen wie in der Farbtherapie, Musiktherapie, von Kristallen und Edelsteinen. Sie helfen alle, bestimmte Ungleichgewichte in unseren physischen, emotionalen und geistigen Körpern auszugleichen.

Wie können wir aber aufgrund unseres Horoskops feststellen, welche Vitamine und Mineralstoffe wir brauchen? Zunächst müssen wir unser Diagramm entsprechend den Informationen des einleitenden Kapitels analysieren. Das ***Fehlen*** bestimmter Elemente kann ein Hinweis darauf sein, welche Nährstoffe benötigt werden. So kann zum Beispiel jemand, der zu wenig Feuer hat, unter den Feuer-Planeten nachschauen und feststellen, daß die Sonne das Vitamin D regiert; Mars herrscht über das Eisen und Jupiter über die Kieselerde und den Chrom. Eisen fehlt sehr oft bei Menschen mit einem Feuer-Defizit. Vitamin D, Kieselerde und Chrom könnten wichtig sein, aber man braucht zur Bestätigung der Therapie noch die Hilfe der ergänzenden Analyseformen. Im Fall eines Zuviels von irgendeinem Element würde zuviel Luft zum Beispiel zu Nervosität und Ängstlichkeit führen. Wenn wir nun unter den Luft-Planeten Merkur und Uranus nachschlagen, finden wir den Vitamin B-

Komplex, Magnesium und Mangan. Sie wirken alle auf das Nervensystem unterstützend.

Es gibt nicht nur eine Methode, wie man mit diesen Nährstoffen umgeht. Die zusätzliche Ernährung mit Vitaminen und Mineralien, die einem bestimmten Planeten zugeordnet sind, kann deshalb nötig sein, weil es von einem Element zu wenig gibt, aber ebensogut deshalb, weil es davon zuviel gibt. Hier gilt wiederum, daß die Therapieform von einer anderen Seite her bestätigt werden sollte.

Als erstes prüft man die ***Sonne***, den ***Mond***, den ***Aszendenten*** und ihre Aspekte. Ein zu seiner Sonne, seinem Mond oder seinem Aszendenten hart aspektierter Schütze kann auf einen Kieselerde- oder Chrommangel hindeuten - beides ist von Jupiter beherrscht - erst recht wenn er auch noch zu Saturn oder Neptun hart aspektiert ist. Wenn der Stier zu Sonne, Mond und Aszendent hart aspektiert ist, kann das ein Hinweis auf Probleme mit der Schilddrüse sein, die schließlich zu einem Mangel an Jod führen oder an Kupfer, das von der Venus beherrscht wird.

Wenn wir das ***sechste Haus*** auf die Planeten hin untersuchen, finden wir vielleicht Neptun in diesem Haus oder Fische auf der Spitze des Hauses. Das deutet auf Zustände, die sehr schwer zu diagnostizieren sind. Es kann auch auf eine Schwächung des Immunsystems verweisen und damit auf die Notwendigkeit, mehr Vitamin A und C als auch Zink und Kalium, das von Neptun beherrscht wird, zu nehmen.

Nach der Analyse des Geburtshoroskops müssen die ***Transite*** und das ***Progressionen*** der Planeten, des Aszendenten und MC in Erwägung gezogen werden. Bei Transiten und Fortschreiten sollten sowohl die harten Aspekte als auch die Inkonjunkts bemerkt werden. Bei Saturn-Transiten gibt es häufig Probleme mit den Zähnen und Knochen und man braucht mehr Kalzium. Bei Uranus-Transiten braucht das Nervensystem Unterstützung durch Vitamin B, Magnesium und Mangan (und viel mehr Körperübung). Neptun-Transiten bringen häufig Allergien und eine Schwächung der Abwehrkräfte. In dem Fall braucht der Körper viel Vitamin A und C,

Zink und Kalium. Pluto-Transiten können das hormonelle Gleichgewicht stören, die Organe der Fortpflanzung und die Ausscheidungsorgane schwächen. Häufig sind dann Vitamin E und Selen nötig.

Die Sonne

Vitamin D

Die Sonne regiert das Vitamin D, das Sonnen-Vitamin. Ultraviolette Strahlen der Sonne aktivieren Substanzen in der Haut, die dem Cholesterin verwandt sind. Diese Substanzen verwandeln sich in Vitamin D. Vitamin D reguliert den Stoffwechsel von Kalzium und Nebenschilddrüsenhormonen. Es erleichtert die Aufnahme des Kalziums aus dem Verdauungstrakt und hilft bei der Aufnahme von Phosphor, das für die Knochenbildung wichtig ist. Wenn im Verdauungstrakt nicht genügend Phosphor vorhanden ist, holt der Körper sich das Kalzium von den Knochen selber.

Weil Vitamin D fettlöslich ist, löst es sich nicht im Wasser auf und wird deshalb auch nicht leicht mit dem Urin herausgeschwemmt. Wenn es daher in großen Mengen eingenommen wird, tendiert es dazu, sich anzusammeln, und es kann schwierig sein, den Überschuß loszuwerden. Wenn zuviel Vitamin D eingenommen wird, kann soviel Kalzium absorbiert und von den Knochen entfernt werden, daß sich Ablagerungen bilden, welche die Haut oder das Herz, die Blutgefäße oder die Lunge beschädigen.

Menschen, die in der nördlichen Klimazone leben, können das Vitamin D in ihren Ernährungsplan aufnehmen, denn es ist in großen Mengen im Öl der Fischleber vorhanden. (Das hat seinen Grund, weil Fische das Plankton essen, das nahe der Wasseroberfläche wächst und deshalb dem Sonnenlicht ausgesetzt ist.) Andere gute Vitamin D-Quellen sind Kalbsleber, Hühnerleber, Rindsleber, Eigelb, Yoghurt und saure Milchprodukte. (Das Märchen von der Milch als Quelle für Vitamin D muß richtiggestellt werden. Das

Vitamin, das der Milch zugesetzt wird, ist eine Vitamin D Variante: D_2 oder Calciferol. Diese synthetische Form kommt aus einer Substanz, die aus der Hefe gewonnen wird und Ergosterin heißt. Diese wird ultravioletter Strahlung ausgesetzt, getrennt, gereinigt und dann der Milch zugesetzt.

Mond

Der ***Mond*** regiert keine Vitamine und keine Mineralstoffe.

Merkur

Der Vitamin B-Komplex

Da Merkur das Nervensystem regiert, ist er auch mit dem Vitamin B verbunden. Die B-Vitamine sind wasserlöslich und können aus Bakterienkulturen gewonnen werden, aus Hefen, Pilzen und Humus. Zu den bekannteren B-Vitaminen gehören die B_1 (Thiamin), B_2 (Riboflavin) B_3 (Niazin), B_6 (Pyridoxin), B_{12} (Cyanocobalamin) B_{13} (Orotsäure), B_{15} (Pangamsäure) Biotin, Cholin, Folsäure und p-Aminobenzoesäure. Diese Vitamine sind alle in einer Gruppe zusammengefaßt, weil sie sich in ein- und denselben Nahrungsmitteln finden, und weil sie in den pflanzlichen und tierischen Geweben in sehr ähnlicher Form vorkommen, und weil sie bei der Aufrechterhaltung bestimmter Körperfunktionen eng zusammenarbeiten.

Die B-Vitamine sind für das normale Funktionieren des Nervensystems sehr wichtig. Sie versorgen den Körper mit Energie, indem sie Kohlehydrate in Zucker verwandeln, der dann vom Körper verbrannt wird. Sie sind auch für die Erhaltung der Muskelfärbung im Verdauungstrakt von Bedeutung. Nachdem B-Vitamine im Körper nicht vorrätig gehalten werden, scheidet der Körper den Überschuß aus, so daß sie kontinuierlich ersetzt werden müssen. Zucker und Alkohol zerstören die B-Vitamine. Bestimmte Drogen, Insektizide und Östrogen bereiten im Verdauungstrakt ein Umfeld, das die B-Vitamine zerstören kann.

Mangel an B-Vitaminen führt zu Fehlfunktionen des Nervensystems wie Schlaflosigkeit, Reizbarkeit, Nervosität, Depressionen, Benommenheit und Kopfschmerzen. Schwere Mangelerscheinungen sind Anämie, Kahlköpfigkeit, Grauhaarigkeit, Akne und andere Hautprobleme, Verstopfung und ein hoher Cholesterinspiegel.

Die reichsten Vitamin B-Quellen sind die Keime und die Kleie von Samenkörnern wie Getreide, Nüsse, Bohnen und Erbsen. Leber enthält besonders viel Vitamin B_{12}; allerdings sollte man möglichst nur Leber aus kontollierter Züchtung essen, weil sich in der Leber Giftstoffe konzentrieren. Speisehefe ist eine sehr nachhaltige Vitamin-B-Quelle und wird von vielen Ernährungsfachleuten sehr empfohlen. Viele Menschen reagieren allerdings auf Hefe allergisch. Wer nicht allergisch reagiert, kann dennoch eine stark säuernde Wirkung auf den Körper spüren. (Es ist erwiesen, daß der Harnsäurespiegel nach der Einnahme von drei Teelöffeln Hefe pro Tag angestiegen ist.)

Venus

Venus regiert die Schilddrüse und ist von daher mit dem Mineral Jod verknüpft. Auch Kupfer wird von Venus regiert. Das Gleichgewicht zwischen Natrium und Kalium oder Säuren und Basen wird von den Nieren hergestellt, die von Waage und Venus beherrscht werden. (Neptun schwingt eine Oktave höher als Venus und regiert das Kalium.) Die Bioflavone, besonders Rutin, sind wichtige Nährstoffe für die Nieren.

Jod

Jod ist eines der wichtigsten Spurenelemente, weil es ein integraler Bestandteil des Thyroxin ist, des wichtigsten Hormons, das die Schilddrüse produziert. Jod hilft, einen ausgeglichenen Energiehaushalt herzustellen, sorgt für das Wachstum und die Entwicklung und stimuliert den Stoffwechsel, indem es dem Körper hilft, überschüssiges Fett zu verbrennen. Wenn die Thyroxin-Produktion normal verläuft, wird die Cholesterin-Synthese angeregt, Karoten wird zu Vitamin A verarbeitet, und die Absorbierung der Kohlehydrate durch den Verdauungstrakt vollzieht sich störungsfrei. Mit Jod-Zusätzen sollte man vorsichtig umgehen, weil große Mengen Jod die Synthese der Schilddrüsen-Hormone verhindern können.

Jodmangel kann zu Kropfbildung führen mit der charakteristischen Schilddrüsenvergrößerung. Fehlendes Jod kann auch eine Verhärtung der Arterien zur Folge haben, Fettleibigkeit, trägen Stoffwechsel, verminderte Reaktionsfähigkeit, schnellen Puls und Herzklopfen.

Jod findet sich in allen Meeresgewächsen, vor allem in Algen, Fischen und Meeresfrüchten und in einigen Pilzen, sofern sie auf jodreichem Boden wachsen.

Kupfer

So wie Mars und Venus ihre Energien zusammenwirken lassen, so hilft Kupfer bei der Bildung von Hämoglobin und den roten Blutzellen, indem es die Absorption von Eisen erleichtert. Der Körper braucht es, um die Synthese der Phosphorlipide durchzuführen, und es hilft auch bei der Oxidierung von Vitamin C, wobei Elastin produziert wird. Kupfer und Zink stehen in einem Verhältnis der Umkehrung zueinander (Zink wird von Neptun regiert). Wenn das Kupfer-Niveau hoch ist, ist das Zink-Niveau niedrig. Bei zuviel Kupfer kann es zu epileptischen Anfällen kommen. Zu wenig Kupfer ist oft die Ursache für Herzgefäßkrankheiten.

Nahrungsmittel mit einem hohen Kupfergehalt sind Leber, Seegemüse, Fisch und grüner blattreicher Salat.

Natrium

Natrium ist in Verbindung mit Kalium für den Ausgleich des Säure/Basen-Faktors im Blut zuständig und hilft, den Wasser-Haushalt im Körper auszugleichen. Natrium und Kalium spielen auch bei der Muskeltätigkeit eine Rolle und regen außerdem die Nerven an. Natrium wird im Dünndarm und im Magen aufgenommen und dann ausgefiltert und vom Blut zu den Nieren transportiert. Der Überschuß wird vom Urin ausgeschieden. Die Umwandlung des Natrium wird von dem Nebennierenhormon Aldosteron gesteuert.

Natriumüberschüsse kommen häufiger vor als Natriummangel. Sie können zu abnormen Wasserstaus im Körper führen, mit Begleiterscheinungen wie Benommenheit, geschwollene Fesseln, Beine und Gesicht. Ein Natriumüberschuß kann den Blutdruck erhöhen. In diesen Fällen ist eine Ernährung mit niedrigem Natriumgehalt angezeigt. Salz muß vermieden werden, ebenso rotes Fleisch, Soya-Soße und Miso-Suppe, die meistens einen hohen Natriumanteil hat.

Nahrungsmittel mit einem hohen Natriumanteil sind zum Beispiel Seegemüse wie Algen: Hijiki, Arame, Nori, Wakame, Kombu, auch Kelp, Meeresfrüchte, Fleisch und Geflügel.

Bioflavone

Bioflavone oder Vitamin P setzen sich aus einer Gruppe von Substanzen zusammen, die in Früchten und im Gemüse zusammen mit dem Vitamin C auftreten. Ihre wichtigsten Bestandteile sind Zitrin, Hesperidin, Rutin, Flavon und Flavonale. Bioflavwone sind in den weißen Segmenten der Zitrusfrüchte entdeckt worden. Sie sind für die Absorption und die Verwertung des Vitamin C notwendig. Sie unterstützen das Vitamin C bei seiner Aufgabe, das Kollagen, den Zement für die Zellwände, gesund zu halten. Sie verstärken die Kapillargefäße, helfen, Blutsturz in den Kapillargefäßen und im Bindegewebe zu verhindern und bilden einen Schutzschirm gegen Entzündungen.

Bioflavone sind auch zur Erleichterung von Allergien und Asthma wichtig. In Verbindung mit Vitamin C kann man mit ihnen Zahnfleischbluten, Ekzeme, und Rheumatimus behandeln. Bei der Behandlung von Muskelschwund sind sie ebenfalls von Vorteil, weil sie helfen, den Blutdruck zu senken. Rutin ist ein wichtiges Heilmittel für Nierenleiden.

Mangelerscheinungen sind mit dem Vitamin C-Mangel verwandt Blutsturz und Blutergüsse sind die häufige Folge.

Vitamin P kommt in Buchweizen vor, in Buchweizensprossen, Hagebutte, Zitronen, Brombeeren, schwarzen Johannisbeeren, Trauben, Kirschen, Orangen und Grapefruits.

Mars

EISEN

Mars regiert das Eisen, dessen wichtigste Aufgabe darin besteht, zusammen mit Eiweis und Kupfer das Hämoglobin herzustellen. Hämoglobin transportiert den Sauerstoff im Blut von den Lungen zum Gewebe. Eisen ist auch für die Bildung von Myoglobin im Muskelgewebe nötig. Myoglobin versorgt die Muskelzellen mit Sauerstoff, ohne den die Muskeln sich nicht zusammenziehen können.

Eisen ist ein schwer zu absorbierendes Mineral. Es wird im oberen Dünndarm aufgenommen und in der Leber, der Milz, im Knochenmark und im Blut vorrätig gehalten. Eisen geht nur in sehr kleinen Mengen mit dem Urin ab. Vitamin E hilft bei der Absorption von Eisen, die durch zuviel Phosphor im Körper zum Beispiel erschwert wird. Hinderlich für die Eisenaufnahme sind auch ein Mangel an Salzsäure, ein hoher Kaffee- oder Teeverbrauch. Eiweiß unterstützt die Aufnahme von Eisen, weil bestimmte Aminosäuren das Eisen gelatieren (die einzelnen Ione werden ringförmig zusammengebunden) und helfen, es in das System zu transportieren. In gebundener Form wird das Eisen vom Körper leichter augenommen als in freier, ionisierter Form. Eisen wird auch leichter aus tierischen

Nährmitteln aufgenommen als aus pflanzlichen.

Die häufigste Form des Eisenmangels ist die auf Eisenmangel zurückgehende Anämie, die darin besteht, daß der Hämoglobin-Anteil in den roten Blutkörperchen zurückgeht und die Zellen sich verkleinern. Ihre Symptome sind Müdigkeit, Blässe, Atemnot und verminderte Widerstandskraft gegen Infekte.

Lebensmittel mit hohem Eisengehalt sind Leber und Rindfleisch, Meeresgewächse (besonders Algen), Weizengrassaft, Melasse, Rote Bete, Rotkohl, Fisch, roter Mango, Kirschen, Feigen und Pflaumen. Pflanzen wie Brennessel, Sauerampfer und die Wurzel der Klette haben einen besonders hohen Eisengehalt.

Jupiter

Kiselsäure (Silicea)

Jupiter regiert die Spurenelemente Silicea und Chrom. Das Zellsalz Silicea wird mit dem Sternbild Schütze assoziiert. Silicea ist ein sehr wichtiges Spurenelement, weil es bei der Aufnahme von Kalzium eine Rolle spielt. Silicea stärkt die Knochen und die Nägel und verleiht den Haaren einen mattglänzenden Schimmer, hält die Poren der Haut offen und festigt den Zahnschmelz. Auch für die Augen ist Silicea gut. Mangel an Silicea führt leicht zu Abzessen, Furunkeln und anderen Krankheiten der Haut; zu Geschwüren und Störungen der Hornhaut; zu Haarausfall, weißen Flecken auf den Nägeln und geschwollenen Ohrspeicheldrüsen.

Lebensmittel mit hohem Silicea-Anteil sind zum Beispiel Wakame, Kombu, Kelp, Arame und Gemüse mit vollen grünen Blättern. Kräuter wie Schachtelhalm sind ebenfalls hervorragende Silicea-Quellen.

Chrom

Weil Jupiter die Bauchspeicheldrüse regiert, die wiederum für den Stoffwechsel verantwortlich ist, hat er auch mit dem Spurenelement Chrom zu tun. Chrom ist in der Hauptsache für die Herstellung einer enzymähnlichen Substanz verantwortlich, den Glucose-Toleranz-Faktor. Diese Substanz ist für die Produktion und Nutzung des Insulins unentbehrlich.

Wenn sie fehlt, dann kann das zu einem höheren Blutzuckerspiegel oder zu Diabetes führen. Arteriosklerose und Ablagerungen in den Arterien gehen häufig auf einen Mangel an Chrom zurück.

Es ist ausgesprochen schwierig, viele Lebensmittel mit hohem Chromgehalt zu finden; vor allem findet es sich in Hefe, die allerdings einen großen Säuregehalt hat. Aber auch Vollkorngetreide enthält Chrom.

Saturn

Saturn ist mit den Mineralien Kalzium und Phosphor verbunden. Wir brauchen beide für unsere Knochen, Gelenke, Zähne und für die Ausbildung des Knochengerüsts. Saturn regiert außerdem den Schwefel, der im Keratin enthalten ist, einer Eiweißsubstanz, die für die Haut, die Haare und die Nägel wichtig ist.

Kalzium

Kalzium ist der am reichhaltigsten im Körper vertretene Mineralstoff. 99 Prozent sind in den Knochen und Zähnen abgelagert; das restliche eine Prozent im Gewebe. Die wichtigste Rolle des Kalziums in Verbindung mit Phosphor ist der Aufbau und die Erhaltung der Knochen und Zähne. Kalzium braucht man auch, um die Muskeln zusammenzuziehen. Wenn die Muskeln nicht genügend Kalzium haben, sind die Fasern bewegungslos, können nicht ineinandergleiten und sich miteinander vermaschen. Die Muskeln können sich deshalb nicht zusammenziehen oder, wenn sie sich zusammengezogen haben, können sie eventuell nicht wieder entspannen, es gibt einen »Krampf«. Zusammen mit Magnesium sorgt Kalzium für ein gesundes Nervensystem. Es spielt bei der Blutgerinnung eine

Rolle und hilft zu verhindern, daß sich zuviel Saures oder Alkalisches im Blut ansammelt. Es hilft dem Körper bei der Aufnahme und Verwendung des Eisens und bei der Aktivierung verschiedener Enzyme und reguliert den Zugang und Abgang der Nährstoffe in den Zellwänden.

Kalzium wird vom Körper nicht sehr effizient aufgenommen. Es hängt davon ab, wieviel Vitamin D dem Körper zur Verfügung steht, denn dieses ist zusammen mit dem Hormon der Nebenschilddrüse dafür verantwortlich, wieviel Kalzium ins Blut gelangt. Es gibt auch Substanzen, welche die Aufnahme von Kalzium verhindern. Wenn sich zum Beispiel extreme Mengen von Fett mit dem Kalzium verbinden, dann entsteht daraus eine unlösliche Masse, die vom Körper nicht absorbiert werden kann. Oxalsäure, die in Schokolade, Spinat und Rhabarber vorkommt, produziert eine solche unlösliche Masse und kann sogar zu Nieren- oder Gallenblasensteinen führen. Große Mengen Pflanzensäure, die in der Getreidekleie vorkommen, binden ebenfalls die Kalziumaufnahme. Auch das Eiweiß ist wichtig. Zu wenig Eiweiß führt dazu, daß wenig Kalzium vom Körper aufgenommen werden kann und zuviel tierisches Eiweiß kann der Grund dafür sein, daß sich das Kalzium weniger gut im Körper hält. Wenn man nicht sehr aktiv ist, wird das Kalzium von den Knochen abgezogen und zu anderen Zwecken verwendet. Das ist besonders bei älteren Menschen der Fall, die sich nicht mehr viel bewegen. Nach den hormonellen Veränderungen in den Wechseljahren scheinen Frauen für die Einwirkungen des Nebenschilddrüsenhormons, welches die Absonderung des Kalziums von den Knochen befördert, besonders anfällig zu sein. Daraus ergibt sich ein zunehmender Mineralienschwund in den Knochen, eine Tendenz zur Osteoporose der Knochen und Bruchneigung.

Kalzium ist in Rüben und in Karottensaft enthalten, in großblättrigen grünen Gemüsen wie Kohl, Mangold, Löwenzahnblätter, Senfblätter, Meeresgemüse und Sauermilchprodukten. Kräuter wie Beinwell, Wintergrün, Alfalfa, Borretsch und Wegerich enthalten bedeutende Mengen Kalzium.

Phosphor

Phosphor ist der zweithäufigste Mineralstoff im Körper. Zusammen mit dem Kalzium ist es für das richtige Phosphor/ Kalzium-Gleichgewicht im Körper verantwortlich. Phosphor ist in jeder Zelle des Körpers vorhanden und spielt deshalb auch in fast jeder chemischen Reaktion im Körper eine Rolle. Es hilft bei der Verwertung von Kohlehydraten, Fetten und Protein für den Wiederaufbau der Zellen und für die Bereitstellung von Energie. Es regt die Kontraktion der Muskeln, inklusive der Herzmuskeln an. Phosphor ist ein wesentlicher Bestandteil der Nukleoproteine, deren Aufgaben die Zellteilung und die Fortpflanzung und Übertragung der Erbanlagen ist. Es ist aber auch für das richtige Wachstum des Knochenbaus, die Entwicklung der Zähne und die Nierenfunktion unverzichtbar, beschleunigt den Heilungsprozeß bei Knochenbrüchen und wirkt dem Kalziumabbau entgegen; es ist bei der Heilung von verschiedenen Arten von Knochenschwund erfolgreich eingesetzt worden und kann bei der Behandlung von arthritischen Krankheitsbildern und bei Mangelkrankheiten an den Zähnen und am Zahnfleisch unterstützend gute Dienste leisten.

Ein Phosphormangel kann zu Wachstumshemmung führen, zu schlechten Zähnen und schwachen Knochen und anderen Störungen des Knochenbaus. Ein Ungleichgewicht im Kalzium/Phosphor-Haushalt des Körpers kann zu Krankheitsbildern wie Arthritis, Paradontose, Rachitis und anderen Zerfallserscheinungen am Knochenbau und an den Zähnen führen. Phosphor kann vom Körper nur aufgenommen werden, wenn genügend Vitamin D und Kalzium vorhanden ist.

Phosphor findet sich im vollen Korn, in Samen, Nüssen, Eiern, Fisch, Geflügel und Fleisch.

Schwefel

Schwefel steht in einer wichtigen Beziehung zum Eiweiß, denn es ist in den Aminosäuren Methionin, Cystin und Cystein enthalten und ist für die Kollagen-Synthese notwendig. Schwefel findet sich im Keratin, der Eiweißsubstanz, die für die Erhaltung von Haut, Haaren und Nägeln gebraucht wird. Er ist für die Atmungsfähigkeit des Gewebes sehr wichtig, bei der Sauerstoff und andere Substanzen vom Körper benutzt werden, um Zellen zu bilden und Energie freizusetzen.

Schwefel wird bei der Heilung von Arthritis eingesetzt, denn Menschen, die von Arthritis befallen sind, haben im Vergleich mit anderen Menschen einen relativ niedrigen Zystin-Spiegel und wenig schwefelhaltige Aminosäuren im Körper. Schwefel wird auch lokal als Salbe zur Behandlung der Haut verwendet.

Kohl, Brokkoli, Rosenkohl, und Blumenkohl sowie Eier, Fisch und Fleisch aus kontollierter Tierhaltung enthalten große Mengen Schwefel.

Uranus

Nachdem Uranus das Nervensystem und die elektrischen Felder des Körpers regiert, gehören die Minerale Magnesium und Mangan zu ihm. Beides sind sehr wichtige Stoffe für das Gleichgewicht des Nervensystems.

Magnesium

Etwa 70 Prozent des Magnesiums im Körper befindet sich in den Knochen, zusammen mit Kalzium und Phosphor, während 30 Prozent im Gewebe und in den Körperflüssigkeiten sind. Magnesium ist sehr wichtig für die Umwandlung der Kohlehydrate und der Aminosäuren. Es gleicht die Wirkung des Kalziums aus und spielt deshalb eine große Rolle bei der Steuerung der Muskelkontraktion. Es trägt dazu bei, den Säure/Basen-Ausgleich herzustellen und unterstützt den Körper bei der Aufnahme anderer Minerale wie Kalzium, Phosphor, Natrium und Kalium. Magnesium schafft die Voraussetzung für die Nutzung der B-, C- und E-Vitamine. Es ist unverzichtbar für die richtige Nerven- und Muskelfunktion, besonders für die Herzmuskeln. Der Bedarf des Körpers an Magnesium wächst mit dem Proteinverzehr und der Höhe des Cholesterin-Spiegels im Blut.

Magnesium ist von großer Bedeutung für die Aufrechterhaltung der elektrischen Energie im Körper. Es ist unverzichtbar in der Vorsorge gegen Schlaganfälle und Thrombosegefahr der Herzkranzgefäße. Es wird bei der Behandlung von Störungen der Muskelsteuerung erfolgreich verwendet, bei Nervosität, Wutausbrüchen und zittrigen Händen. Magnesium und nicht etwa das Kalzium bildet den harten Zahnschmelz, der die Zähne vor dem Verfall schützt. Solange Magnesium fehlt, nützt auch noch so viel Kalzium nichts: der Zahnschmelz wird immer weich bleiben. Magnesium verhindert auch die Anlagerung von Kalzium im Harntrakt, indem es für die Löslichkeit sowohl des Kalziums als auch des Phosphors im Urin sorgt und die Bildung von Steinen verhindert. Bei Patienten mit Neigung zu epileptischen Anfällen hat es sich als Mittel zur Kontrolle von Krämpfen bewährt. Wegen seines hohen Kali-Gehalts wird Magnesium gerne anstelle von synthetischen Säureblokkern als säurehemmendes Mittel verwendet.

Zu den Symptomen des Magnesiummangels gehören auch Ängstlichkeit, Verwirrtheit, Muskelzucken, Zittern, normale und spastische Krämpfe. Eine mangelhafte Versorgung mit Magnesium kann zu Thrombosenbildung im Herz und im Gehirn führen, es können Kalkablagerungen in den Nieren, den Blutgefäßen und im Herzen daraus entstehen. Eine der ersten Maßnahmen in der Behandlung, besonders bei Kindern, ist die Streichung der Milch vom Speiseplan. Milch enthält große Mengen Calciferol, ein synthetisches Vitamin D, das sich mit Magnesium verbindet und aus dem Körper ausschwemmt.

Magnesium ist in großen Mengen in grünen, blattreichen Gemüsen vorhanden, weil es ein wesentlicher Bestandteil des Chlorophylls ist. (Es hat dieselbe Beziehung zu Chlorophyll, die das Eisen zum Hämoglobin hat.) Es ist auch in ölhaltigen Samen und Nüssen, vor allem Haselnüssen, Mandeln und Cashewnüssen. Kräuter wie

Alfalfa, Borretsch und Himbeerblätter enthalten bedeutsame Mengen Magnesium.

Mangan

Mangan ist ein Spurenelement, das für die Ernährung des Gehirns und des Nervensystems von größter Wichtigkeit ist. Mangan ist auch mit dem Bindegewebe, das den Knochen ihren Rahmen gibt, aufs engste verbunden. In Tierversuchen wurde festgestellt, daß Manganmangel Knochenverformungen verursachen kann, die ihren Grund nicht in einem Kalkmangel haben, sondern darin, daß die Knochen sich nicht in ihrer natürlichen Form und Länge ausdehnen können.

Mangan hat in der Behandlung von Diabetes wohltuende Wirkungen gezeigt. Diabetiker, die auf Insulin nicht ansprachen, konnten ihre Symptome dadurch unter Kontrolle bekommen, daß sie Alfalfatee tranken, der große Mengen Mangan enthält. Patienten mit Allergien, Schizophrenie, der Parkinson'schen Krankheit und Myasthenie (eine schwerwiegende Form des Versagens der Muskelsteuerung, die mit einem Muskelschwund einhergeht) reagieren sehr positiv auf Unterstützung durch zusätzliches Mangan. Schizophrenen und allergischen Patienten hilft Mangan bei der Wiederherstellung ihres Gleichgewichts, wenn sie zu viel oder zu wenig Histamin im Blut haben. (Histamin ist die Substanz, die der Körper während allergischer Reaktionen ausschüttet.)

Ein Mangandefizit kann die Glukose-Toleranz beeinträchtigen, was dazu führt, daß überschüssiger Zucker nicht mehr aus dem Blut herauskommt. Man hat auch die Ataxie, ein Versagen der Muskelkoordination, mit Manganmangel in Verbindung gebracht. Manganmangel kann sich auch in Lähmungserscheinungen, bei Kindern Gehirnerschütterungen, Benommenheit, bei Erwachsenen in Geräuschen im Ohr und Gehörstörungen äußern.

Mangan kommzt in Blaubeeren, Brombeeren und anderen dunkelblauen Beeren vor, außerdem in Alfalfasprossen, im vollen Korn und in blattreichen Gemüsen. Alfalfa ist sehr manganhaltig.

Neptun

Da Neptun das Immunsystem regiert, gehören zu ihm das Vitamin C und Zink, beides wichtige Aufbaustoffe des Immunsystems. Neptun regiert auch das Vitamin A, weil dieses mit den Augen und auch mit der Sicht nach innen verbunden ist. Neptun regiert außerdem das Kalium, dem der Ausgleich zwischen Säure- und Basenhaushalt zugordnet ist. Diese Balance ist in stark neptunischen Charakteren häufig gestört. Sie brauchen deshalb eine Menge Kalium.

Vitamin C

Vitamin C hat seine Bedeutung für die verschiedensten Körperzustände und Krankheitsbilder auf so dramatische Weise erwiesen, daß wir versucht sind, zuviel davon zu uns zu nehmen, besonders in seinen sauren Formen. Dadurch schaffen wir ein Ungleichgewicht zwischen Säuren und Basen in unserem Körper. Wenn Vitamin C eingenommen wird, sollte es in seiner gebundenen Form genommen werden: als Kalzium-, Kalium- oder Magnesium-Askorbat. Vitamin C sollte auch in Verbindung mit den Bioflavonen oder Vitamin P eingenommen werden, wobei man jeweils an dem einem Tag das Vitamin C und am nächsten die Bioflavone zu sich nehmen sollte, weil diese dem Körper bei der Aufnahme des Vitamin C helfen.

Eine der wichtigsten Aufgaben des Vitamin C ist die Erhaltung des Kollagen, eines Proteins, das für die Bildung des Bindegewebes in der Haut, den Sehnen und Knochen zuständig ist. Vitamin C ist deshalb für die Heilung von Wunden und Verbrennungen wichtig, weil es die Regenerierung dieses Gewebes beschleunigt. Es bekämpft bakterielle Entzündungen und vermindert den Einfluß bestimmter allergisch wirkender Substanzen auf den Körper. Es hilft bei der Herstellung roter Blutkörper und verhindert Blutsturz.

Man hat menschliche Zellkulturen versuchsweise in einer Lösung gebadet, die Vitamin C enthielt und dabei beobachtet, daß sie große Mengen von einer Substanz bildeten, die man »Interferon« nannte, weil sie Viren davon abhielten (engl.: interfere, eingreifen, dazwischentreten) die Zellen anzugreifen. Vitamin C hat höchstwahrscheinlich auch eine entgiftende Wirkung, wie man bei Personen gemerkt hat, die Schwermetallen wie Blei und Kadmium lange ausgesetzt waren. In konzentrierter Form kann es auch gegen die Wirkung von Pestiziden und Lebensmittelzusatzsstoffen schützen.

Größere Mengen von Vitamin C können allerdings auch schaden, weil es die Aufnahme von Kalzium erschweren oder verhindern kann. Vitamin C wird manchmal im Urin zu Kalzium-Oxalat umgewandelt, und das kann zur Bildung von Nierensteinen führen.

Vitamin C-Mangel führt zu geschwollenen oder schmerzenden Gelenken, Bruchneigung, Zahnfleischbluten, Paradontose, Zahnverfall, Nasenbluten, geschwächten Widerstandskräften gegen Infektionen, verlangsamten Heilungsprozessen bei Wunden und Brüchen, schwerwiegende Mängel führen zu Skorbut. Rauchen vermindert den Vitamin C-Gehalt im Blut.

Askorbinsäure findet sich in den meisten Früchten und Gemüsen, vor allem in den blattreichen grünen und in den gelben, im grünen Paprika, in Zitrusfrüchten, Hagebutten, acerola berries und Tomaten. Vorzuziehen sind allerdings die grünen und gelben Gemüse, denn viele Leute sind auf Zitrusfrüchte und Tomaten allergisch, weil sie so extrem säurehaltig sind. (Ganz gleich, was Ernährungsbücher manchmal sagen, wie zum Beispiel, daß Zitrussäure sich im Körper zu Basen umwandelt: wer viel Zitrusfrüchte ißt, kann leicht krebsrote Entzündungen um den Mund herum bekommen. Einer der Gründe, warum so viele Menschen auf Zitrusfrüchte allergisch sind, ist der, daß sie geerntet werden, bevor sie reif sind. Einen besonders hohen Vitamin C-Gehalt haben Sprossen, die aus den Samen von Getreide, Bohnen, Alfalfa, Rotklee, Sonnenblumen, Buchweizen, Linsen und Mung-Bohnen gezogen werden.

Zink

Zink findet sich in größeren Mengen im Körper als jedes andere

Spurenelement mit Ausnahme des Eisens. Zink ist für das Wachstum und die Entwicklung der Zeugungsorgane und für die gesunde Funktion der Prostata-Drüse äußerst wichtig. Zink kommt in hoher Konzentration in der Prostata und im Samen vor und Zinkzusätze werden häufig für die Behandlung der Prostata und bei Entwicklungsstörungen der Zeugungsorgane verschrieben.

Zink ist für den Heilungsprozeß von Wunden und Verbrennungen sehr bedeutsam, weil es in bestimmten Enzymen vorkommt, die neue Zellen aufbauen und Keratin produzieren, eine Substanz, die für die Haare, die Nägel und die Haut wichtig ist. Zink ist auch ein wirksames Akne-Mittel. Weil es beim Abbau von Cholesterin-Ablagerungen hilft, wird es in der Behandlung von Arterienverkalkung erfolgreich eingesetzt und auch schon bei Leberzirrhose und Alkoholismus. Weil es die Wirkung des Insulins im Blut reguliert, haben es auch die Diabetiker in seiner wohltuenden Wirkung kennengelernt. Zinkmangel deutet sich in Streifen auf der Haut und weißen Flecken auf den Fingernägeln an. Andere Symptome sind extreme Erschöpfung, Appetitlosigkeit, Verlust des Geschmackssinns und Wachstumshemmung. Zinkmangel erhöht die Empfänglichkeit für ansteckende Krankheiten und verlängert die Heilungsdauer von Wunden. In neueren Studien wird ein Zusammenhang zwischen anhaltendem Zinkmangel und Sterilität und Zwergenwuchs behauptet. Jedenfalls führt er zu Veränderungen der Größe und des Aufbaus der Prostata.

Nahrungsmittel mit einem hohen Zinkgehalt sind Austern, Kürbiskerne, Meeresgemüse und Fisch.

Vitamin A

Vitamin A ist ein wesentlicher Baustein für Sehpurpur, einer Substanz im Auge, ohne die wir nachts nicht richtig sehen könnten. Vitamin A ist für die Behandlung von Entzündungen sehr wichtig und macht gegen Ansteckung widerstandskräftig. Viele Ansteckungskrankheiten, die in dramatischer Weise auf Vitamin A reagieren, befallen den Schutzmantel des Körpers: die Schleimhäute, welche die Atemwege säumen oder den Verdauungstrakt, die Harnwege, Augen, Ohren und Nase schützend umgeben.

Vitamin A kommt in zwei Formen vor: als im Keim vorgebildetes Vitamin A oder Retinol vor allem in Tier- und besonders Fischleber und als Beta-Carotin, eines der Carotin-Pigmente, die es sehr viel in grünen und gelben Gemüsen und Früchten gibt. Grüne blattreiche Gemüse sind sogar reicher an aufzuschließendem Carotin als Karotten.

Eine Vergiftung mit Vitamin A kann bei einer Überdosis dieses Vitamins vorkommen. Das ist häufig bei vorgebildetem Vitamin A der Fall, wenn Leute zum Beispiel Fischleberöl-Tabletten nehmen. Weniger bekannt sind Vergiftungserscheinungen nach Einnahme von Beta-Karoten. Symptome von Vitamin A-Vergiftungen sind Übelkeit, Erbrechen, Durchfall, trockene Haut, Haarausfall, Kopfschmerzen, wunde Lippen und schuppige, juckende Haut.

Die Aufnahme von Vitamin A wird besonders von exzessivem Alkoholkonsum behindert, von zuviel Eisen, Kortison und anderen Medikamenten, von Störungen im Verdauungstrakt, der Leber und im Gallenbereich. Vitamin A-Mängel können zu Nachtblindheit oder zu sonst einer Unfähigkeit der Augen, sich an die Dunkelheit zu gewöhnen, führen, auch zu anderen Augenkrankheiten und zu rauher, trockener, vorzeitig gealterter Haut. Schwerwiegende Folgen sind Geschwüre auf der Hornhaut, Knochen- und Zahnerweichung, denn der Mangel an Vitamin A führt auch zum Verlust von Vitamin C.

Die konzentrierteste Vitamin A-Quelle ist scharfer roter Paprika. Andere sind grüne blattreiche und orangefarbene Gemüse und Früchte wie Karotten, Aprikosen, süße Kartoffeln und Kürbis. Obwohl Vitamin A in konzentrierter Form auch in Fischleber vorkommt, ist diese als Vitamin A-Quelle derzeit nicht zu empfehlen, weil die Umweltgifte sich in der Leber und den anderen Organen der Fische besonders konzentrieren.

Kalium

Kalium und Natrium sind Laugensalze. Im Gegensatz zu den meisten anderen Mineralien, die doppelt elektrisch geladen sind, sind sie nur einfach geladen. Deshalb können sie sich ohne Schwierigkeiten durch Lösungen, besonders Wasser bewegen. Kalium ist eher in der Zelle selber konzentriert, während Natrium in der Flüssigkeit rundherum höher konzentriert ist. Natrium ist in den Gewässern auf der Erdoberfläche zuhause, während Kalium in den Pflanzen steckt. Natrium und Kalium helfen, den Wasserhaushalt des Körpers im Gleichgewicht zu halten. Dabei hat Kalium die Aufgabe, das richtige Säure/Basen-Gleichgewicht der Körperflüssigkeiten aufrechtzuerhalten. Es hilft bei der Umwandlung von Glukose und Glykogen (die Form, in welcher die Glukose in der Leber vorrätig gehalten wird). Es stimuliert die Nieren zum Ausscheiden der Gifte und Abfallstoffe. Kalium erhält die Haut gesund. Zusammen mit Natrium sorgt es für einen ausgeglichenen Herzschlag und führt dem Muskelsystem die nötigen Nährstoffe zu. Zusammen mit dem Phosphor versorgt es das Gehirn mit Sauerstoff und regelt, im Verein mit dem Kalzium, die Steuerung der Muskeln.

Kalium wird vom Dünndarm aufgenommen und ausgeschieden wird es mit dem Urin und mit dem Schweiß. Das Nebennierenhormon Aldosteron regt die Kalium - Ausscheidung an. Exzessiver Salzkonsum entzieht dem Körper die Kaliumvorräte. Dasselbe kann durch andauernde Durchfälle, Erbrechen und extremes Schwitzen passieren. Entgegen der landläufigen Theorie, daß man durch heftiges Schwitzen Salz verliert, welches durch Salztabletten zu ersetzen ist, verliert der Körper in Wirklichkeit Kalium. Alkohol und Kaffee verstärken die Ausscheidung von Kalium. Niedriger Blutzucker setzt die Nebennierendrüsen unter Streß, wodurch zusätzlich Kalium im Urin verlorengeht, während Wasser und Salz im Gewebe zurückbleiben. Für eine ausreichende Vorratshaltung von Kalium in den Zellen braucht der Körper eine angemessene Menge Magnesium.

Mit Kalium wird überhöhter Blutdruck behandelt, wenn der

Grund dafür in einem überhöhten Natriumkonsum bestand. Mit Kaliumchlorid hat man bei der Behandlung von Allergien Erfolge erzielt und bei Diabetikern wird es zur Verminderung des Blutdrucks und Blutzuckerniveaus eingesetzt.

Kaliummangel kann zu nervösen Störungen führen, zu Schlaflosigkeit und Verstopfung, zu langsamem, unregelmäßigen Herzschlag, Muskelschwächen, Akne und trocknener Haut. Wenn Kaliummangel dazu führt, daß der Glukose-Stoffwechsel nicht stattfinden kann, finden die Muskeln keine Energie, und es kann zur Lähmung kommen. Kinder, die Durchfall haben, können sehr schnell einen Kaliummangel aufweisen, weil die Abfuhr des Darminhalts sich so schnell vollzieht, daß die Aufnahme von Kalium nicht mithalten kann. Kaliummangel haben häufig Diabetiker und auch diejenigen, die Hormontabletten nehmen wie Kortison oder Aldosteron, weil diese Hormone das Natrium im Körper zurückhalten.

Nahrungsmittel mit hohem Kaliumgehalt sind Kartoffeln, Erdnüsse und grüne blattreiche Gemüse. Kräuter wie Alfalfa und Wegerich enthalten ebenfalls viel Kalium.

Pluto

Pluto regiert das Fortpflanzungs- und das Ausscheidungssystem und ist deshalb auf das Vitamin E und das Spurenelement Selen bezogen. Beide haben die Aufgabe, das hormonelle Gleichgewicht herzustellen.

Vitamin E

Vitamin E ist ein fettlösliches Vitamin, das aus sich aus einer Gruppe von Verbindungen zusammensetzt, die Tocopherole heißen (Tocopherol heißt etwa: Nachkommenschaft bringend). Die wirkungsvollste Form von Vitamin E mit dem biologisch und ernährungsmedizinisch größten Nutzen ist das Alpha Tocopherol. Tocopherole kommen in konzentriertester Form in kaltgepreßten Pflanzenölen, Samenkörnern, Nüssen und Soyabohnen vor. Vitamin E wurde erstmals aus dem Weizenkeim isoliert. Vitamin E ist eine oxidationshemmende Substanz. Es hindert die gesättigten Fettsäuren und das Vitamin A daran, sich zu zerteilen und mit anderen Substanzen zu verbinden. Fette und Öle, die Vitamin E enthalten, werden weniger leicht ranzig als andere.

In Gegenden mit starker Umweltverschmutzung hat sich Vitamin E als sehr nützlich erwiesen. Wenn die Luft mit einer Mischung aus Ozon und Oxiden wie Nitrogen, Cadmium und Blei verschmutzt ist, brauchen wir einen zusätzlichen Schutz gegen das Oxidieren im Körper, eben gerade Vitamin E. Diese oxidierenden Reaktionen (Hyperoxyd) kommen auch durch die Aufnahme von Lebensmitteln in den Körper. Die wichtigsten Quellen reaktiver Sauerstoffverbindungen in Lebensmitteln sind ranzige Pflanzenöle. Wenn es zur Oxidation kommt, dann produziert der Körper ein Pigment, das eine Entfärbung des Gewebes bewirkt. Diese Ablagerungen erscheinen im Fettgewebe und in der Haut älterer Leute. Man hat Ratten, die einer hohen Luftverschmutzung ausgesetzt waren, Weizenkeimöl gefüttert, mit dem Erfolg, daß sie ihr ganz normales Alter erreichten

Vitamin E spielt eine große Rolle bei Herzkrankheiten, weil es dem Herzmuskel erlaubt, mit weniger Sauerstoff auszukommen und dabei die Ausdauer und Durchhaltekraft verbessert. Vitamin E macht die Blutgefäße durchlässiger, so daß das Blut leichter und voller zum Herzen fließen kann. Es unterstützt auch die Fortpflanzungsorgane in ihrer Tätigkeit. Ratten, denen man das Vitamin entzogen hatte, bekamen keine Nachkommen. Auch der Fluß des Blutes während der Periode konnte mit Vitamin E gesteuert werden, und man behandelt damit Hitzewellen und Kopfschmerzen, die für die Menopause typisch sind. Als Creme hilft Vitamin E bei der Heilung von Verbrennungen, Geschwüren und löst vernarbtes Gewebe wieder auf.

Fehlendes Vitamin E kann nicht als direkt verantwortlich für irgendeine spezielle Mangelkrankheit angesehen werden, aber es kann andere ernsthafte körperliche Mangelzustände begründen. Der erste Hinweis auf einen Vitamin E-Mangel ist der Bruch der roten Blutzellen, der seine Ursache in ihrer zunehmenden Zerbrechlichkeit hat. Ein Mangel kann zu außergewöhnlichen Fettablagerungen in den Muskeln führen und einem zusätzlichen Sauerstoffbedarf. Die Absorption von Eisen und die Bildung von Hämoglobin sind ebenfalls gestört. Die Einnahme von Vitamin E sollte sehr sorgfältig beobachtet werden, erst recht bei Personen, die einen hohen Blutdruck haben oder eine rheumatische Herzkrankheit. Wer Eisentabletten nimmt, sollte sie zu einer anderen Tageszeit nehmen, weil die Umwandlung von Eisen durch allzuviel Vitamin E gestört wird.

Es ist wichtig, daß das Vitamin E (ebenso wie A und D) in trockener Form eingenommen wird und nicht als Kapsel auf Ölbasis. Nahrungsmittel mit hohem Vitamin E-Gehalt sind Pflanzenöle, Samen, Nüsse und Soyabohnen.

Selen

Selen ist ein Spurenelement das für den Stoffwechsel und die Förderung des Wachstums und der Fruchtbarkeit des Körpers verantwortlich ist in enger Verbindung mit dem Vitamin E. Selen-Zugaben haben sich als sehr nützlich erwiesen, wenn es darum ging, Frauen im Klimakterium oder anderen Zeiten starker hormoneller Umstellungen zu helfen. Als natürliches oxidierungshemmendes Mittel hilft Selen, die Elastizität des Gewebes zu erhalten, indem es die Oxidation der mehrfach ungesättigten Fettsäuren bremst. Versuche mit Mäusen haben ergeben, daß Selen die Widerstandsfähigkeit durch vermehrte Bildung von Antikörpern gegen die Giftstoffe von Krankheiten erhöht.

Hochwertige natürliche Selen-Quellen sind grüne blattreiche Gemüse wie Krauskohl, Schweizer Mangold, Senfblätter, Zichorie, Kohl, Brokkoli und Spargeln. Reiskleie und die Kleie und der Keim vom vollen Weizenkorn enthalten ebenfalls Selen.

Kräuter und Sternzeichen

3

Kräuterkunde ist ein komplexes Studiengebiet, und man kann auch nicht einfach im Horoskop nachschauen, welche Kräuter gerade besonders geeignet sind. Vielmehr gehört eine umfassende Kenntnis der Symptome des Patienten und seiner Krankheitsgeschichte unbedingt dazu. Außerdem sollten zusätzliche Diagnosetechniken wie Puls- und Augendiagnose oder Radiästhesie zu Rate gezogen werden, und man sollte profunde Kenntnisse über Kräuter besitzen bzw. Kräutermittel nur in Absprache mit dem Arzt/Heilpraktiker ermpfehlen und sie in guten Kräuterläden bzw. Apotheken kaufen.

Paracelsus, der Vater der modernen Medizin, wußte sehr viel von Kräutern und Pflanzen und ihren Beziehungen zum Stand der Planeten. Er sagte, daß es für jeden Stern am Himmel eine Blume in der Wiese gibt und daß alle Dinge, die wachsen, ihren Nutzen durch ihre Struktur, Form, Farbe und Aroma erweisen. Er riet den Heilern, bei sich selbst nach den Einsichten zu forschen, durch welche sie die Energien der Pflanzen spüren könnten. Er stellte auch fest, daß die Blüten den Bewegungen der Planeten folgen; die einen öffnen ihre Blätter im Rhythmus der Mondphasen, andere mit dem Sonnenlauf und wieder andere in Reaktion auf bestimmte Sterne.

Nicholas Culpeper hat im Kapitel 15 von seinem Buch *Complete Herbal (Wehman Brothers Inc.)* folgende Regeln für die Benutzung von Kräutern in Verbindung mit dem Horoskop niedergelegt:

1. Man kräftige den Körper mit Kräutern, die dem Charakter des Herrscher über den Aszendenten entsprechen; dabei ist es in diesem Fall gleichgültig, ob es sich um ein Glücks- oder Unglückszeichen handelt. (Stärke Deinen Körper mit Kräutern, die zu dem Planeten

gehören, der das aufsteigende Zeichen beherrscht. Wenn also Steinbock aufsteigt, sollte man die Kräuter des Saturn benutzen.)
2. Deine Medizin sollte auf irgendeine Weise dem Herrscher des sechsten Hauses unsympathisch sein. (Deine Medizin sollte aus Kräutern bestehen, die zu dem Planeten, der Dein sechstes Haus regiert, in Opposition stehen. Wenn also Mars Dein sechstes Haus regiert, solltest Du Kräuter benützen, die von Venus regiert werden.)
3. Wenn der Herrscher des zehnten Hauses stark ist, dann nütze seine Medizin aus. (Wenn der Planet, welcher Dein zehntes Haus regiert, im Horoskop eine herausgehobene Stellung einnimmt oder viele enge Aspekte hat, dann nutze die Kräuter, die von diesem Planeten regiert werden.
4. Wenn das nicht gut ist, nutze die Medizin des Lichts der Zeit (Wenn Du keine von den oben genannten benützen kannst, dann nütze die Pflanzen, die sich im Lauf der Zeit als wohltuend bewährt haben.)
5. Sorge dafür, daß die leidenden Bereiche im Körper stets mit sympathischen Mitteln behandelt werden. (Kräftige die schwachen Teile des Körpers mit Kräutern, die auf diese Bereiche einwirken. Wenn Du zum Beispiel schwache Lungen oder Atemschwierigkeiten hast, dann nimm Königskerze, Huflattich, Eibischwurzel und dergleichen, um direkt auf die Atmungswege einzuwirken)
6. Beachte das Herz und halte es auf den Rädern, denn die Sonne ist die Grundlage für alles Leben. Deshalb heilen solche Universalmittel wie Aurum potabile und der Stein der Weisen alle Erkrankungen, weil sie das Herz heilen. (Gib acht auf Dein Herz, denn es ist die Grundlage für alles Leben; nütze solche Heilmittel wie Gold und den Stein der Weisen zusätzlich zu den speziellen Kräuterheilmitteln.)

Culpeper empfahl den Gebrauch von Kräutern, die dem Planeten zugeordnet sind, der in Opposition zu dem die Krankheit verursachenden Planeten steht. Für Jupiter-Krankheiten soll man also Merkur-Kräuter benutzen und umgekehrt. Für die Krankheiten, die den Leuchtkörpern unterstehen, benutzt man Kräuter, die dem Saturn zugeordnet sind und umgekehrt. Culpeper bestimmte die jeweiligen gegenüberliegenden Planeten mit Hilfe der alten Einteilung der Sternzeichen in Herrschaftsbereiche, bei der die Planeten je zwei Sternzeichen regieren:

Feuer männlich Löwe	Sonne Mond	Krebs weiblich Wasser
Erde weiblich Jungfrau	Merkur	Zwillinge männlich Luft
Luft männlich Waage	Venus	Stier weiblich Erde
Wasser weiblich Skorpion	Mars	Widder männlich Feuer
Feuer männlich Schütze	Jupiter	Fische weiblich Wasser
Erde weiblich Steinbock	Saturn	Wassermann männlich Luft

Entgegengesetzte Zeichen sind dann:

Widder - Mars	Waage - Venus
Stier - Venus	Skorpion - Mars
Zwillinge - Merkur	Schütze - Jupiter
Krebs - Mond	Steinbock - Saturn
Löwe - Sonne	Wassermann - Saturn
Jungfrau - Merkur	Fische - Jupiter

Wenn es um den allgemeinen Aufbau und die Kräftigung des Körpers geht, ziehe ich es vor, mit Kräutern zu arbeiten, die dem aufsteigenden Zeichen und dem herrschenden Planeten entsprechen. Ganz gleich, um welches Gesundheitsproblem es sich handelt, immer empfehle ich Kräuter, die dem Planeten zugeordnet sind, mit dem die Krankheit in Verbindung gebracht wird. So würde ich für Lungenprobleme Merkur und Waage wählen und die Kräuter, die den Atmungswegen zugeordnet sind.

Um eine Vorstellung davon zu bekommen, wie Kräuter mit den Sternzeichen und Planeten zusammenhängen, habe ich sie in Gruppen eingeteilt. Einige Kräuter gehören eigentlich in mehrere dieser Gruppen, aber ich habe sie nur jeweils in eine Gruppe aufgenommen. Nachdem es so viele Kräuter gibt, habe ich mich für die gebräuchlichsten entschieden. Die Kräuter, die hier aufgeführt sind, haben nicht notwendigerweise eine gute Auswirkung auf die Gesundheit der in diesem speziellen Sonnen- oder Mondzeichen geborenen Menschen geborenen Personen. Sie haben nur ganz einfach die Schwingungen oder die Qualitäten des Zeichens oder seines herrschenden Planeten und können denen, die zu dem Planeten in irgendeiner Beziehung stehen, sei es von Geburt aus oder während Transiten, nützlich sein.

Widder

Kräuter, die vom Planeten Mars beherrscht und mit dem Sternzeichen Widder in Verbindung gebracht werden, haben häufig Dornen, Stacheln oder brennen, wenn man sie berührt, wie zum Beispiel Disteln und Brennessel. Disteln sind sehr vielseitig verwendbar. Die Benediktendistel und die Mariendistel können dazu beitragen, die weiblichen Fortpflanzungsorgane im Gleichgewicht zu halten, und werden deshalb auch mit dem Sternzeichen Skorpion in Verbindung gebracht. Kräuter, die von Mars regiert werden, haben oft eine rote Farbe (Cayenne-Pfeffer, roter Klee, Sassafras) und wirken anregend. Widder-Kräuter wirken blutreinigend, haben einen hohen Eisengehalt und stimulieren die Nebennierenfunktion. Manche dieser Kräuter können den Menschen helfen, deren Sonne, Mond oder Aszendent im Widder steht, wobei Saturn oder Neptun hart aspektiert sind oder bei denen Mars mit Sonne, Saturn oder Neptun harte Aspekte aufweist.

1. ***Nesseln*** - Die Blätter dieser Pflanze werden bei Blutungen, Blutleere und zur Reinigung des Blutes als Tee zubereitet. Nesseln enthalten viel Eisen, Silizium und Kalium. Der Tee wird auch als schleimlösendes Mittel zur Reinigung der Lungen verwendet. Äußerlich kann Nesselpulver aufgetragen werden, um das Bluten einer Wunde zu stillen. Für denselben Zweck wird der Saft aus Nesselblättern gewonnen, der außerdem den Haarwuchs fördert,

wenn er auf die Kopfhaut aufgetragen wird. Ein Breiumschlag aus Nesselblättern lindert rheumatische Schmerzen. Der Tee, als harntreibendes Mittel auch zum Auswaschen von Nierensteinen geeignet, kann bei Durchfall, Ruhr und Hämorrhoiden hergenommen werden.

2. ***Klettenwurzel*** - Die Klettenwurzel hat einen sehr hohen Eisengehalt und ist deshalb als Blutreiniger außerordentlich geschätzt. In dieser Eigenschaft wird sie gerne bei der Behandlung von Arthritis, Rheumatismus, Ischias und Lumbago zu Hilfe genommen. Sie dient auch der Anregung der Nierentätigkeit, und über die Nieren hilft sie, das Blut von schädlichen Säuren zu reinigen. Ihre reinigende Eigenschaft verdankt die Klettenwurzel einem ätherischen Öl, das, wenn es eingenommen wird, die Schweißdrüsen derart aktiviert, daß der Körper angelagerte Giftstoffe herausschwemmt. Schwitzen kühlt den Körper, und deshalb wird die Klettenwurzel auch zur Fiebersenkung und zur Behandlung von Hitzezuständen wie Verbrennungen, Gerstenkörner, Rötungen und Infektionskrankheiten empfohlen. Salben oder Extrakte aus den Samen der Klettenwurzel sind sehr gut bei Haut- oder Nierenkrankheiten. Klettenwurzelumschläge können auch für Wunden, Schwellungen und Hämorrhoiden gute Dienste tun.

3. ***Cayenne*** - Cayenne-Pulver, in Wasser oder Saft eingenommen oder in Suppen und Salaten, regt Herz und Kreislauf an. Cayenne bewahrt vor Herzattacken, Grippe, Erkältung, vor Magenverstimmung und vor dem Verlust von Vitalität. Cayenne-Pulver hält innere und äußere Blutungen an und ist eine hervorragende Quelle für Bioflawone oder Vitamin P.

4. ***Rotklee*** - Vom Rotklee werden die Blüten verwendet. Es ist ein hervorragender Blutreiniger, auch in Kombination mit Löwenzahnwurzeln und anderen Blutreinigern. Es ist auch ein gutes Heilmittel gegen das Wachstum von Krebsgeschwüren und ist ein Bestandteil

in Rezepten für die Beseitigung von Tumoren. In Salbenform ist es gut gegen Hauterkrankungen. Als Gurgelwasser kann es Schwellungen und Entzündungen im Kehlbereich zurückbilden helfen.

5. ***Gotu Kola*** - Asiatisches Wassernabelkraut. Die Blätter dieser Pflanze werden hauptsächlich als Tee verwendet. Gotu Kola verlängert die Lebensspanne und wirkt als Nerventrank. Sie ist gut gegen Depression, Gedächtnisverlust, Schizophrenie und Epilepsie. Sie ist ebenfalls ein Blutreiniger und kühlt das Blut auch. Deshalb ist Gotu Kola bei Fieber und Entzündungen sehr hilfreich. Gotu Kola gehört zu den im Ayurweda meistverwendeten Kräutern.

6. ***Sassafras*** - Die Rinde des Sassafrasbaumes ist ein starker Blutreiniger. Außerdem regt sie die Leber an und reinigt sie von Giften. Sie wird bei Problemen mit den Monatsblutungen und Schmerzen nach der Geburt eines Kindes und bei plötzlich ausbrechenden Hautsymptomen verwendet.

7. ***Krauser Ampfer*** - Die Wurzel des Krausen Ampfers hat einen hohen Eisengehalt und findet in der Behandlung von Blutarmut Verwendung. Sie ist auch ein zusammenziehender Blutreiniger und gut bei Hautentzündungen, Geschwüren und Problemen der Leber und der Gallenblase. Ampfer regt den Fluß der Gallenflüssigkeit an und ist deshalb ein hervorragendes Beruhigungsmittel. In Salbenform hilft es bei Hautproblemen und Schwellungen.

9. ***Johanniskraut*** - Es eignet sich hervorragend als Blutreiniger und wird bei Ruhr, Gelbsucht, Schmerzen im Uterus und Durchfall eingenommen. Der Tee eignet sich auch besonders zur Behebung von nervösen Störungen wie Schlaflosigkeit und Krämpfe im Uterus, aber man muß sehr behutsam damit umgehen. Das destillierte Öl hat eine wunderschöne dunkelrote Schattierung und eignet sich, vorsichtig aufgetragen, zur Heilung von Verbrennungen, Wunden, Quetschungen und anderen Hautverletzungen.

10. ***Schafgarbe*** - Äußerlich angewendet, hilft Schafgarbe, Wunden zu heilen und Blut zu stillen. Als Tee eignet es sich hervorragend zum Zurückbilden von Hämorrhoiden. Menstruationsbedingte Krämpfe werden mit Hilfe von Schafgarbe gelöst und exzessive Blutungen gestoppt. Hämorrhoiden und Ausfluß aus der Vagina kann mit Hilfe eines Klistiers oder einer Dusche mit Schafgarbe behandelt werden. Der Tee ist außerdem gut gegen Erkältungen, Grippe, Masern und Hautausschläge. Wegen ihrer ätherischen Öle kann man die Pflanze gut als keimtötendes Mittel verwenden.

Stier

Pflanzen, die vom Planeten Venus regiert werden, haben häufig wunderschöne Blüten und strömen einen angenehmen Duft aus. Stier-Kräuter tun dem Kehlbereich und den Schleimhäuten gut. Sie wirken auch im Bereich des Dickdarms, der vom Skorpion beherrscht wird dem Oppositions-Sternbild des Stiers. Diese Kräuter sind von Nutzen für Personen, deren Sonne, Mond oder Aszendent sich im Stier befindet, wobei Saturn, Neptun oder Pluto noch dazu hart aspektiert sind. Dasselbe gilt für Personen, bei denen zwischen Venus und Mars, Saturn oder Pluto harte Aspekte vorliegen oder bei denen, die gerade Saturn- und Pluto-Transite haben.

1. ***Süßholz*** - Die Süßholzwurzel enthält Hormone, die Ähnlichkeit mit den Hormonen der Nebenniere haben. Die Pflanze ist daher bei der Behandlung von mangelhafter Nebennierentätigkeit und anderen Drüsenproblemen von großer Hilfe. Sie regt die Nebennierenrinde zur Produktion großer Mengen Kortisons und Aldosterons an. Süßholz ist auch bei Heiserkeit und anderen Halsproblemen sehr gut. Sie hilft bei Grippe, Erkältung, Verschleimung der Atemwege und wird deshalb auch häufig dem Hustensaft beigegeben. Wer zu übermäßigen Spannungszuständen neigt und eine sehr aktive Nebennierenfunktion hat, sollte Süßholz vermeiden.

2. ***Rotulme*** - Verwendet wird die Rinde des Baumes (und nur die Rinde von nur dieser Ulmenart) und zwar meistens in Pulverform. Sie wirkt wohltuend auf entzündete Lungen und verengte Atemwege, heilt Husten und Halsweh. Oft wird sie in Verbindung mit Süßholz eingenommen. Die Rotulme kann Magen- und Darmgeschwüre heilen und die Verdauungastätigkeit normalisieren, Verstopfung sowohl als auch Durchfall kurieren. Wenn es bereits zu Verdauungsstörungen gekommen ist, ist es ein hervorragendes Mittel; und weil die Pflanze schleimig ist, bindet sie sehr gut.

3. ***Bockshornklee*** - (der aus den gemahlenen Samenkörnern gemacht wird) eignet sich hervorragend zur Behandlung von Halsweh und Fieber. Der Tee hat sich bei Verschleimung der Lungen ebenso bewährt wie bei Blähungen. Geschwüre können damit behandelt werden und die Zuckerkrankheit. Äußerlich kann er als Umschlag bei Verbrennungen, Entzündungen und trockener Haut hilfreich sein.

Zwillinge

Kräuter, die vom Planeten Merkur regiert werden, haben feine oder geteilte Blätter oder Stengel (wie die Gräser) und ganz leichte Duftnoten. Zwillinge-Kräuter kräftigen Lunge und Atemwege; einige wirken entspannend auf das Nervensystem. Diese Kräuter sind meistens gut für Personen, deren Sonne, Mond oder Aszendent im Sternbild Zwillinge steht oder bei denen Saturn, Uranus, Neptun oder Pluto zu Zwillinge oder zu Merkur einen harten Aspekt bildet.

1. ***Huflattich*** - Die Blätter des Huflattich werden als Auswurfmittel verwendet. Sie eignen sich hervorragend als Hustenmittel bei Bronchitis und Asthma, Keuchhusten und anderen Atmungsschwierigkeiten, oft in Verbindung mit weißem Andorn und Eibisch. Huflat-

tich tut Magen und Darm gut, wenn sie entzündet sind oder bluten.

2. ***Königskerze*** - Die Blätter der Königskerze werden geraucht, um Kongestionen in der Lunge aufzulösen. Sie werden auch als Tee benutzt, in Verbindung mit Yerba Santa und anderen Kräutern. Der Tee ist ein gutes Mittel gegen Verstopfung der Lymphen, aber auch gegen Durchfall und Verdauungsprobleme. Aufgrund ihrer Schleimigkeit hat sie eine wohltuende Wirkung auf die Darmwände. Die Blüten der Königskerze werden als Nervenmittel und zur Entkrampfung verwendet.Das Öl der Königskerze gehört zu den besten Heilmitteln gegen Ohrentzündungen.

4. ***Weißer Andorn*** - eine leicht bittere Wurzel, die bei der Bekämpfung von Erkältungen sehr erfolgreich eingesetzt wird, indem sie hilft, Schleim auszuwerfen und die Atemwege zu heilen. Ein Sirup für Kinder wird daraus gemacht. Wenn er heiß getrunken wird, führt er zu verstärktem Ausschwitzen; kalt eingenommen wirkt er als Magenbitter.

5. ***Yerba Santa*** - Heiliges Kraut. Die Blätter der Yerba Santa werden in Kräutertabakmischungen verwendet, zusammen mit Huflattich und Königskerze. Sie haben den Zweck, Krämpfe der Bronchien aufzulösen. Nachdem verstopfte Lungen häufig das Ergebnis einer Verdauungsstörung sind, bei der sich im Verdauungstrakt ein Überschuß an Schleim bildet, hilft Yerba Santa, indem sie die Magensäfte stimuliert. Dadurch verbessert sich die Verdauung so, daß die Verstopfung der Lunge sich auflösen kann. Die Pflanze wird auch bei Durchfall und Ruhr verwendet.

6. ***Echter Ysop*** - Die Blätter des Ysop werden als Tee gegen Lungenleiden und besonders gegen chronischen Katarrh verwendet. Die Pflanze ist auch ein starkes Auswurfmittel, geeignet bei Husten und Verstopfungen der Atemwege, die durch Erkältungen und Grippekrankheiten hervorgerufen sind. Ysop wird verwendet,

um Fieber zu senken und die Verdauung zu fördern.

7. ***Echter Alant*** - Die Wurzel der Pflanze Echter Alant findet bei Störungen der Atemwege wie Asthma und Bronchitis sowie bei Katarrh im Hals und in der Nase Verwendung. Der Tee stimuliert ebenfalls die Verdauung und kann als reinigende Waschlösung für Hautentzündungen dienen. Bei chronischen Lungenleiden wird die Pflanze häufig mit der Rinde der Wildkirsche, Kiefer, Beinwell und Süßholz kombiniert.

8. ***Melisse*** - Melisse ist ein Teegetränk, das den Nerven gut tut und auch gegen Erkältungen, Grippen und Fieber hilft. Oft wird es mit Echter Katzenminze gemischt und Kindern verabreicht, die überaktiv sind. Mit Holunderblüten und Krauseminze gemischt, schafft es bei Grippen und Erkältungskrankheiten Erleichterung.

Krebs

Kräuter, die vom Mond regiert werden, haben häufig weiche, saftige Blätter und enthalten eine Menge Feuchtigkeit. Krebs-Kräuter tun dem Magen wohl und unterstützen den Verdauungsvorgang. Sie nützen den Personen, deren Sonne, Mond oder Aszendent sich im Krebs befindet, und bei denen Mars, Saturn und Uranus hart aspektiert sind, so wie denjenigen, die Saturn oder Mars im Krebs stehen haben.

1. ***Pfefferminze*** - Pfefferminztee ist gut gegen Blähungen, Erbrechen, Übelkeit, Durchfall und Ruhr. Die starke Stimulierung, die von der Pflanze ausgeht, wirkt sowohl einer Unterkühlung wie auch dem Fieber entgegen. Als krampflösendes Mittel eignet es sich sehr gut, wenn Kinder Krämpfe oder krampfartige Zuckungen haben. Es hilft auch bei Leibschneiden. Pfefferminzöl öffnet, wenn es durch Mund oder Nase eingeatmet wird, die Nasengänge.

2. ***Krauseminze*** - »Spearmint« ist ein wohltuender Magentee mit einer milden harntreibenden Wirkung. Bei Erkältungen, Grippe, Verstopfung, Blähungen und Krämpfen kann er sehr nützlich sein. Krauseminze wird auch verwendet, um einen etwas bitteren Tee geschmacklich abzumildern. Pfefferminze ist ein stärker stimulierendes Kraut, aber auch Spearmint ist ein gutes schweißtreibendes Mittel.

3. ***Papaya*** - Papayablätter. Papayablätter-Tee ist eine magenfreundliche Verdauungshilfe gegen Blähungen und Krämpfe.

Löwe

Einige Pflanzen und Kräuter, die unter der Herrschaft der Sonne stehen, haben eine orange-goldene Färbung, sind relativ groß und haben eine strahlende Form (wie die Sonnenblume). Löwe-Kräuter kräftigen das Herz, regulieren den Blutdruck und haben häufig eine aufmunternde Wirkung (wie Borretsch). Diese Kräuter eignen sich vermutlich am meisten für Personen, deren Sonne, Mond oder Aszendent sich im Löwen befindet, mit harten Aspekten zu Saturn, Uranus, Neptun oder Pluto, und für diejenigen, bei denen Saturn im Löwen steht und Mars, Uranus, Neptun oder Pluto hart aspektiert sind.

1. ***Borretsch*** - Borretsch-Blätter ergeben einen hervorragenden Tee, der herzstärkend wirkt. Borretsch ist auch bei Lungenproblemen zu empfehlen und als fiebersenkendes Mittel. Er hat einen hohen Magnesiumgehalt, was für Herz und Nerven außerordentlich wichtig ist. Äußerlich in Form von Salben und Einreibemitteln angewendet, lindert Borretsch Hautreizungen und Schleimhautentzündungen.

2. ***Weißdorn*** - Die Beeren des Weißdorn werden unterstützend zur

Behandlung von hohem und niedrigem Blutdruck, schnellem und arhythmischem Herzschlag, Herzmuskelentzündung und Arteriosklerose verwendet. Regelmäßiger Gebrauch kräftigt die Herzmuskulatur. Weißdorn hilft gegen Schlaflosigkeit, und ein Beeren-Absud ist sehr gut zur Behandlung von Halsweh.

3. ***Mistel*** - Die europäische Mistel wird als herzstärkendes Getränk und Kreislaufmittel verwendet. Erst steigert und dann senkt es den Blutdruck. Das Extrakt ist ein gutes Heilmittel gegen Arteriosklerose. Mistel kann zusammen mit Weißdornbeeren und wildem Lauch gekocht werden. Getrunken wird es als Brühe dreimal täglich. Es hat auch eine sehr wohltuende Wirkung bei Benommenheit, Schwindelanfällen und Kopfschmerzen. Die Beeren darf man nicht essen, und es muß sicher sein, daß es sich um die europäische und nicht die amerikanische Mistel handelt, weil letztere giftig ist.

4. ***Herzgespann*** - Herzgespann ist ein guter Herztrank, wenn er mit Weißdornbeeren vermischt ist. Er wird bei Herzklopfen und als Vorbeugungsmittel gegen Schlaganfälle genommen. Die Pflanze ist auch ein gutes Mittel bei ausbleibender Monatsblutung und anderen Frauenleiden. Heiße Umschläge erleichtern die Menstruationsschmerzen. Herzgespann ist hervorragend geeignet, nervöse Zustände und hysterische Krämpfe sowie Schlaflosigkeit zu beruhigen.

Jungfrau

Kräuter, die dem Sternzeichen Jungfrau zugeordnet sind, unterstützen den Verdauungsvorgang und haben blähungstreibende Wirkung. Auch Kräuter mit hohem Kaliumgehalt gehören in diese Gruppe. (Das Zellsalz Kalium-Sulphat ist *das* Jungfrau-Salz). Diese Kräuter haben ihren besonderen Wert für Personen, deren Sonne, Mond oder Aszendent sich in der Jungfrau befindet, wobei Saturn,

Uranus, Neptun oder Pluto hart aspektiert sind; oder bei denen, die Saturn in der Jungfrau stehen haben mit harten Aspekten zu Mars, Uranus, Neptun oder Pluto.

1. ***Brombeere*** - Von der Brombeere werden die Blätter und die Schale der Wurzel verwendet. Ein Aufguß der Blätter eignet sich sehr gut als Mittel bei milden Formen von Durchfall und Halsentzündung. Wenn man die Wurzel köchelt (meist unter Zugabe von einem Teelöffel Zimtpulver), ergibt das einen hervorragenden Trank für schwerere Fälle von Durchfall, Ruhr und anderer Störungen im Verdauungstrakt.

2. ***Dill*** - Dillsamen sind hervorragende Verdauungshilfen. Häufig werden sie mit Fenchel- und Anissamen zusammen gemahlen und mit ein paar Tassen Wasser geköchelt.

3. ***Fenchel*** - Gemahlener Fenchelsamen oder einige Tropfen des Extrakts oder des Fenchelöls werden gerne bei Blähungen, saurem Magen, Koliken und Krämpfen gegeben. Fenchel fördert auch den Harnfluß, die Monatsblutung und das Einschießen der Muttermilch.

4. ***Leinsamen*** - Der Leinsamen hat außerordentlich starke schleimbildende Eigenschaften und ist von daher für alle Entzündungen des Verdauungstrakts sehr heilsam. Der Samen kann als Tee aufgegossen oder gemahlen und Säften, Müsli oder Suppen beigegeben werden. Der Tee ist auch für Husten, Asthma und Brustfellentzündungen gut. In Breiumschlägen, gemischt mit Rotulme, ergibt es ein gutes Heilmittel für Reizungen, Verbrennungen, Furunkel, Entzündungen und Tumore.

5. ***Wegerich*** - Die Blätter des Wegerich haben eine beruhigende Wirkung und eignen sich besonders bei Durchfall, Hämorrhoiden, Entzündungen, Geschwüren und Bronchitis als Heilmittel. Wegen seines hohen Kaliumgehalts, stellt er einen guten Ausgleich bei

Übersäuerung des Magens dar. Die Samen des Wegerichs (bekannt unter dem Namen psyllium seeds oder Flohsamen) sind ein gutes Abführmittel. Über Nacht in Wasser eingeweicht, produzieren die Samen ein Gel, das gekocht und gesiebt wird und ein hervorragendes Mittel gegen Geschwüre und Magenschmerzen ergibt. Wegerich ist auch als harntreibendes Mittel beliebt, wobei die Wirkung größer wird, je breiter die Blätter sind. Die Blätter werden angefeuchtet und auf die Haut aufgelegt, wo sie schmerzlindernd und giftabbauend wirken, zum Beispiel bei Schlangenbissen und Insektenstichen. Wegerich wird auch in Salben und Crèmes verwendet, in Verbindung mit Beinwell und Holunderblüten, und dient dort der Behandlung von Hauterkrankungen und chronischen Hautproblemen.

Waage

Kräuter, die dem Sternzeichen Waage zugeordnet sind, wirken ausgleichend auf Nieren und Blase. Sie haben auch eine harntreibende Wirkung. Diese Kräuter nützen hauptsächlich denjenigen, die mehrere Planeten im Sternzeichen Waage stehen haben; außerdem helfen sie denen, deren Sonne, Mond oder Aszendent in der Waage steht, wobei Mars, Saturn, Uranus oder Pluto hart aspektiert sind; oder sie haben Mars, Jupiter oder Saturn in der Waage und andere äußere Planeten sind hart aspektiert.

1. ***Klettenlabkraut*** - Klettenlabkraut ist ein wirkungsvolles harntreibendes Mittel, das bei allen Nieren- und Blasenproblemen herangezogen werden kann und sich besonders für die Beseitigung von Nierensteinen und Blasengries eignet. Es hilft bei der Behandlung von Ödemen, Hautkrankheiten und akuten Hautausschlägen. Die Pflanze ist ein guter Blutreiniger und kräftigt die Leber. Äußerlich wird sie in Salbenform für die Behandlung von Brandwunden und Verbrennungen benutzt. Wenn Klettenlabkraut nicht mehr frisch ist, verliert es schnell seine Wirkung.

2. ***Wacholder*** - Wacholderbeeren haben eine anregende und harntreibende Wirkung, können allerdings, wenn sie in größeren Mengen eingenommen werden, auch eine Reizwirkung haben. Sie helfen sehr bei der Behandlung von Wasserstau, Gries oder Entzündungen in der Blase, beim Abbau von Harnsäure und sind auch tüchtige Helfer bei Verstopfung und Blähungen.

3. ***Petersilie*** - Petersilie hilft gegen Blasenentzündungen und zwar am wirkungsvollsten, wenn sie zu gleichen Teilen mit Echinacea und Eibischwurzel vermischt wird. Petersilie wird entweder dem Salat beigemischt oder ausgepreßt verwendet. Die Wurzel eignet sich zur Behandlung von Leber- und Gallenblasenleiden. Auch bei Wasserstau, Asthma und Gelbsucht wird sie gerne benützt. Petersilie hat wegen ihres hohen Chlorophyllgehalts bei der Behandlung von Krebs und von Nervenleiden Bedeutung erlangt, weil man dort große Mengen Magnesium braucht und das Magnesiumion im Chlorophyll enthalten ist.

4. ***Uva Ursi*** - Bärentraube. Die Blätter der Bärentraube ergeben, als Tee aufgegossen, ein wirkungsvolles Mittel gegen Nieren- und Blasenentzündung und gegen Nieren- und Blasensteine. Am besten wirken sie in Verbindung mit anderen harntreibenden Pflanzen und, wegen seiner ausgeprägten schleimbildenden Eigenschaften, mit Eibisch. Uva Ursi wirkt zusammenziehend, tonisch und ist gut bei anhaltenden Durchfällen, Ruhr und übermäßig heftigen Monatsblutungen.

Skorpion

Kräuter, die von Pluto beherrscht sind, finden sich häufig an entlegenen Orten und unter der Erde (bestimmte Wurzeln). Skorpion-Kräuter stellen ein hormonelles Gleichgewicht her und helfen, den Ablauf des Monatszyklus der Frau zu regulieren, außerdem, um

Geburten und Schwangerschaften zu erleichtern. Es gehören auch Kräuter dazu, die auf den Dickdarm eine wohltuende, schleimerzeugende Wirkung haben, wodurch die Ausscheidung erleichtert wird. Diese Kräuter sind meistens für solche Personen geeignet, die ihre Sonne, ihren Mond oder Aszendenten im Skorpion haben, wobei Mars, Saturn, Uranus, Neptun oder Pluto hart aspektiert sind; aber auch für diejenigen sind sie geeignet, bei denen Mars und Saturn im Skorpion stehen und die äußeren Planeten hart aspektiert sind.

1. ***Aloe Vera*** - Innerlich angewendet dient Aloe Vera der ordentlichen Verdauung und hat abführende Wirkung. Sie hilft bei der Reinigung von Nieren und Leber. Oft wird sie zusammen mit Fenchel oder Ingwer verwendet, um Magenschmerzen vorzubeugen. Äußerlich kann ein Gel auf die Haut aufgetragen werden, um Verbrennungen, rauhe Haut und Reizzustände der Haut zu lindern.

2. ***Benediktendistel*** (Kardobenedikte) - Die Benediktendistel oder auch die Mariendistel ist, gemischt mit den Blättern der Himbeere und der Eibischwurzel, ein beliebtes Mittel zur Anregung der Muttermilchproduktion. Es kommt in Rezepturen im Zusammenhang mit der Menstruation vor, weil es eine gute krampflösende Wirkung hat und ist ein hervorragendes Stärkungsmittel für Magen, Leber und Herz, da es den Kreislauf anregt.

3. ***Faulbaum*** (amerikanischer) - Die Faulbaum wird als Abführ- und Stärkungsmittel für den Dickdarm verwendet. Normalerweise wird sie als Tinktur oder in Kapselform eingenommen, weil sie so bitter schmeckt. Sie hilft auch gegen Hämorrhoiden. Zur Vorsorge gegen Magenschmerzen kann sie zusammen mit Anis- oder Fenchelsamen genommen werden. Faulbaumrinde stimuliert auch Leber, Gallenblase, Magen- und Bauchspeicheldrüse und regt deren Sekretionstätigkeit an.

4. ***Ginseng*** - die Ginsengwurzel ist chinesischen Ursprungs und berühmt dafür, daß sie dem Körper Energie zufließen läßt und verjüngend und kräftigend wirkt. Sie wird zur Normalisierung des Blutdrucks eingesetzt, verringert den Cholesteringehalt des Bluts und verhindert Artheriosklerose. Ginseng verringert auch den Zuckergehalt des Blutes und wird deshalb in der Therapie von Zuckerkrankheit eingesetzt. Da es sich um eine sehr yang-betonte Pflanze handelt, sollte sie nicht verwendet werden, wo allzu viel Hitze oder Entzündung im Spiel sind.

5. ***Poleiminze*** - Die Blätter werden für einen Tee benützt, der die monatlichen Blutungen unterstützt und krampflösend wirkt. Die Pflanze wurde auch schon zur Einleitung und Erleichterung von Abtreibungen benutzt, aber dabei sind häufig schwerwiegende Probleme aufgetaucht, besonders, wenn ihr ätherisches Öl dazu benutzt wurde. Poleiminze wird gerne bei Lungeninfekten und Fieber genommen, weil es die Hitze durch die Poren und die Haut hinaustreibt. Sie gilt auch als Kreislaufmittel. Weil es eine sehr stark duftende Minze ist, kann sie auch als Insekten- und fliegenabweisendes Mittel äußerlich eingesetzt werden.

6. ***Himbeerblätter*** - Himbeerblättertee ist ein hervorragendes Stärkungsmittel für die weiblichen Organe. Während der Schwangerschaft kann er als Mittel gegen Übelkeit und zur Befreiung von Krampfzuständen und Schmerzen bei der Geburt benützt werden. Auch zur Linderung von Menstruationskrämpfen und zur Regulierung des Monatszyklus kann er eingenommen werden. Himbeerblättertee wird zusammen mit anderen Kräutern so wie Uva Ursi verwendet, um Ausfluß aus der Vagina und ähnliche Unregelmäßigkeiten zu behandeln.

7. ***Sennessblätter*** - Sennablätter und -Hülsen werden als Abführmit-

tel verwendet, weil sie bestimmte (peristaltische) Bewegungen des Darms hervorrufen. Sennesblätter werden am günstigsten mit windtreibenden und entkrampfenden Pflanzen wie Fenchel, Anis, Koriander oder Ingwer gemischt.

Schütze

Kräuter, die von dem Planeten Jupiter regiert werden, sind meistens ausladend und auffällig. Sie sind reich an Nährstoffen (wie die Löwenzahnwurzel) und haben einen angenehmen Duft. Schütze-Kräuter sind gut für die Leber, weil sie den Fluß der Gallenflüssigkeit fördern, und sie arbeiten gemeinsam mit der Bauchspeicheldrüse an einem gleichgewichtigen Stoffwechsel. Schütze-Kräuter haben auch einen hohen Kieselsäuregehalt. Diese Kräuter werden häufig von Personen benötigt, deren Sonne, Mond oder Aszendent im Schützen steht, oder harte Aspekte zu Jupiter oder Neptun. Oder es steht Jupiter im Schützen mit harten Aspekten zu Saturn, Uranus oder Neptun; oder Saturn steht im Schützen und ist hart aspektiert zu Neptun.

1. ***Löwenzahn*** - Wurzel und Blätter des Löwenzahn gehören zu den stärksten Lebermitteln. Löwenzahnwurzel entgiftet die Leber und reinigt das Blut. Mit ihrer Hilfe sind schon sehr schlimme Fälle von Gelbsucht geheilt worden. Sie trägt zur Reinigung von Milz, Bauchspeicheldrüse, Gallenblase, Blase und Nieren bei. Sowohl bei Diabetes als auch bei Unterzuckerung hat die Löwenzahnwurzel wohltuende Wirkung gezeigt. Sie enthält eine Menge leicht aufzunehmender Mineralstoffe. Sie trägt dazu bei, den Blutdruck zu vermindern und entlastet damit das Herz. Geröstet können die Wurzeln als Kaffee-Ersatz dienen, der Zichorie vergleichbar. Löwenzahnblätter eignen sich sehr als harntreibende Tees und sind außerdem eine hervorragende Mineralienquelle. Frische Löwenzahnblätter ergeben einen sehr guten Salat, bzw. eine SSalatzutat.

2. ***Schachtelhalm*** - Der Schachtelhalm (auch Zinnkraut) ist eine sehr zuverlässig harntreibende Pflanze und wird bei allen möglichen Unstimmigkeiten in den Harnwegen gebraucht. Die Pflanze ist sehr reich an Mineralien und enthält vor allem Kieselsäure und Selen. Knochenbrüche wachsen mit Schachtelhalm erheblich schneller zusammen und auch Arthritis und Rheumatismus werden besser. Zinnkraut unterstützt die Gerinnung des Blutes und wird deshalb verwendet, um Blutungen zu stoppen. Exzessive Anwendung führt allerdings zu Reizungen von Nieren und Darm. Deshalb wird er am besten nur über kurze Zeit verwendet.

3. ***Alraune*** - Die Alraunewurzel ist ein mächtiges Kraut, das wegen seiner Toxizität nur in kleinen Dosen verwendet werden darf. Es wird zur Behandlung chronischer Leberkrankheiten herangezogen, auch bei mangelnder oder exzessiver Gallenflüssigkeit, bei plötzlichen Hauterkrankungen, Problemen mit den Lymphen und Verdauungsschwierigkeiten. Am besten wirkt es in Verbindung mit Ingwer, Süßholzwurzel oder Mahoniestrauch. Für die äußerliche Anwendung auf Warzen und zum Abwaschen von Hauterkrankungen wird eine Tinktur aufgekocht und konzentriert.

4. ***Mahoniewurzel*** - Die Mahonie stimuliert die Produktion von Gallenflüssigkeit und reinigt das Blut. Sie wird zur Behandlung von Hauterkrankungen gebraucht, bei Gelbsucht und rheumatischer Arthritis. Wegen ihrer stimulierenden Wirkung auf die Leber und die Gallenblase hilft sie auch bei Verstopfung. Die Mahoniewurzel ist der Berberitzenwurzel vergleichbar, aber sie hat eine stärkere Wirkung auf die Schilddrüse.

5. ***Yamwurzel*** - Die Yamwurzel regt die Gallentätigkeit an und unterstützt deshalb die Arbeit der Gallenblase und der Leber und ist ein wichtiger Bstandteil in Rezepturen, die ausgeglichene Drüsenfunktionen zum Ziel haben oder bei Übeklkeit während der Schwan-

gerschaft angewendet werden. Es ist auch ein wertvolles krampflinderndes Mittel, das bei Magengrimmen Erleichterung schafft, bei menstruationsbedingten Krämpfen und Muskelkrämpfen und wirkt auch beruhigend auf Arthritis und Gelenkentzündungen. Es wird in kleinen Mengen als Tee oder in Tablettenform genommen.

Steinbock

Kräuter, die vom Planeten Saturn beherrscht werden, haben wenig Blüten, riechen und schmecken unangenehm und können sogar giftig sein wie Schierling und Tollkirsche. Steinbock-Kräuter haben einen hohen Kalziumgehalt, sind hilfreich bei der Behandlung von Arthritis, Rheuma, Knochenbrüchen und brüchigen Zähnen. Diese Kräuter sind meistens für diejenigen Personen besonders nützlich, die ihre Sonne, Mond oder Aszendenten im Steinbock haben, wobei Mars, Saturn, Uranus oder Neptun hart aspektiert sind; außerdem helfen sie denen, die Saturn im Steinbock und eine harte Stellung zu Mars, Uranus und Neptun haben.

1. ***Beinwell*** - Die Blätter und Wurzeln des Beinwells gehören zu den nützlichsten und vielseitigsten Kräuterheilmitteln. Innerlich angewendet können sie Blutungen stoppen, der Bauchspeicheldrüse helfen, den Zuckerspiegel im Blut zu regulieren und die Pepsin-Ausscheidung anzuregen, um die Verdauung zu fördern. Ihre schleimbildenden Eigenschaften besonders bei der Wurzel werden gebraucht, um Lungenprobleme, Husten und Verdauungsstörungen zu heilen. Beinwell ist auch bei Knochenbrüchen gut, weil er soviel Kalzium und Magnesium enthält. Äußerlich wird Beinwell in Form von Salben und als Breiumschlag angewendet

2. **Stechwinde** - Die Wurzel der Stechwinde wird zur Heilung von rheumatischen, arthritischen und Gichtzuständen verwendet, aber auch bei Erkältungen und Fieber eingesetzt. Als heißer Tee eignet

sich die Stechwinde sehr gut zur Senkung des Fiebers. Sie ist ein kräftiger Blutreiniger und wird häufig mit Sassafras und Ampfer zusammen verwendet. Die Pflanze enthält auch hormonartige Substanzen und ist in Rezepturen für den Ausgleich der Drüsentätigkeit, für das Klimakterium und für die Bahandlung unregelmäßiger Monatsblutungen ein beliebter Inhaltstoff. Äußerlich kann sie als Reinigungswasser für die Haut oder bei Augenentzündungen hergenommen werden.

3. ***Weißeiche*** - Die Rinde der Weißeiche wirkt zusammenziehend und wird bei Geschwüren, Durchfall und bei Problemen mit der Milz verwendet. Sie steigert den Urinfluß und schwemmt dadurch Gallen- und Nierensteine aus. Als Dusche ist sie geeignet, Entzündungen in der Vagina zu heilen. Es wird auch zur Festigung des Zahnfleischs benutzt oder als Umschlag über Nacht, um geschwollene Drüsen, Mumps und lymphatische Schwellungen zu behandeln.

4. ***Wintergrün*** - Wintergrün enthält Salizylsäure, ein gutes Schmerzmittel bei rheumatischen und arthritischen Schmerzen. Es ist auch ein ausgezeichnetes Nervenmitel und wirkt windtreibend. In die Haut massiert, im Voll- oder Dampfbad befreit es sehr wirkungsvoll von Muskel- und Gelenkschmerzen. Auch Weiden und Birken enthalten die Salizylsäure und wurden von den amerikanischen Indianern auf ähnliche Weise verwendet.

5. ***Weinraute*** - Weinraute ist ein krampflösendes Kraut, das bei übermäßigen Spannungs- und neuralgischen Zuständen, nervösen Leiden, aber auch für überspannte Sehnen und Muskeln gebraucht wird. Als Tinktur wird es zur Beruhigung der Nerven, bei Rheumatismus und zur Verbesserung des Kreislaufs so wie bei schlechter Verdauung und Blähungen benützt. Aüßerlich angewendet dient die frisch abgebrochene Pflanze als Rötungsmittel, um den Blutkreislauf anzuregen und dem Ischias wohl zu tun.

Wassermann

Kräuter, die von Uranus regiert werden, wachsen an ungewöhnlichen Orten und schauen auch nicht immer gleich aus. Wassermann-Kräuter sind gut für den Kreislauf und wirken entspannend auf die Nerven. Sie helfen, die Uranus-Schwingungen abzumildern. Diese Kräuter sind gut für Personen, bei denen mehrere Planeten im Wassermann oder im Sternzeichen Zwillinge stehen; Sonne, Mond, oder Aszendent stehen bei ihnen im Sternzeichen Wassermann und sind zu Merkur oder Uranus hart gestellt. Oder Merkur und Uranus sind zueinander hart gestellt oder Mars und Uranus.

1. ***Gelbholz*** - Die Rinde dieser Pflanze ist ein hervorragendes Stimulans. Sie erwärmt die äußeren Gliedmaßen und wird auch bei Rheumatismus und Arthritis gerne verwendet. Sie ist geeignet als Blutreiniger und zur Behandlung von Hautkrankheiten und von Ablagerungen in den Gelenken. Sie wärmt auch den Magen und löst Krämpfe und Koliken. Bei akuten Erkrankungen wird sie als Stimulans anderen Kräutern beigemischt. Äußerlich angewendet eignet es sich besonders als Breiumschlag zum Trocknen von Wunden.

2. ***Kamille*** - Kamille gehört zu den meist genutzten Heilkräutern. Sie wirkt beruhigend bei Rastlosigkeit, Angstzuständen, nervösem Magen und anderen nervösen Störungen, auch bei menstruationsbedingten Krämpfen. Äußerlich wird sie gerne bei Muskelkater und Schwellungen aufgelegt und eingerieben.

3. ***Echte Katzenminze*** - Die Echte Katzenminze ist ein weiteres mildes Beruhigungsmittel, das für Kinder besonders geeignet ist. Oft wird es mit Kamille, Zitronenbalsam und Krauseminze gemischt. Katzenminze heilt auch Durchfall und wird mit dem Klistier zur Austreibung von Würmern, zur Entlastung bei Blähungen und zur Behandlung von Fieberzuständen verwendet.

4. ***Passionsblume*** - Die Passionsblume wird bei nervösen Zuständen und Schmerzen wie Schlaflosigkeit, Ruhelosigkeit und nervösen Kopfschmerzen gebraucht. Für Kinder ist sie sehr angenehm bei Muskelkrämpfen und Überreizung. Sie eignet sich aber auch sehr gut für ältere Leute, zum Beispiel bei Ischias- oder nervösen Störungen.

5. ***Helmkraut*** - Helmkraut wird bei milden und auch bei chronischen nervösen Störungen verwendet. Die Pflanze hilft Leuten, die versuchen, sich von Barbituraten und Valium zu entwöhnen. In Verbindung mit amerikanischem Ginseng hilft sie auch, vom Alkoholismus wegzukommen. Sie ist eine Heilpflanze gegen Hysterie, Neuralgie, Epilepsie und heftige Krampfzustände.

6. ***Baldrian*** -Baldrian ist ein starkes Beruhigungsmittel. Es hilft bei allen emotionalen Störungen und Schmerzen, kommt in vielen Rezepturen vor, die auf nervliche Störungen ausgerichtet sind, weil die krampflösende Wirkung so gut ist. Oft wird der Baldrian mit Hopfen gemischt als Nachttee eingenommen. Zunächst sieht es so aus als müsse das Öl eine stimulierende Wirkung haben, aber es wird von Enzymen im Körper in Balsamsäure abgebaut und wirkt dann beruhigend.

7. ***Hopfen*** - Ähnlich wie Baldrian ist Hopfen ein starkes Nervenmittel und hilft gegen Schlaflosigkeit. Der Hopfen stärkt auch die Leber und den Verdauungstrakt und steigert den Ausstoß von Gallenflüssigkeit. Hopfen hilft bei nervösem Magen und Blähungen.

Fische

Kräuter, die vom Planeten Neptun regiert werden, sind sehr schwer zu finden und können in ihren Wirkungen auch täuschen. Fische-Kräuter kräftigen das Immunsystem; einige haben auch eine antibakterielle Wirkung. Eine Reihe dieser Kräuter sind gute Katalysatoren für höhere Bewußtseinszustände. Einige dieser Pflanzen sind besonders gut für Personen mit NeptunTransiten oder solche, die ihre Sonne, Mond oder Aszendenten im Sternbild Fische haben, im Quadrat zu Neptun oder Jupiter; und schließlich solche, bei denen Neptun zu Mars, Jupiter oder Saturn hart aspektiert.

1. ***Kanadische Gelbwurz*** - ist eine für innerliche und äußerliche Zwecke vielseitig verwendbare Pflanze. Innerlich eingenommen ist sie sehr gut bei Problemen mit den Schleimhäuten. Wenn sie bestimmten Kräuterheilmitteln zugesetzt wird, steigert sie die stärkende Wirkung auf die behandelten Organe. Zusammen mit Augentrost wird sie als kräftigendes Augenmittel verwendet; mit Gotu Kola (Asiatisches Wassernabelkraut) ist sie anregend fürs Gehirn; mit Nordamerikanischer Rebhuhnbeere für den genitalen und Fortpflanzungsbereich der Frau. Kleine Dosen reichen für die morgendliche Übelkeit während der Schwangerschaft - in Verbindung mit pulverisierter Gewürznelke in Gelatinekapseln. Als Dusche eignet es sich hervorragend bei Entzündungen der Vagina, als Augenwäsche und Mundspülung bei Paradontose ebenfalls. Als Getränk und als Gurgelwasser kann es genommen werden, bei Mandel- und Halsentzündungen. In Verbindung mit anderen Heilpflanzen, besonders Myrrhe, zu Salbe verarbeitet, ergibt sich eine wunderbare entzündungshemmende Wirkung. Exzessiver Gebrauch von Kanadischer Gelbwurz kann allerdings die Aufnahmebereitschaft des Körpers für Vitamin B vermindern, weil ihre Inhaltsstoffe auch Darmbakterien abbauen, die für den Aufbau und die Aufnahme dieser Vitamine wichtig sind.

2. ***Myrrhe*** - Das Harz der Myrrhe ist ein mächtiges keimtötendes Mittel. Zusammen mit Kanadischer Gelbwurz als Tee oder in Kapseln eingenommen, ist es gut gegen Magengeschwüre, schlechten Atem, Darmkatarrh und andere Störungen der Schleimhäute. Als Tinktur mit Wasser vermischt ergibt es eine hervorragende Mund-

spülung für entzündliches Zahnfleisch, Paradontose und Halsentzündungen. Chronische Durchfälle, Lungenkrankheiten und allgemeine Schwächezustände können mit Myrrhe sehr gut behandelt werden. Andere Harze und Resinoide von der Fichte und der Kiefer haben ähnliche Eigenschaften. Myrrhe und andere Harze sollten allerdings nur in kleinen Mengen eigenommen werden, weil sie ätherische Öle enthalten, die in größeren Mengen toxisch sind.

3. ***Echinacea-Wurzel*** (Sonnenhut) - Die Echinacea-Wurzel gehört zu den besten pflanzlichen Blutreinigern und Reinigern des Lymphsystems, wird bei Blutvergiftung verwendet, bei eitrigen Wunden, Abszessen an den Zähnen, bei feuchtem Brand, geschwollenen Lymphen, Schlangen- und Spinnenbissen. Echinacea löst Verstopfungen in Lunge und Stirnhöhle auf und wird bei Erkältungskrankheiten und Grippe geschätzt.

4. ***Augentrost*** - Augentrosttee wird sowohl äußerlich als auch innerlich verabreicht, hilft den Augen und der Leber und entgiftet das Blut. Augentrost hilft der Leber bei der Reinigung des Blutes und befreit von Zuständen, durch welche die Klarsicht der Augen und des Geistes beeinträchtigt werden. Es wird bei Hals- und Nasenentzündungen eingesetzt. Äußerlich wird der Tee als Augenwasser benützt und dabei häufig zusammen mit Kanadischer Gelbwurz, Weinraute oder Fenchel zur Behandlung von Konjunktivitis, Augenschwäche und anderen Augenkrankheiten verwendet.

5. ***Beifuß*** - ist von den Traumkissen her bekannt, es soll Träume und psychische Zustände provozieren. Es gilt als hervorragendes Nervenmittel gegen Schlaflosigkeit und Zitterkrämpfe. Der Tee eignet sich hervorragend bei Verdauungsproblemen, muß allerdings wegen seines starken Geschmacks und seiner konzentrierten Wirkung verdünnt werden. Er eignet sich aber auch für die Behandlung von menstruationsbedingten Krämpfen, Bronchitis und Fieber.

6. ***Kava-Kava*** (Kawawurzel) - Kawawurzel ist eine polynesische Pflanze, deren Wurzel gemahlen und dann als Aufguß genossen wird. Es ist ein sehr gutes Mittel gegen Schlaflosigkeit und Nervosität, ein guter Nachttrunk, der einen tiefen Schlaf und klare Träume bringt. Es ist auch ein stark wirkendes Schmerzmittel, wenn es eingenommen oder auf eine Wunde aufgetragen wird. Außerdem wirkt es harntreibend und heilt Entzündungen der Harnwege.

Planeten und Sternzeichen und ihre Beziehung zu Tönen und Farben

4

Älter als alle anderen Heilmethoden ist wahrscheinlich das Heilen mit Tönen und Farben. Töne gab es lange bevor der Mensch auf der Erdoberfläche erschien. Unsere Vorfahren haben sich auf bestimmte Töne eingestimmt und dadurch Stimmungsänderungen bei sich hervorgerufen. In ihren Heilungszeremonien haben die alten Kulte Lieder und Gesänge verwendet. Die amerikanischen Indianer können beweisen, daß bestimmte Rhythmen auf ihren Trommeln Regen machen und damit die Fruchtbarkeit wiederherstellen, das Gras wachsen und den Mais reifen lassen können.

Pythagoras war der erste, von dem wir wissen, daß er sich den Himmel als Musikinstrument vorgestellt und die »Musik der Spären« gehört hat. Er entdeckte die diatonische Skala und die Maße der Intervalle in der Musik. Er fand heraus, daß alle Dinge, belebte und unbelebte, nach Harmoniegesetzen gebaut sind, denen ganz einfache Akkorde zugrunde liegen.

Aus der Geschichte wissen wir, daß Eingeweihte wie Orpheus oder König David mit ihrer hochentwickelten geistigen Musik große Heilerfolge erzielten. In den frühen mystischen Schulen wurden Gesänge, Mantras und Anrufungen so komponiert, daß sie ganz bestimmte körperliche und geistige Wirkungen hatten. Die Priester in den Tempeln bestimmten die Schlüsselnote für jeden ihrer Schüler (jeder Mensch ist auf einen der Planeten eingestimmt) und lehrte ihn, sich auf den entsprechenden Planeten (seinen elterlichen Stern) einzustimmen und die spirituelle Macht dieses Planeten für sich zu nutzen. In den ägytischen Tempeln wurden die Grundtöne der sieben Planeten angestimmt. Die Griechen nutzten die sieben Vokale ihrer Sprache als Kanal für diese planetaren Laute. Die Perser feierten den Eintritt der Sonne in jedes einzelne Zeichen des Tierkreises mit Musik, wobei sie die Schwingung der gerade herrschenden Schlüsselnote besonders hervorhoben. Fortgeschrittene Eingeweihte brachten sich in Übereinstimmung mit der Musik ihres speziellen Sternzeichens und Planeten und bezogen daraus die allergrößten Wohltaten.

Die Griechen unterteilten die Musik in drei Bereiche: Rhythmus, Melodie und Harmonie. Rhythmus war dem körperlichen Bereich zugeordnet - Vitalität und Bewegung, Melodie dem psychischen Bereich - Emotionen und Verstandestätigkeit, und Harmonie bezog sich auf die Gesamtheit der spirituell organisierten Existenz.

Einfache Menschen reagieren sehr stark auf den Rhythmus. Die Trommel ist eines der ältesten Musikinstrumente überhaupt. Manche Stämme kennen mehr als 250 voneinander unterschiedene Trommelrhythmen. Volkstümliche Rhythmen haben eine hypnotische Wirkung, weil der Körper im Gleichklang mit der Trommel mitschwingt. Das beeinflußt die Zahl der Herzschläge und lenkt Gedanken und Gefühle.

Melodie ist eine Folge einfacher Töne, die durch einen bestimmten Notenschlüssel und einen Rhythmus miteinander in Beziehung stehen. Es ist eine Folge von Klängen. Melodische Klangfolgen sind für die religiöse Musik des nahen Ostens sehr typisch: sie entstehen aus einem bestimmten Gefühlsdruck heraus und wenden sich an die entsprechende Schwingung der Psyche. Traurigkeit drückt sich häufig in einer Molltonart aus, aber jede Stimmung hat ihre Tonart und typische Schwingung.

Harmonie ist die Verdichtung der Klänge in einen Akkord. Pythagoras hat die Gesetze der harmonischen Intervalle entdeckt. Durch systematischen Aufbau wird Harmonie möglich. Harmonie ist die Versöhnung offensichtlicher Unverträglichkeiten auf einer höheren Stufe. Harmonien formen den Menschen zu einer in sich geschlossenen Einheit und werden deshalb als Quellen der Weisheit und des Verstehens verstanden. Die Gesundheit einer Person hängt davon ab, wie weit sie die verschiedenen Teile und Bereiche ihrer Natur miteinander versöhnt.

Die Musiktherapie hat sehr alte Wurzeln. Musik bringt Menschen einander näher. In allen Kulturen haben die Menschen bei gemeinsamer Arbeit gesungen (zum Beispiel beim Rudern). Musiziert wurde auch bei den religiösen Kulthandlungen und Feiern und immer, wenn Menschen zusammenkamen, um ihre Energien zu bündeln. Auch heute setzt die Industrie Musik ein, um der emotionalen Erschöpfung entgegenzuwirken, den Abfluß von Energie aufzuhalten, Entmutigung, mangelnde Motivation und Depression aufzufangen. Nach dem zweiten Weltkrieg wurde Musik eingesetzt, um die Kriegsmüdigkeit aufzufangen: Männer, die allen Kontakt zum Leben und zur Wirklichkeit verloren hatten, reagierten positiv auf bestimmte, sorgfältig ausgewählte Melodien. Ärzte und Zahnärzte benützen eine gezielt ausgewählte Musik, um ihre Patienten zu entspannen und abzulenken.

Musiktherapie wird bei der Behandlung von seelisch kranken Menschen und behinderten Kindern eingesetzt. Paul Nordoff, ein amerikanischer Komponist Clive Robbins, ein Pädagoge, der auf die Behandlung behinderter Kinder spezialisiert ist, arbeiten mit Musik bei authistischen, mongoloiden und hirngeschädigten Kindern. Bei der Arbeit mit einem einzelnen Kind improvisiert der Therapeut sowohl mit seiner Stimme als auch am Klavier, um dem Kind einen Eindruck seiner Stimmung zu vermitteln - Frustration, Wut oder Angst zum Beispiel. Das Kind wird ermutigt, darauf zu reagieren, sei es auf der Trommel, dem Klavier oder mit der eigenen Stimme.

Nach einer Studie über die neurologischen Wirkungen der Musik (M. Critchley/R.A. Henson eds: Music and the Brain, Charles C. Thomas Pub.) kann man drei wesentliche neurophysiologische Prozesse unterscheiden, die von Musik ausgelöst werden:

1. Weil Musik nonverbal ist, bewegt sie sich direkt von der Gehörrinde ins Zentrum des limbischen Systems, dem Netzwerk des Zentralhirns, von dem aus fast sämtliche emotionalen Erfahrun-

gen, aber auch unsere grundlegenden Stoffwechselsignale wie Körpertemperatur, Blutdruck und Herzschlag gesteuert werden.

2. Musik kann wahrscheinlich Erinnerungen wecken und über ein Faserbündel, das die rechte mit der linken Gehirnhälfte verbindet, fließen lassen und auf diese Weise ein harmonisches Zusammenwirken der beiden Gehirnhälften bewirken.

3. Musik regt die Produktion von Endorphinen an, einem natürlichen Opiat, das im Hypothalamus produziert wird und ein Hochgefühl bewirkt wie bei Verliebtheit.

In den dreißiger Jahren experimentierte der Schweizer Forscher Hans Jenny mit anorganischer Materie wie Flüssigkeiten, Kunststoffen und Pulver. Er legte sie auf eine Metallscheibe und versetzte sie in Schwingungen. Sie nahmen verschiedene organische Formen an und, je nachdem, welche Tonhöhen er wählte, veränderte sie auch ihre (organische) Form.

Die Entdeckung, daß Töne anorganische Materie in organische Formen verwandeln können, brachte den englischen Knochenheilkundler Peter Guy Manners darauf, eine Schwingungstherapie zu entwickeln, bei der die Töne dem Körper direkt zugeführt werden. Nach dieser Theorie vibrieren die einzelnen Körperteile in Frequenzen, die man hören kann. Manners entwickelte das Schwingungsinstrument, das einem kranken Organ die für seine Gesundung »richtige« Frequenz überträgt. Diese Behandlung hat sich bei Störungen der Muskelsteuerung wie Arthritis und bei Degenerationserscheinungen im Knochenbau bewährt.

In der Klinik der medizinischen Fakultät von Worcester können sich die Patienten zur Harfenmusik von Georgia Kelly, die über den Haussender auf die Bildschirme in den Zimmern ausgestrahlt wird, entspannen. Der Mann, der das Programm entwickelt hat, Jon Kabat Zinn, führt die Patienten mit Atem- und Entspannungsübungen zu einer positiven Einstimmung auf die Musik, und verschiedene Ärzte an der Klinik verschreiben inzwischen bei chronischen Schmerzen dieses Programm anstelle von Beruhigungsmitteln.

Eine andere moderne Form der Musiktherapie ist die von Laurel

Keyes erfundene »Klangtherapie« (*Toning*). Der Klang der Stimme ist ein Hinweis auf den Gesundheitszustand einer Person. Ein weinerlicher oder nach Luft schnappender Unterton in der Stimme ist oft ein Zeichen für Krankheit oder Mut- und Hoffnungslosigkeit. Ein anderer Unterton ist feindselig oder vorwurfsvoll, mit dem Ergebnis, daß dieser Mensch die Feindseligkeiten geradezu anzieht.

Klangtherapie beabsichtigt die Reinigung der ganzen Person und die Einstimmung der eigenen wirklichen Gefühle und Erfahrungen in das höhere Selbst. Um den richtigen Ton zu finden, stellt man sich mit geschlossenen Augen und entspannten Kiefern hin und läßt den Ton herauskommen. Man kann stöhnen, seufzen oder auch mit Worten die Empfindungen ausdrücken. Die Energie fließt durch den ganzen Körper. Wir nennen das »body tone«. Man kann das auch mit anderen Übungen wie zum Beispiel Yoga oder Stretching verbinden.

Toning kann auch zu Heilungszwecken in Gruppen durchgeführt werden. Ein Ziel dabei ist es, den Menschen Heilung zu schicken, die sie dringend brauchen. Die Wirkung kann als dramatisch bezeichnet werden, denn es sind viele Fälle von Heilung durch Toning bekannt. Eine Krankenschwester, die an Diabetes litt und seit Jahren Multiple Sklerose hatte, kam mit ihrer Schwester zu Laurel Keyes. Laurel und ihre Schwester machten zwanzig Minuten lang zusammen für sie Klangtherapie. Ein tiefes Schluchzen brach aus ihr heraus und sie verstand plötzlich, was in ihrem Körper vor sich ging. Als sie selber mit dem Toning begann, löste sich die Urämie auf, sie konnte wieder klar sehen und die Multiple Sklerose entwickelte sich nicht weiter. Es gibt inzwischen für sehr viele Krankheiten Musikrezepte. Kompositionen haben je nach Schlüssel verschiedene Wirkungen. G wirkt fiebermindernd und stärkt religiöse und fromme Neigungen. In manchen Systemen gilt G als die Note Saturns. E hat reinigende Wirkung und hilft bei der Verdauung. E ist die Note Plutos.

Das Studium der planetarischen Schwingungen hat ergeben, daß die Planeten wahrscheinlich harmonisch zusammenklingen. Bei dem Erdbeben 1960 in Chile haben Seismographen sehr tiefe Töne als Erdschwingung festgehalten. Diese Töne waren zu tief, als daß sie hätten gehört werden können. Wenn andere Planeten ebenfalls tönen, dann senden sie möglicherweise elektromagnetische Wellen mit einer sehr niedrigen Frequenz durch das Weltall, die irgendwo auf Resonnanz stoßen und einen Akkord erzeugen.

Als das amerikanische Raumschiff Voyager 2 in die Nähe des Saturn kam, schnappte es das Wimmern und Zischen der Magnetsphäre auf und sendete es zur Erde. Diese Töne wurden dann beschleunigt und durch einen Synthesizer wiedergegeben und ergaben eine Art Melodie. Wenn Planeten sich gegenseitig Tonzeichen geben, dann wäre die Berechnung der Umlaufbahnen, der Umlaufgeschwindigkeit und ihr Abstand voneinander sehr aufschlußreich für die Feststellung etwaiger Harmoniegesetze. Das ist der Hintergrund für *Bodes Gesetz*.

Zwar hat schon Johann D. Titius im Jahre 1766 dieses Gesetz entdeckt, aber Johann Bode war der erste, der wieder darauf aufmerksam machte. Titius hatte festgestellt, daß der durchschnittliche Abstand der Umlaufbahnen jedes den Astronomen bekannten Planeten in einem bestimmten Verhältnis zu dem zuinnerst kreisenden Planeten Merkur stand. Diese Abstände vergrößerten sich im Verhältnis 2 : 1 je weiter die Planeten sich von der Sonne entfernten. Die Erde ist zweimal so weit von der Umlaufbahn Merkurs entfernt wie die Venus, Mars zweimal so weit wie die Erde und so weiter. Das Verhältnis 2 : 1 ist das Verhältnis der Oktave, so daß die Planeten eine Oktavenkette bilden.

Allerdings gab es da eine Lücke in der Kette. Man kannte keinen Planeten zwischen Mars und Jupiter. Nach dem Gesetz hätte dort aber einer sein müsen. Im Jahre 1801 entdeckte dann Guiseppe Piazzi Ceres, einen Planetoiden, der genau dort seine Umlaufbahn hatte, wo nach Bodes Gesetz ein Planet fehlte. Später wurden in dieser Gegend noch mehrere Planetoide entdeckt und diese Umlaufbahn hieß dann Asteroidengürtel. (Die Asteroiden sind scheinbar Überbleibsel des früher einmal unter dem Namen Maldek bekannten Planeten, der zerstört wurde. Mit den Entdeckungen von Uranus, Neptun und Pluto stellte man fest, daß der durchschnittliche Abstand von Uranus und Pluto zu Merkur jeweils der Entfernung entspricht, die zwei weitere Oktaven ergibt. Neptun liegt auf der Mitte zwischen Uranus und Pluto, also auf einer halben Oktave.

Bodes Gesetz

Planet	Vollkommene Oktaven Durchschnittliche (Entfernungsmultiplikatoren von Merkur aus gerechnet)	Tatsächliche Entfernung von Merkur
Merkur	0	0,0
Venus	1	1,1
Erde	2	2,0
Mars	4	3,7
Asteroide	8	ca.8
Jupiter	16	16,0
Saturn	32	30,5
Uranus	64	62,6
Neptun	96	98,9
Pluto	128	130,1

In Harmonien umgesetzt ergeben diese Entfernungsgeschwindigkeiten die Töne der Planeten. Wenn wir die diatonische Tonleiter nähmen und jedem Planeten einen Ton zuordenen würden, dann hätten wir folgende Verbindung:

C	Merkur
D	Venus
E	Erde
F	Mars
G	Asteroide
A	Jupiter
H	Saturn

Es gibt inzwischen mehrere Systeme, die auf ihre Art versuchen, die Planeten den verschiedenen Schlüsseln und Noten der Oktave zuzuordnen. Man könnte meinen, daß die ersten sieben Planeten den ersten sieben Noten der Oktave entsprechen - so wie diese Noten den sieben Chakras entsprechen, aber so einfach ist es nicht. Letztendlich muß jeder einzelne sich in die Harmonien der Planeten selber einschalten und aus den Tönen und Musikstücken, die aus ihren Schwingungen entstehen, die für die eigene Person richtige Tonlage heraushören.

Corinne Heline hat in ihrem Buch über Heilung und Erneuerung durch Musik (*Healing and Regeneration Through Music, De Voss& Co.*) ein System vorgestellt, das ich hier wiedergeben möchte:

Widder	Des Dur
Stier	Es Dur
Zwillinge	Fis Dur
Krebs	Gis Dur
Löwe	Ais Dur
Jungfrau	C Dur
Waage	D Dur
Skorpion	E Dur
Schütze	F Dur
Steinbock	G Dur
Wassermann	A Dur
Fische	B Dur

Wenn die Halbtöne mitgerechnet werden, dann enthält die Tonleiter, entsprechend den zwölf Sternzeichen und zwölf Häusern, zwölf Töne, nämlich C, Des, D, Es, E, F, Fis, G, As, A, B, H.

In der Musik folgen Töne den Gesetzen der Harmonie: der mathematisch genauen Einteilung einer schwingenden Saite. Die Saite wird in Halbe, Drittel, Viertel, Fünftel, Sechstel, Siebtel, Achtel usw. eingeteilt.

Der New Yorker Astrologe Gerald Jay Markoe hat aufgrund seines Studiums der Harmonielehre und der Astrologie ein System gefunden, mit dessen Hilfe er jedes Horoskop in eine Komposition umsetzen kann. Es lohnt sich, die komplexen Details in seinem Artikel nachzulesen: *»The Musical Correlations of a Natal Chart« in: NCGR bulletin, Vol. 8 No.34, 1982.*

Farbe

Seit alter Zeit wird Farbe benutzt, um bestimmte psychische und emotionale Zustände hervorzurufen aber auch um zu heilen und den Körper in sein Gleichgewicht zu bringen. Farbe ist eine Beziehung zwischen Licht und athmosphärischer Dichte, denn das Farbenspektrum reicht von Infrarot (hohe Luftdichte) bis ultraviolett (geringe Luftdichte). Dieses Spektrum hat seine Entsprechung in den Sternzeichen von Widder (rot) bis Fische (violett).

Menschen, die nicht ans Licht kommen, leiden unter einer Reihe körperlicher, seelischer und geistiger Krankheiten und häufig ist ihr Gesichtssinn gestört. Der Arzt Edwin D. Rabbit hat in einem Buch über Licht und Farbe (*The Principles of Light and Color, Sun Pub. Co.*) von seiner Arbeit mit Farbe und Sonnenlicht, das alle Farben enthält, berichtet. Die Haut wird, wenn sie der Sonne ausgesetzt wird, dunkler, klarer und rosiger. John Ott beschreibt in seinem Buch über Licht und Gesundheit (*Health and Light, Pocket Books, Inc.*) den Fall eines Fotografen, der durch seine ausgedehnte Dunkelkammerarbeit fast das Augenlicht verlor. Kurzum, Sonnenlicht ist sehr wichtig, weil es alle Farben des Spektrums enthält.

Isaac Newton war der erste, der Farbe nachgewiesen hat. Er ließ das Sonnenlicht so durch ein Prisma fallen, daß er sieben Grundfarben des Spektrums isolieren konnte. Jede dieser sieben Farben hat ihre eigene Wellenlänge und diese Wellenlänge bildet das charakteristische Merkmal der Farbe. Wenn die Wellen sehr kurz werden, werden sie unsichtbar. Die Farbe existiert vielleicht noch, aber das menschliche Auge kann sie nicht wahrnehmen (ultraviolett). Menschen, die verschiedenen Farben nachhaltig ausgesetzt werden, erleben Veränderungen sowohl in ihren Emotionen als auch in ihrer Muskeltätigkeit. Industriearbeitern wird Farbe als Stimulans vorgesetzt, in Krankenhäusern dient sie der Beschleunigung des Heilungsprozesses, und in Schulen soll sie den Kindern helfen, sich zu konzentrieren.

Mit Farbe wurde schon in den ägyptischen und griechischen Tempeln geheilt. Sie waren in verschiedenen Farben angemalt, um bei den Gläubigen bestimmte Wirkungen hervorzurufen. In Tibet hat man Farbstrahlen in der Meditation verwendet.

In unserem Jahrhundert hat sich besonders Rudolf Steiner mit der physischen und psychischen Wirkung von Farben eingehend befaßt. Dinshah P. Ghadali hat Farbtherapie mit Klang und Rhythmus zusammengebracht und eine Maschine gebaut, die er Spectrocrom nennt und die verschiedene Farben auf bestimmte Körperteile abstrahlen kann. Er gründete ein Spectrocrom-Institut in Malaga, New Jersey.

Es gibt viele Arten von Farbheilung. In Nahrungsmitteln haben sie einen zusätzlichen Nährgehalt. Tief rote Nahrungsmittel wie Rote Bete, Rotalge und Kirsche sind eisenhaltig. Grüne und blattreiche Gemüse enthalten viel Chlorophyll, das Magnesium-Ion und noch viele andere wichtige Mineralstoffe. Gelbe Früchte wie Pfirsiche oder Kürbis können abführende Wirkung haben. Wasser, aus farbigen Behältern, die eine Weile in der Sonne standen, ist eine weitere Methode, durch das Trinken an die Wirkung dieser speziellen Farbe heranzukommen.

Das Geheimnis der Farbtherapie besteht darin, daß mit Hilfe eines Farbstrahls bestimmte molekulare Reaktionen im Organismus oder in lebenswichtigen Zentren des Körpers hervorgerufen werden. Eine der einfachsten Methoden, mit Farbe zu heilen, ist, es mit einer Lampe und mit Farbgel die gewünschte Farbe auf den betroffenen Körperteil zu fokussieren. Es gibt zwei grundsätzlich verschiedene Möglichkeiten, mit Farbstrahlen zu arbeiten - Streuung und lokale Konzentration. Bei der Streuungsmethode werden die Lichtstrahlen auf den Körper gerichtet: besonders auf den Rücken, die Region der Wirbelsäule und die Zentren des Nervensystems. Der Patient sitzt oder liegt, bis zur Häfte entkleidet, und ist dreißig Minuten lang dem Licht ausgesetzt. Bei der lokal konzentrierten Methode wird das Licht nur auf die betroffenen Körperteile gerichtet. Licht und Farbe haben eine direkte Auswirkung auf das Protoplasma und beeinflussen die Geschwindigkeit der chemischen Reaktionen im Körper.

Andere Methoden, mit Farben zu heilen, sind die Verwendung von farbigem Glas in Fenstern oder Brillen. Kleider und Edelsteine einer bestimmten Farbe unterstützen deren Wirkung in der Aura einer Person. Eine der besten Methoden ist das Einatmen von Farben. Nachdem die Luft alle Strahlen der Sonne, der Sterne und Planeten aufnimmt, enthält sie alle Farben des Spektrums. Der Farbheiler kann tief und rhythmisch ein- und ausatmen und dabei Farbstrahlen visualisieren. Die ersten drei Strahlen: Rot, Orange und Gelb haben magnetische Eigenschaften und sollten so visualisiert werden, als würden sie von der Erde zum Solarplexus hin fließen. Die letzten drei: Blau, Indigo und Violett sind elektrisch und werden vom Äther hinuntergeatmet. Der grüne, die Waage haltende mittlere Strahl, fließt horizontal.

Wie Farbe in Verbindung mit dem Horoskop verwendet wird

Farbe kann zum Ausgleich der ***Elemente*** im Körper eingesetzt werden. Menschen mit einem Mangel an Feuer brauchen meistens etwas mehr Rot und Orange. Wassermangel wird mit Blau und Rosa ausgeglichen, zu wenig Erde mit Grün und Luftmangel mit Gelb. Bei zuviel Feuer sind Blautöne gut; Rot gleicht einen Wasserüberschuß aus und dasselbe tun violette und blauviolette Töne für zuviel Erde und blaue und grüne für zuviel Luft.

Was die ***Qualitäten*** betrifft, so besteht bei einem Fehlen von kardinalen Zeichen ein Bedarf an mehr Rot; bei einem Mangel an fixen Zeichen mehr Grün; bei einem Mangel an veränderlichen Zeichen mehr Gelb. Überschüssige kardinale Energie verlangt nach Blau und Lila; überschüssige fixe Energie benötigt Gelb, und überschüssige veränderliche Grün.

Planetare Farbheilung ist eine Möglichkeit, die Farbstrahlung der Planeten dafür zu nutzen, körperliche, emotionale und geistige Ungleichgewichte auszugleichen. Wenn ein Planet im Geburtshoroskop eine schwache Stellung hat, fehlt dessen Farbe und sollte möglicherweise auf verschiedene Art und Weise ersetzt werden. Wenn dieser Planet beispielsweise gerade durch einen Transit geschwächt wird, wie das der Fall ist, wenn Saturn zu Mars einen harten Aspekt bildet und die Marsenergie abzieht, dann wäre zusätzliches Rot und Scharlachrot angebracht. Wenn Uranus auf seinem Übergang einen wichtigen Punkt im Horoskop berührt, könnte mehr Blau gefordert sein, um das Nervensystem ins Gleichgewicht zu bringen. Neptun-Übergänge öffnen häufig unsere höheren Zentren, und wir können uns dann am besten auf Violett und Blau-Violett einstimmen. Pluto-Transite können uns in tiefe Veränderungen stürzen, denen wir stimmungsmäßig am besten mit Weiß, Schwarz oder auch Lila begegnen würden.

Rot und ***Scharlach*** sind mit dem Planeten ***Mars*** verbunden. Rot ist eine warme und deshalb stimulierende Farbe. Sie verbessert den Kreislauf und aktiviert das Nervensystem, das alle unsere Sinne mit Energie versorgt. Bei anämischer Verfassung hilft Rot, das Hämoglobin im Blut aufzubauen. Gifte werden durch die Haut ausgestoßen, was zu Rötungen führen kann, zu Juckreizen und Ausschlag, solange der Reinigungsvorgang anhält. Rot läßt den Energiespiegel sprunghaft ansteigen und verstärkt etwaige Tendenzen zur Agressivität. Rot erzeugt Kraft, Mut, Enthusiasmus und wirkt im übrigen auf das erste Chakra und kann die sexuelle Energie stimulieren.

Orange ist mit dem Planeten ***Saturn*** verbunden. Es wird dazu benutzt, Kalziummangel zu behandeln und wird auch zur Knochenbildung hinzugezogen. Orange ist auch eine aufbauende Farbe für die Lungen und Atmungswege. (Im Orient standen die Lungen mit der Depression in Zusammenhang, was auch eine interessante Analogie zu Saturn ist). Orange stimuliert die Verdauung und wirkt erleichternd bei Blähungen. Orange stimuliert die Schilddrüsenaktivität und dämpft die der Nebenschilddrüsen. Den Brustdrüsen hilft es bei der Milchproduktion, es verstärkt den Ausstoß von Schadstoffen und bringt Verbrennungen und Abszesse zur Reife. Orange ist ein Mittel gegen Unterdrückung und Begrenzung, schafft Selbstvertrauen und positives Denken. Es ist mit dem Milz-Chakra verbunden und liegt genau zwischen Rot, das dem körperlichen Bereich zugeordnet ist, und Gelb, das dem geistigen Bereich angehört. Orange ist deshalb wichtig, wenn Ideen visualisiert werden sollen. (Vielfach ist übrigens auch die Farbe Schwarz mit Saturn in Verbindung gebracht worden. Die Alchemisten nannten ihn »sol nigris« oder schwarze Sonne, weil er seine Farbe von Schwarz zu Orange wechseln kann.

Gelb ist die Farbe der ***Sonne*** (in ihrem goldenen Glanz) aber auch die Farbe des Jupiter (wegen ihrer Assoziation mit Galle). Gelb stimuliert das motorische Nervensystem, das die Muskeln mit

Energie versorgt. Es regt die Produktion von Galle an und wirkt deshalb abführend. Außerdem hilft es, Bauchspeicheldrüsensekrete zu produzieren. Gelb ist eine wärmende Farbe; sie hat immer wieder dazu gedient, eine gehobene Stimmung zu erzeugen und eine Atmosphäre von Fröhlichkeit und Wärme zu schaffen. Gelb ist mit dem dritten Chakra, dem Solarplexus verbunden, dem »Gehirn« des Nervensystems. Gelb ist eine Farbe des Geistkörpers und fördert schöpferische Gedanken und Ideen.

Grün gehört zur Erde und zum Planeten ***Venus***. Es ist eine besonders heilende Farbe und gilt sogar als Meister unter den heilenden Farben (auch Venus ist Meisterheilerin in dem Sinne, daß die Liebe alle Grenzen übersteigt). Grün ist die Farbe des Herzchakras und liegt auf der Mitte zwischen dem warmen und dem kalten Bereich des Spektrums. Deshalb ist sie die Farbe des Ausgleichs, der Harmonie, des Friedens. Nachdem Grün aus Gelb und Blau zusammengesetzt ist, beeinflußt es den Blutdruck und die Herztätigkeit. Grünes Licht gibt die Energie der Sonne in ihrer sanftesten und natürlichsten Form wieder: als pflanzliche Energie oder Chlorophyll, das eine konzentrierte Magnesiumquelle ist, eine hervorragende Herzmedizin. Grün ist auch ein hervorragendes Stärkungsmittel für übermüdete Nerven. Grün steht für Kooperation und wird deshalb auch gerne in Gruppensituationen zu Hilfe genommen. Außerdem ist es die Farbe des Überflusses und wird deshalb auch benutzt, um Wachstum auf allen Stufen des Seins heraufzubeschwören.

Türkis hat eine Verwandtschaft zu ***Venus*** und auch zu ***Jupiter*** - wegen der Pferde und Jupiter-Rituale, die man mit dem Türkis in Verbindung bringt (siehe das Kapitel über Edelsteine und Kristalle). Türkis ist ein hervorragendes Beruhigungsmittel. Es kühlt, entspannt und hilft bei Kopfschmerzen und Schwellungen. Es dient auch als Hautmittel, denn es hilft, verbrannte Haut zu regenerieren. (Die Haut wird von der Venus regiert.) Weil die amerikanischen

Indianer den Türkis schon seit so vielen Jahrhunderten als einen heiligen Stein verehren, assoziiert man ihn mit Heilen und Frieden.

Blau ist die Farbe von ***Merkur*** und ***Uranus*** und, wegen seiner kühlenden Eigenschaften, ein Gegenmittel zu Rot. Es hilft, Juckreize und Entzündungen zu mildern und wird zur Bekämpfung von Fieber, schnellem Herzschlag und Entzündungen herangezogen. Die Schwingung des Blau hebt das Bewußtsein auf die Höhe des Geistigen. Deshalb wird die Farbe bei geistigem Heilen, in der Meditation und in religiösen Kulthandlungen benützt. Blau hat eine lindernde Schwingung und hilft, das Nervensystem zu heilen und zu entspannen. Es ist mit dem Hals-Chakra verbunden und wird mit künstlerischer Inspiration und Weisheit in Zusammenhang gebracht.

Indigo oder Blau-Violett gehört zu ***Neptun***. Der Indigo-Strahl wird über die Tätigkeit der Zirbeldrüse wirksam, die den Gesichts-, Gehör-, und Geruchssinn lenkt. Indigo hat eine betäubende Wirkung, mit deren Hilfe man bei vollem Bewußtsein unempfindsam für Schmerzen sein kann. Indigo wird verwendet, um die Nebenschilddrüse anzuregen und die Schilddrüse stillzuhalten, um das Blut zu reinigen und um Krämpfe und nervöse Störungen zu heilen. Es hält auch die Aktivität der Brustdrüsen still. Indigo öffnet das Bewußtsein für höhere Bewußtseinszustände und wird mit dem dritten Auge und außersinnlichen Wahrnehmungen in Verbindung gebracht.

Violett gehört ebenfalls zu ***Neptun*** - und zu ***Pluto***. Violett ist das am höchsten schwingende Licht. Seine Strahlen wirken stimulierend auf das Nervensystem. Violett regt zu Mystizismus, zu weitreichenden Intuitionen und idealistischen Gedankengebilden und Verhaltensweisen an. Violett stellt das geistige Gleichgewicht wieder her und spricht eher empfindsame Menschen an und weniger die Masse. Es stimuliert die Milz und fördert die Produktion von weißen Blutkörperchen. Violett hilft, das Natrium/Kalium-Gleichgewicht im Körper aufrechtzuhalten, wird bei Blasenproblemen und Überfunktion der Nieren eingesetzt. Es ist ein gutes Mittel gegen Nervenschmerzen und Störungen des geistigen Gleichgewichts; es hilft, tief und entspannt zu schlafen. Violett ist mit dem Chakra der feinstofflichen Gehirnregion, der Hypophyse verbunden, dem Sitz der geistigen, intuitiven Fähigkeiten. Violett unterstützt die Entwicklung eines spirituellen Bewußtseins, fördert Hellsichtigkeit und Sensibilität für psychische Prozesse. Die beiden Ausprägungen der Farbe: Purpur und Amethyst, entsprechen ihrer materiellen und der spirituellen Seite.

Magenta oder Rot-Violett wird mit ***Pluto*** in Verbindung gebracht. Es ist eine Farbe, die bei Herzstörungen eine Rolle spielen kann. Sie gibt dem Herzen neue Energie, regt den Kreislauf und die Tätigkeit der Nebennieren an, kann bei der Beseitigung von Nierensteinen mitwirken, den Blutdruck und die Verfassung der Arterien beeinflussen. Es ist eine wichtige Farbe, wenn es darum geht, das Blut zu reinigen und die sexuelle Energie zu steigern.

Farben und Strahlen

Dies sind die sieben wichtigsten Strahlen und ihre Farben:

Rot	-	Leben
Orange	-	Energie
Gelb	-	Verstand
Grün	-	Harmonie und Sympathie
Blau	-	Religiosität
Indigo	-	Intuition
Violett	-	Spiritualität

Die drei Grundfarben Rot, Gelb, Blau symbolisieren die drei Körper:

1. Der physische Körper (physisch - ätherisch)
2. Die Seele (astral - mental)
3. Der Geist (mental auf höherer Stufe - spirituell)

Aus diesen entwickeln sich die nachgeordneten oder Komplementärfarben: Orange, Grün, Indigo und Violett.

Aura ist die Energie, welche jeden dieser Körper umgibt. Obwohl die meisten Menschen die Aura nicht wahrnehmen können, hat die Kirlian-Fotografie den Nachweis erbracht, daß es sie doch gibt. Tatsächlich ist die Aura entsprechend den drei Körpern - ebenfalls dreigeteilt. Es gibt die physische, die astral-mentale und die spirituelle Aura.

Die Farben haben in der Aura folgende Bedeutung:

Rot - Klares leuchtendes Rot zeugt von Großzügigkeit und Ehrgeiz, Mut, Stärke. Dunkelrot weist auf Leidenschaften wie Liebe, Haß und Wut. Rötlichbraun zeigt Sinnlichkeit und Begierde, wolkiges Rot Geiz und Grausamkeit und Karmesinrot die niederen Leidenschaften und Begierden. Rosarot steht für selbstlose Liebe.

Orange - Klares Orange deutet auf Gesundheit und Vitalität, tiefes Orange auf Stolz, wolkiges auf niedrige Intelligenz und zuviel Orange ist ein Hinweis auf große Vitalkraft.

Gelb - Goldgelb ist ein Hinweis auf große Seelen- und Blaßgelb auf große intellektuelle Kräfte. Dunkles Schmutziggelb zeigt Eifersucht und Mißtrauen an und stumpfes, lebloses Gelb einen falschen Optimismus. Ein Überfluß an Gelb ist ein Zeichen für überströmende Geisteskräfte.

Grün - Strahlendes helles Grün zeigt Harmonie, Lichtgrün Gedeihen und Erfolg. Mildes Grün verweist auf Anpassungsfähigkeit und Vielseitigkeit, dunkles verrät Täuschung, oliv dagegen Verrat. Ein Überfluß an Grün steht für Individualismus und Unabhängigkeit.

Blau - Tiefes klares Blau verweist auf ein reines, religiöses Gemüt; Blaßblau ist die Treue gegenüber einem noblen Ideal. Strahlendes Blau steht für Loyalität und Ernsthaftigkeit. Ein Überfluß an Blau deutet auf eine künstlerische, harmonische Natur voller spiritueller Einsichten.

Indigo - Indigo symbolisiert spirituelle Größe, Selbstkontrolle und Weisheit.

Violett - Tiefes purpurnes Violett verweist auf spirituelle Meisterschaft und heilige Liebe; *Blaßlila*: Kosmisches Bewußtsein und Menschheitsliebe.

Die minderen Farben haben folgende Bedeutung:

Braun - Hellbraun deutet auf einen praktischen und erdverbundenen Menschen, dumpfes Graubraun auf Egozentrismus, klares Braun auf Habgier.

Schwarz - Schwarz zeigt Furcht, Mißtrauen und Verderbtheit.

Grau - Hellgrau bezeugt Furcht, Dunkelgrau Formalismus. Bleigrau steht für einen Mangel an Vorstellungskraft und Graugrün für Betrug und Doppelzüngigkeit.

Silber -Silber verweist auf Vielseitigkeit und Bewegung. Ein Silberüberschuß zeugt von einer unsteten und wankelmütigen Natur.

Planetarisches Heilen mit Kristallen und Edelsteinen

5

Kristalle und Edelsteine sind seit Jahrtausenden aufgrund ihrer Heilqualitäten in Gebrauch. Der Ebers-Papyrus aus dem alten Ägypten empfiehlt gewisse zusammenziehende Substanzen wie Lapis-Lazuli als Inhaltsstoffe für Augensalben. Der Roteisenstein, ein Eisenoxid, wurde gegen Blutsturz und zur Bekämpfung von Entzündungen eingesetzt. Später wurde die Wirkung der Edelsteine dadurch verstärkt, daß man die Bilder bestimmter Götter eingravierte. Der römische Naturhistoriker Plinius hat eine Menge Material über Edelsteine zusammengetragen und sie nach Farbe und Heilwirkung geordnet. Man unterschied damals zwischen der Heil- und Schutzwirkung der Edelsteine als Talisman und der medizinischen Heilwirkung als mineralische Substanzen. Im ersten Fall wurden sie einfach am Körper getragen, im letzteren Fall wurden sie gemahlen und in Wasser oder einer anderen Flüssigkeit gelöst.

Einige Edelsteine wurden wegen ihrer planetarischen und geistigen Schwingungen besonders gepriesen. Sie wurden mit den Schwingungen der Planeten aufgeladen, um ihre Heilkraft zu erhöhen. Das geschah zu bestimmten Tageszeiten, wenn der Planet am Horizont auftauchte oder während bestimmter Stunden, die von dem Planeten regiert wurden. Edelsteine wurden auch zu bestimmten Jahreszeiten aufgeladen. Ein Skorpionstein zum Beispiel konnte geladen werden, wenn der Neumond im Skorpion stand.

Durch Einritzungen mit Symbolen und Figuren erhielten die Steine zusätzliche Kraft und konnten als Talisman am Körper getragen werden. Zusätzlich zu den Tierkreiszeichen und Planeten wurden vor allem das Kreuz, das Henkelkreuz, die Pyramide und der Davidstern als Embleme geschätzt.

Die Farbsymbolik war ein wichtiger Bestandteil der Empfehlung bestimmter Steine für bestimmte Krankheiten. Rote Steine wie der Rubin, der Granat, Karneol und Blutstein galten als Heilmittel gegen Blutsturz und entzündliche Krankheiten. Der Grundgedanke dafür war die Überzeugung, daß Gleiches Gleiches heilt. Gelbe Steine wurden für gallenbedingte Krankheiten verschrieben wie Gelbsucht und andere Leberleiden. Grün glänzende Steine heilten Augenleiden wegen der wohltuenden Wirkung, die diese Farbe auf den Gesichtssinn hat. Lapis Lazuli, Saphir und andere blaue Steine galten als Schutz gegen die Dämonen der Finsternis und als Verbindung zu den Geistern des Lichts und der Weisheit. Vom Amethyst glaubte man, daß man mit seiner Hilfe die Abhängigkeit von berauschenden Getränken überwinden könne.

Die beiden Grundformen, in denen Edelsteine zu Heilzwecken verwendet werden, sind innerlich und äußerlich. Äußerlich werden sie direkt auf dem Körper getragen oder in einer Fassung aus Edelmetall, zum Beispiel Gold oder Silber. Sie können auf die kranken Stellen oder auf die entsprechenden Chakren aufgelegt oder in die Hand genommen und über die betroffenen Körperbereiche gehalten werden.

Innerlich wurden Edelsteine auf die verschiedenste Weise zur Heilung verwendet. In Europa hat man sie zu Pulver verarbeitet und in kleinen Mengen dem Wein oder anderen Flüssigkeiten beigemischt und dann getrunken. Ayurwedische Ärzte in Indien verwendeten (und verwenden) außerdem die Asche der pulverisierten und auf spezielle Weise verbrannten Steine als Bestandteil verschiedener arzneilichen Heilmittel.

Eine etwas weniger kostspielige Methode der Nutzung von Edelsteinen ist, sie für mehrere Tage in eine Flüssigkeit zu legen, meistens eine Mischung aus Wasser und Alkohol, und diese dann zu trinken. Eine solche Flüssigkeit nimmt die wesentliche Schwingung des Steins auf. Wenn sie in die Sonne gestellt wird, kann nach ein paar Tagen eine Tinktur daraus gemacht werden, die wiederum als Mutter-Tinktur für die einzelnen Abfüllungen von Edelsteinessenz genommen werden kann ganz genau wie bei den Blütenessenzen.

Kristalle sind Energieverstärker und werden, abgesehen davon, daß sie für Heilungszwecke verwendet werden, in Ultraschall-Geräten, Uhren und Computern gebraucht. Die Mayas und andere amerikanische Indianer benützten Kristalle sowohl in der Diagnose als auch in der Therapie von Krankheiten. Die Ältesten verwendeten durchsichtige Quarzkristalle, um zukünftige Ereignisse vorauszusehen.

Wenn man die heilenden Eigenschaften der Kristalle nutzen will, muß man die verschiedenen Formen von Kristallen unterscheiden. Auch die Größe ist von Bedeutung, weil die größeren mehr elektromagnetische Energie aufnehmen und deshalb stärker wirken. Auch die Farbe ist für die Behandlung der verschiedenen Leiden wichtig. lavendelfarbene Kristalle haben sich zum Beispiel bei der Behandlung von Krebs bewährt, wasserfarbene bei Knochenleiden und grüne bei Organen wie Leber, Niere und Bauchspeicheldrüse.

Kristalle müssen, bevor sie zum Heilen benutzt werden, und auch danach, gereinigt werden. Das Kristall wird zu diesem Zweck über Nacht oder zumindest für einige Stunden in gereinigtes Wasser (nicht vom Wasserhahn) gelegt, mit zwei oder drei Löffeln Meeressalz. Eine andere Möglichkeit ist, den Kristall mit dem Rauch der Zeder oder Salbei zu reinigen.

Kristalle werden häufig mit anderen Kristallen zusammen verwendet, um eine Heilung zu erreichen. Zum Beispiel werden vier große Quarzkristalle während einer Massage oder einer anderen Form von Therapie um die betreffende Person herum aufgestellt. Oder es werden mehrere Kristalle auf die verschiedenen Chakren aufgelegt, wobei jeder einzelne bewußt zur Unterstützung der Aura des entsprechenden Energiepunktes ausgewählt wird. Kristalle können auch in einem Beutel oder Medizinsäckchen unter den Kleidern auf kranke Körperteile oder einzelne betroffene Energiezentren (Chakras) gelegt werden. Oder es werden, um dem Patienten eine bestimmte Schwingung zu übertragen, eine Halskette oder Ohrringe angelegt.

Heilung mit Kristallen

1. Die Steine werden ausgesucht und gereinigt.

2. Der Raum wird mit Salbei oder Zeder gereinigt und dann gegen jede äußere Einwirkung abgeschottet. Das kann geschehen, indem man in jede Ecke des Raumes klare Quarzkristalle legt. Ihre Enden sollen aufeinander gerichtet sein.

3. Dann sammelt und erdet man sich mit Hilfe einer Visualisierungsübung, in der Licht von der Haarkrone die Wirbelsäule entlang durch die Fußsohlen in die Erde hinein fließen soll.

4. Jetzt wird mit dem zu Behandelnden besprochen, wo die Blockaden sind: in welchen Bereichen des Körpers sind Verknotungen und emotionale Zentren bemerkbar?

5. Der Patient soll tief atmen und Farben visualisieren, die ihn in einen entspannten Zustand versetzen.

6. Arbeiten Sie nun mit einem durchsichtigen Quarzkristall oder mit Ihrem Zauberstab oder mit Ihrem Lieblingskristall an der verknoteten Stelle.

7. Wählen Sie, mit Hilfe Ihres Patienten, für jedes Chakra einen passenden Kristall. Legen Sie diese auf die Chakren und lassen Sie den Patienten tief atmen, damit er sich auf diese Weise auf jeden einzelnen Stein eintimmt.

8. Während die Steine auf den Energiezentren liegen, soll der Patient sich nun von innen zu dem verknoteten Bereich begeben und genau hinschauen. Vielleicht taucht ein Symbol auf oder ein Bild aus der Kindheit. Daraus ergeben sich weitere Bilder und Assoziationen, die einiges Licht auf die vorliegenden Probleme werfen sollten.

9. Wenn die Wurzeln des Problems einmal aufgedeckt sind, kann weiterhin mit dem Kristall an der betreffenden Stelle gearbeitet werden.

10. Dann werden die Kristalle entfernt. Sie werden mit einem Tuch abgewischt und beiseite gelegt. Zur Reinigung der Raum-Athmosphäre wird etwas Salbei und Zeder verbrannt.

11. Der Klient muß dann in sich wieder Boden finden. Geben Sie ihm etwas Tee und besprechen Sie die Sitzung.

12. Setzen Sie ein Programm zur Selbstbehandlung auf, mit Übungen zur Festigung des Selbstwertgefühls.

Kristalle und Edelsteine werden ebenso gewonnen wie andere Edelmetalle und Edelsteine. Da sie aus der Erde kommen, enthalten sie bestimmte Mineralstoffe, die ihnen ihre eigene Farbe und ihr Heilungsvermögen geben. Im Folgenden sind einige der wichtigsten Mineralstoffe, die in den Steinen enthalten sind, aufgeführt.

Kieselsäure - Alle Quarze und Edelsteine (außer Diamanten, Rhodochrosit und Chrysoberyll) bestehen zum größten Teil aus Kieselsäure, die sich in Wasser und Kieselsäure trennen läßt. Kieselsäure zieht das Licht an und vertreibt die finsteren Mächte. Sie fördert die Ausscheidung von Wasser aus dem Körper und schützt die Nerven. Ebenso kräftigt sie den Rücken und gibt dadurch auch mehr Selbstvertrauen.

Magnesium - Kommt im Olivin, im Serpentin, Ppyrop und Almandin vor. Es stärkt das Herz, entspannt den Körper, löst Krämpfe und tut dem Nervensystem gut.

Mangan - Kommt im Rhodochrosit vor, der praktisch aus Mangan besteht, im Rosenquarz, Amethyst und Almadin. Es ist gut gegen Lähmungserscheinungen und Nervenkrankheiten wie Parkinson und hilft bei Anämie.

Eisen - Kommt in Korallen, Blutstein, Rubin, Granat, Magnetit, Pyrit und Chlorit vor, ist wichtig bei Entzündungen und hilft gegen Blutsturz und Anämie.

Kupfer - Kommt im Malachit, Türkis, Chrysokoll, Azurit und Pyrit vor. Es stärkt die Nerven, hilft, Eisen aufzunehmen, und löst spastische Krämpfe und ist hilfreich bei Multipler Sklerose.

Kalzium - Kommt in Flußspat, Apatit, Uwarowit und Andradit vor, kräftigt die Knochen, Nerven und Zähne und alle strukturtragenden Elemente des Körpers.

Chrom Kommt im Smaragd, Malachit und Uwarowit vor, ist für den Glukose-Toleranz Faktor von großer Bedeutung und hilft bei der Aufnahme von Insulin.

Edelsteine in den verschiedenen Zeitaltern des Zodiak

Alle 2160 Jahre bewegt sich der erste Punkt des Aries in ein anderes Zeichen und führt auf diese Weise in eine neue Phase der Kultur und Entwicklung. Im Laufe der Geschichte sind mit jeder von diesen verschiedenen Zeitepochen andere Edelsteine in Verbindung gebracht worden.

Die Hindu-Kultur - Mondstein

Von 8640 bis 6480 vor unserer Zeitrechnung befand sich der erste Grad des Widder im Krebs. Das war die Zeit der Hindu-Kultur, die den Mond und die Vorstellungskraft betonte. Sie brachte herrlich verfeinerte Tempel hervor, geschmückt mit den Figuren von Göttern und Göttinnen, die in verschiedenen Fruchtbarkeitsriten eine Rolle spielen. Der Mondstein war für diese Kultur von großer Bedeutung, weil er, zumindest symbolisch, die Mondenergie auf die Erde zog.

Die Persische Kultur - Türkis

Von 6480 bis 4320 befand sich der erste Grad des Widder in den Zwillingen. In dieser Zeit entwickelte sich die persische Kultur mit ihrer Lehre von Zoroaster und ihrer Betonung des Dualismus von Gut und Böse. Der Türkis, dessen Tönung zwischen den beiden Farben Blau und Grün liegt, war der heilige Stein dieser Kulturepoche.

Die Ägyptische Kultur - Malachit

Im Stier stand der erste Grad des Widder von 4320 bis 2160. In dieser Zeit wurde der heilige Stier Apis in Ägypten verehrt. Ein junger Bulle wurde im Tempel aufgezogen bis er ausgewachsen war und dann in einer goldenen Barke über den Nil zum Memphis-Tempel gebracht. Das Sternbild Stier wird von der Venus regiert, und ihr Metall ist das Kupfer. Die ägyptischen Frauen trugen ein kleines Behältnis mit Malachit bei sich, mit dem sie ihre Augenlider und Haare färbten. Malachit wurde auch, gemischt mit den Exkrementen von Fliegen, als Augensalbe verwendet, für die ein großer Bedarf bestand.

Die Griechisch-römische Kultur - Achat

Von 2160 bis 0 war der erste Punkt des Widder im Widder, und das umfaßt die Höhepunkte der griechischen und romanischen Kulturen. Die Ägypter verehrten in dieser Zeit den Widder-Gott Ammon. Die Israeliten opferten Böcke, und in Griechenland entstand im Verlauf der Kämpfe zwischen den Stadtstaaten eine Kultur der Kriegsheroen, verbunden mit einer eigenartigen Widder-Mentalität. Rom eroberte Griechenland, schluckte seine Kultur und unterwarf einen großen Teil von Europa und Nordafrika. Das Bild des Mars wurde in Tempeln verehrt und Soldaten trugen seine Bilder auf Achat und Sardonyx als Talisman.

Die Christliche Kultur - Amethyst

Um das Jahr 0 bewegte sich der erste Grad des Widder in das Sternbild Fische, und dort bleibt er bis zum Jahr 2160. Die Kultur, die von den Fischen symbolisiert wird, die christliche Kultur, entsagt allen irdischen Dingen und stellt den Geist an die oberste Stelle. Die christlichen Konvertiten schrieben das Fischezeichen in die Katakomben. Der Amethyst mit seinen reinigenden Eigenschaften wurde zum Edelstein der Epoche. Man benutzte den Amethyst in der Meditation, um spirituelle Erfahrungen zu machen. Im 16. Jahrhundert war er so teuer wie ein Diamant (das war vor der Entdeckung der Amethystminen in Südafrika).

Das Wassermann-Zeitalter - Rosenquarz

Der Widder-Punkt wird im Jahr 2160 in das Wassermannzeichen eintreten, aber schon jetzt erleben wir die Vorboten dieses »Neuen« Zeitalters. Die Betonung liegt auf dem Individuum, auf humanitären Projekten und der Wiedergeburt alter Heilkünste wie der hier beschriebenen. Der Rosenquarz wird mit dem Herzchakra in Verbindung gebracht; er wirkt ausgleichend auf die Gefühle und öffnet den Zugang zu tieferen Ebenen von Liebe und Mitgefühl.

Die Brustplatte des Hohen Priesters

Die wahrscheinlich kraftvollste Verwendung von Edelsteinen zum Zweck der Heilung war die Brustplatte des Hohen Priesters. Es gibt widersprüchliche Berichte über die Steine, die sich in der Brustplatte befanden. Zum Teil rührt diese Verwirrung daher, daß es zwei Brustplatten gab: die Mosaische und die Brustplatte des Zweiten Tempels, der 800 Jahre später war. Die zwölf Steine entsprachen den zwölf Stämmen Israels und den zwölf Tierkreiszeichen. Die Brustplatte Aarons (mosaische Brustplatte) hatte folgende Edelsteine:

1. Roter Jaspis
2. Hellgrüner Serpentin
3. Grüner Feldspat
4. Almandin Granat
5. Lapis-Lazuli
6. Onyx
7. Brauner Achat
8. Gebankten Achat
9. Amethyst
10. Gelber Jaspis
11. Malachit
12. Grüner Jaspis oder Jade

Die Brustplatte des Zweiten Tempels enthielt folgende Steine:

1. Karneol
2. Peridot
3. Smaragd
4. Rubin
5. Lapis-Lazuli
6. Onyx
7. Saphir oder Hyazinth
8. Gebankten Achat
9. Amethyst
10. Topas
11. Beryll
12. Grüner Jaspis oder Jade

Diese Steine der Brustplatte des Hohen Priesters werden in der Geheimen Offenbarung als die Grundsteine des neuen Jerusalem beschrieben. Dort findet sich wieder eine andere Liste, was seinen Grund allerdings auch in der Übersetzung aus dem Hebräischen haben kann. Als einmal ein Gesetzesbrecher vor den Hohen Priester gebracht wurde, weil er ein goldenes Bildnis aus einem heidnischen Tempel in Jericho gestohlen hatte, offenbarte die Brustplatte seine Schuld, indem die Steine immer ihren Glanz verloren, wenn sein Name genannt wurde. Solche und ähnliche Geschichten sind von der Brustplatte überliefert.

Planeten und Edelsteine

Die Edelsteine haben alle bestimmte planetare Energien. Sie werden benützt, um die jeweiligen Heilqualitäten ihrer Planeten weiterzugeben. Will man die Energie eines Planeten einfangen, muß man den Kristall im Freien auf diesen Planeten richten und beten, daß seine Eigenschaften sich dem Kristall einprägen mögen.

Edelsteine und Kristalle verstärken die Energie des Planeten, wenn er im Geburtshoroskop schwach ausgeprägt oder behindert ist oder wenn er in Progression oder im Transit befindet. So könnte Mars im Krebs eine schwache Position haben, außer er steht im Winkel; ein Mars-Edelstein oder Kristall würde dann etwas mehr Festigkeit, Zupacken und Mut und gleichzeitig etwas mehr Vitalität einflößen. Das gleiche gälte, wenn Mars zu Saturn hart gestellt wäre, sei es von Geburt oder übergangsweise, denn dann würde Saturn die Marskräfte blockieren. Ein anderes Beispiel wäre eine zu Neptun hart gestellte Venus, bei der eine Person gerne ihrer Liebe Ausdruck verleihen würde, aber aus irgendeinem Grund nicht weiß, wie sie dies anstellen sollte. In dem Fall böten sich Edelsteine an, die sowohl von Venus als auch von Neptun regiert werden. Die Edelsteine können in Form von Schmuck oder in einem Beutel getragen, nachts unter das Kopfkissen gesteckt oder auf den Platz der Meditation gelegt werden. Je näher sie an den Körper herankommen, und besonders an die Stellen des Körpers, welche diese Energie gerade brauchen, umso stärker wird sich die Wirkung bemerkbar machen.

Die Sonne

Steine, die von der Sonne regiert werden, verstärken die Sonnenenergie und Vitalität. Sie sind wärmend und wohltuend für den Kreislauf. Sie tragen dazu bei, den Menschen mit seinem eigentlichen Sein und Wesen und seiner Kraft wieder in Verbindung zu bringen.

Der ***Zitrinquarz*** gibt Energie und Leben und wärmt. Ein Zitrinbündel löst Verknotungen um den Nabel und das dritte Chakra auf. Es hilft bei schlechter Verdauung und Verstopfung und auch bei Blasen- und Nierenentzündungen.

Der ***Topas*** war in Ägypten das Symbol für den Sonnengott. Er war der Herr des Lebens und der Fruchtbarkeit und eine Kraftquelle für sein Volk. Topas beschützt vor Depression und Schlaflosigkeit; er unterstützt den Blutkreislauf, verhindert und kuriert Blutsturz, Krampfadern und Hämorrhoiden. Manche Goldtopase sind mit etwas Phosphor durchsetzt. Sie phosphoreszieren im Dunkeln und nehmen mit dem Mond zu und ab.

Der ***Jaspis*** kommt in verschiedenen Farben vor: rot, braun, gelb, grün und grau; man trägt ihn zur Verhütung von Magenschmerzen im Nabel. Manchmal wird er als Amulett getragen, in der Form einer Schlange, welche Strahlen aussendet. Damit soll ausgedrückt werden, daß der Stein Lebenskraft ausstrahlt. Er wird bei Schwächezuständen empfohlen und zur Verbesserung des Geruchssinns. Im Iran wird pulverisierter Jaspis mit Türkis vermischt zur Behandlung von Krankheiten der Gallenblase, der Leber und der Nieren gegeben. Jaspis ist der zuletzt genannte Stein in der Brustplatte des Hohen Priesters und der erste Stein, der im Neuen Testament genannt wird.

Der ***Bernstein*** ist kein Stein, sondern versteinertes Harz von Nadelhölzern, ehemals Wälder an der Ostseeküste. Wenn man Bernstein reibt, lädt er sich mit negativer elektrischer Spannung auf. (Das griechische Wort »electron« heißt übersetzt Bernstein.) Bernstein wird bei Asthma, Bronchitis, Rheuma, Zahnschmerzen und Herzschwäche verwendet. In der griechischen Mythologie verwandeln sich die Tränen, die Phaetons Schwester nach seinem Tod weint, in Bernstein. (Phaeton war der Sohn des Sonnengottes, der sich, als er den Sonnenwagen fuhr, vom mittleren Weg ablenken ließ.) Die Idee hinter dieser Geschichte ist, daß das Individuum, das die kreative Kraft der Sonne verschleudert, um materiellen Gewinn daraus zu erzielen, geistig sterben wird, daß aber die Dinge, die mit der Kraft der Sonne geladen sind, der Seele dennoch helfen können. Bernstein ist ein goldenes Sonnengeschenk, auch wenn es sehr lange auf dem Meeresgrund lag.

Der ***Rhodochrosit*** ist himbeerrot mit weißen Streifen, wodurch eine Pfirsichtönung entsteht. Auf diese Weise ist er eine Kombination von Orange und Rosa, den Farben des Nabel- und Herzchakras. Man nennt diesen Farbton häufig Inka-Rosa, weil er am meisten in den Stalagmiten der Silberminen der Inkas vorkam. Er wird verwendet, um Blockaden im Solarplexus aufzulösen, die häufig das Ergebnis eines traumatischen Erlebnisses sind. Diese Blockaden führen zu einem Zusammenschnüren des Zwerchfells und einem Verlust der körperlichen Vitalkräfte. Diese Energieblockaden können zu Atem- und Lungenproblemen führen, Verstopfung, Verdauungsstörungen und Magengeschwüren. Rhodochrosit ist ein wirkungsvolles Heilmittel für den körperlichen und den emotionalen Bereich.

Mond

Steine, die vom Mond regiert werden, verstärken die Sensibilität und die intuitiven und rezeptiven Fähigkeiten und verhelfen der Kreativität zum Ausdruck.

Der ***Mondstein*** nimmt die Heilkraft des Mondes auf und wirkt wie ein Spiegel für den Besitzer, der sich in klarem Licht selber sieht. Mondsteine beschützen Reisende. Hängt man einen Mondstein bei zunehmendem Mond über den Ast eines blühenden Obstbaumes, dann wird er, so glauben manche, reiche Frucht tragen. Arabische Frauen nähen sich einen Mondstein in die Kleider, um mit Kindern gesegnet zu werden. In Indien kennt man ihn als heiligen Stein und als Traumstein. Man sagt, daß die schönsten Steine vom Fluß hochgespült werden, wenn Sonne und Mond gut stehen, und alle 21 Jahre tauchen ganz besonders feine Mondsteine auf.

Der ***Opal*** kann milchig weiß bis grünlich gelb und rot sein. Er ist durchscheinend und hat einen hellen Glanz. Er hat einen hohen Wasseranteil und auch etwas Luft. In trockener Luft verliert er etwas von seiner Feuchtigkeit und auch von seiner Farbe, aber in feuchter Luft, kommt beides zurück. Opalen sagt man nach, daß sie verführerisch sind und die erotische Natur stimulieren. Sie sind aber auch als Unglückssteine bekannt.

Merkur

Merkur-Steine bestärken die geistige Klarheit und helfen, die Kopfenergie zu erden.

Der ***Achat*** ist undurchsichtig und gezeichnet und kommt in vielen Formen vor. Seine Farben reichen von rötlichem Braun, Orange und Gelb zu Ocker, Grau und Braun. Orpheus nahm einen Achat mit in die Unterwelt, um sich Mut zu machen. Achat schärft den Gesichtssinn, erleuchtet den Geist und macht beredt. Man hat den Stein pulverisiert und mit Apfelsaft vermischt als Heilmittel gegen den Irrsinn verwendet. An der Goldküste dienten Achat-Amulette als Zauber gegen Schlangenbisse, Lähmung und Geisteskrankheit. In Griechenland und Rom ritzte man in die Achatamulette Hundeköpfe und Löwen, um sich vor der Epilepsie und vor der Pest zu schützen.

Das ***Tigerauge*** kommt in merkurischem Goldgelb und in erdigem Dunkelbraun vor. Es dient dazu, die Kopfenergien zu erden. Das Tigerauge kann durch die verschiedenen Illusionen der Körperwelt hindurchschauen und die höheren Tätigkeiten des Geistes erkennen. Aufgrund seiner tief goldenen Farbe wird das Tigerauge auch mit der Sonne und dem Solarplexus in Verbindung gebracht. Es hilft denen, die nicht genügend Willenskraft besitzen und einen ausgeflippten Eindruck machen, indem es ihre Energien mit ihrem innersten Selbst verbindet und verwurzelt.

Venus

Venus-Steine öffnen das Herzchakra und machen es leichter, Liebe und schöpferische Energie zum Ausdruck zu bringen. Sie helfen auch, die weibliche Energie ins Spiel zu bringen und viele von Frauen vorgebrachte Klagen ernst zu nehmen.

Der ***Malachit*** ist das Kupfererz, das in Ägypten so vielen Zwecken diente. Als Kosmetik wurde es mit Wasser vermischt und auf die Augenlider aufgetragen. Zum Heilen wurde es mit Katzendreck oder Kuhmist gemischt und als Augenkompresse verwendet. Auch zur Behandlung von Rheumatismus und Cholera wurde es hergenommen. Kupfer hat heilende Wirkung besonders bei Cholera, Asthma, Herzkrämpfen und abbauenden Krankheiten wie Krebs.

Der ***Turmalin*** ist unten grün und oben rosa, die beiden Venusfarben. Im Mittelalter diente er als Meditationsstein. Die Rosenkreuzer und Alchemisten nannten ihn Christusstein als Ausdruck für die Materie (grüne Erde), welche zu verfeinerter Liebe (rosarot) aufsteigt. Turmalin zieht Wohlstand und Überfluß auf den Träger. Er regt zu schöpferischem Handeln an und verstärkt die Fähigkeit, Ziele zu stecken und auf schöpferische Weise zu erreichen.

Der ***Smaragd*** ist ein Waage-Stein, den man früher als Stabilisator des Ehebündnisses schätzte. Im Fall der Untreue wurde er stumpf. In Ägypten trugen die Frauen Smaragde mit dem Bild der Göttin Isis, der universellen Mutter. Smaragde halten den Träger frisch und jung und stärken den Gesichtssinn. Sie sind die Wächter des Frühlings und symbolisieren den Prozeß des Wachsens und Reifens.

Der ***grüne Aventurin*** ist ein Quarz mit einem reinen grünen Strahl. Er eignet sich, um Gefühle auzulösen, die die Herzgegend verkrampfen. Er kann zusammen mit dem Malachit benutzt werden, der die Gefühle nach oben bringt. Der Stein ist auch ein Meisterheiler in dem Sinne, daß sein grüner Heilstrahl jeden Bereich des Körpers treffen und wieder ins Gleichgewicht bringen kann. Der grüne Aventurin kann in Zeiten besonderen Stresses getragen werden, denn er berührt den ganzen Menschen.

Der ***Rosenquarz*** ist ein Stein, der über das Herzchakra heilt. Die rosa Farbe tröstet und heilt alle Wunden, die sich im Herzen angesammelt haben. Rosenquarz bringt die Liebe zum Ausdruck und ist ein guter Stein für die Menschen, die gerade anfangen, sich ihren wirklichen Gefühlen zu öffnen. Beim Heilen mit Kristallen wird er verwendet, wobei häufig drei Rosenquarzkristalle benötigt werden: einer auf dem Herzchakra, einer darüber und einer darunter. Oft wird gleichzeitig ein Amethyst dazugenommen, der in die Nähe des dritten Auges gelegt wird, um die Kopfenergie im Gleichgewicht zu halten.

Der ***Kunzit*** gehört ebenfalls zum Herzchakra, das für das emotionale Gleichgewicht zuständig ist. Der Stein erleichtert es seinen Trägern, ihren Ausdruck von Liebe nach außen zu lenken und dabei alte Sorgen und Ängste fahren zu lassen. Der Kristall glänzt blaßrosa und violett. Das ist ein Zeichen dafür, daß er zwischen dem höheren geistigen Bereich (drittes Auge) und dem Herzen ein Gleichgewicht schaffen kann, indem alte Denkmuster, die an emotionalen Blockaden hängen, verwandelt werden. Der Kunzit hat die reinste Helligkeit von allen Steinen des rosa Spektrums er symbolisiert den Zustand bedingungsloser Liebe und den reinen Ausdruck der Liebe.

Mars

Mars-Edelsteine erhöhen die Vitalität, stärken den Willen und verleihen Aggressivität und Selbstbehauptung. Sie führen dem Blut mehr Eisen zu. Wer die Marsenergie dämpfen will, braucht einen Venus-Stein. Wer die Marsenergie strukturieren will, könnte mit einem Saturn-Stein gut fahren.

Der ***Blutstein*** ist tief grün mit roten Klecksen und wird mit dem indischen Mystizismus assoziiert. Dort kommt er auch am häufigsten vor. Man verwendet ihn, um Blutsturz anzuhalten und um Nasenbluten zu verhindern. Er reinigt das Blut und kräftigt die blutreinigenden Organe Niere, Leber und Milz. Er lenkt die heilende Farbe Grün in den Blutstrom, wo sie entgiftend wirkt. Man kann ihn auf die Stellen legen, wo es irgendwelche Verstopfungen gibt oder das Blut zu schleppend zirkuliert. Blutstein berührt das

Kundalinizentrum und treibt die Energie die Wirbelsäule hinauf und hinunter. Diejenigen, die ihren Körper gereinigt haben, können mit seiner Hilfe größere Mengen Licht und Energie in sich tragen.

Der ***Karneol*** ist ein rot-orangefarbener Achat, der aus Siliziumdioxid oder Quarz besteht. Er strahlt nicht selber Licht aus wie die höher schwingenden transparenten Steine, aber er reflektiert die tieferen Schichten der Farben der Körperwelt. Er erdet die Energie und kann bei Zerstreutheit und geistiger Abwesenheit gute Dienste leisten. Auf Nabel und Becken aufgelegt, hilft er gegen Unfruchtbarkeit und Impotenz, indem er das zweite Chakra stimuliert und die Fortpflanzungsorgane von Blockaden befreit.

Der ***Rubin*** fördert den Blutkreislauf und reinigt das Blut von Infekten. Blutklumpen kann er auflösen, die Tätigkeit der Nebennieren unterstützen und zermahlen und mit Wasser zu einer Paste vermengt, kann er Blut stillen. Der Rubin gibt Anstoß zu Initiativen und verleiht Energie, Mut, Leidenschaft und Sieg. Wasser, in das ein Rubin für einige Zeit eingetaucht war, gilt als Heilquelle und Jungbrunnen.

Der ***Granat*** macht willensstark und stolz, schenkt Selbstvertrauen und Erfolg. Er wird benützt, um die Gabe der Hellsichtigkeit zu erlangen oder verborgene Plätze zu entdecken und vergrabene Schätze, was ihn mit dem Skorpion verbindet. Granat wurde früher zum Heilen von Hautausschlägen verwendet. Er verleiht Leidenschaft zusammen mit Macht, Energie, Mut. In Italien pflegten die Witwen Granatschmuck zu tragen, um einen neuen Partner anzuziehen.

Der ***Hämatit*** oder holländische Blutstein hat eine dunkle rotgrüne Färbung. In ägyptischen Gräbern und den babylonischen Bergwerken hat man gravierte Hämatite gefunden. Soldaten tragen sie gerne mit sich, denn sie stärken das Herz, verleihen Ausdauer und Mut und schützen vor Gefahr. Sie helfen bei raschem Herzschlag und blutunterlaufenen Augen. Hämatit kommt auch in kristalliner Form vor, aber für die Schmuckherstellung werden die im Eisenstein eingeschlossenen Knoten verwendet.

Jupiter

Jupiter-Steine sind sehr vielseitig zu Heilungszwecken verwendbar. Manche reinigen die Leber und verstärken die Gallentätigkeit. Andere sind vornehmlich von Reitern gebraucht worden, die sich selber samt ihren Pferden schützen wollten.

Der ***Türkis*** ist seit Menschengedenken ein heiliger Stein. Er kuriert Augenkrankheiten ebenso wie Entzündungen und Fieber. Für die Ägypter gab die Verbindung der erdhaft grünen Farbe mit dem himmlischen Blau dem Türkis eine besondere Qualität. Der Türkis verliert seine Farbe oder seinen Glanz, wenn sein Träger in Gefahr schwebt oder krank ist und wird gelblich stumpf, wenn er Leberprobleme hat. Der Stein nimmt störende Schwingungen auf und kann dann sogar entzweibrechen. In der Zeit des Zoroasterkults in Persien galt er als heilig. Im Orient dient er dem Schutz von Reitern und ihren Tieren. Türkisketten wurden am Zaumzeug befestigt, um ihnen auf den schmalen Bergpfaden einen sicheren Tritt zu garantieren. Die Araber trugen einen Türkis zwischen drei Perlen in ihren Kopfriemen. In der Stunde Jupiters nahmen sie ihn in die rechte Hand und besprachen ihn mit guten Wünschen. Die amerikanischen Indianer haben den Türkis immer als ihren heiligen Stein betrachtet und Schmuck und Kultgegenstände daraus gefertigt.

Der ***Chrysokoll*** ist, wie auch der Türkis, ein Halbedelstein, der nicht von selber strahlt. Seine Farbe ist die Farbe der göttlichen Mutter und der Tugend des Mitgefühls, der Demut und der Geduld. Der Stein hilft bei Frauenleiden, kann nach einer Fehlgeburt oder Abtreibung oder einem Kaiserschnitt den Hormonspiegel ausgleichen, schafft überhaupt emotionales Gleichgewicht und kann, auf das Herzchakra aufgelegt, helfen, die Kontrolle zu gewinnen. In seiner Eigenschaft als kühlender Stein bringt er das Fieber herunter, heilt Verbrennungen, löst Ärger auf und beruhigt die Nerven. Er ist im übrigen auch ein Venus-Stein und löst, wenn man ihn auf das Halschakra legt, Stimmprobleme und Halsschmerzen.

Einige der von der Sonne regierten Steine wie Topas, Zitrin, Quarz und Jaspis werden auch von Jupiter regiert, weil sie die Gallentätigkeit anregen.

Saturn

Saturn-Steine werden oft zu Hilfe genommen, wenn Projekte und Ideen in eine Form gebracht werden müssen. Einige Saturn-Steine werden auch dazu gebraucht, eingefahrene Verhaltensmuster aufzubrechen und Zustände wie Arthritis und Rheumatismus zu behandeln.

Der ***Diamant*** ist der härteste Edelstein und ist immer mit der Hochzeitszeremonie in Verbindung gebracht worden. Er verstärkt die rastlose Suche der Seele und den Zustand der geistigen Klarheit. Innerlich stärken Diamanten den Körper, geben dem Gewebe wertvolle Nährstoffe und verbessern das Aussehen. Diamanten gibt es in den verschiedensten Formen. Sie sind manchmal rund und manchmal vierseitige Pyramiden. Vier ist die Zahl des Saturn.

Der ***Onyx*** ist eine Achat-Variante. Schwarzer Onyx ist ein jahrelang künstlich gefärbter Stein. Onyx wird auch »Nagel«-Stein genannt, weil er gut für die Nägel, aber auch für Haare und Haut sehr gut ist. Er fördert die Ernsthaftigkeit, Ausdauer, Bescheidenheit, tiefe Gedanken, spirituelle Kraft, Diskretion und Furchtlosigkeit. Er ist gut bei Kreislaufstörungen und Unfällen. Onyx wird in Rosenkränzen als Konzentrationshilfe genutzt und wird für Siegelringe und auf Trauerkleidung verwendet. Er unterstützt den Gehörsinn. Man gibt ihn in hochpotenzierter Form als homöopathisches Ohrheilmittel.

Der ***grüne Kalzit*** sorgt für ein Kopfgleichgewicht in dem Sinn, daß überholte Begriffe entlassen werden und neuen Eingang finden können. Wenn intellektuelle und emotionale Vorstellungen sehr starr werden, dann schlägt sich das oft in den Knochen, Gelenken,

Sehnen und Knorpeln nieder. Grüner Kalzit ist in diesen Fällen sehr hilfreich, denn die Gefahr einer Arthritis oder Rheumatismus oder Sehnenerkrankung ist groß. Der grüne Kalzit kann helfen, heilende Kräfte in das Knochengewebe zu lenken. Er eignet sich auch für die kühlende Behandlung von feurigen Zuständen wie Fieber oder Wut.

Uranus

Steine, die vom Uranus regiert werden, dienen dazu, neue Ideen und Anregungen in die höheren geistigen Zentren zu leiten und alte Verhaltensmuster aufbrechen zu helfen. Sie beruhigen außerdem das Nervensystem, wenn es sehr starken Uranus-Schwingungen ausgesetzt ist.

Der ***Lapis-Lazuli*** ist ein tiefblauer Stein, der mit weißem, gold- oder pyritgeflecktem Kalzit vermischt ist. Er hat eine starke spirituelle Schwingung und gehörte auch zu den Steinen in der Brustplatte des Hohen Priesters. Moses schrieb die zehn Gebote auf Lapis-Lazuli-Scheiben. In Ägypten wurde er als Stein Gottes verehrt. Die goldenen Flecken wurden als Reflektionen der Sterne des nächtlichen Himmels betrachtet und als Prüfstein der Wahrheit. Der Stein wurde gemahlen und zu Farbstoff verarbeitet, mit dem dann die königlichen Gewänder und die der Hohen Priester gefärbt wurden. Die Ägypter glaubten, daß sie, wenn sie diese Farbe trügen, Stellvertreter der Götter würden und daß übernatürliche Kräfte ihr Leben dann mit Macht füllte. Der Stein wurde auch in pulverisierter Form für bestimmte Krankheiten als Heilmittel verwendet und als Anzeiger für Gifte. Auch als Breiumschlag auf die Haarkrone aufgelegt tat er gute Dienste: Während des Trocknens zog er die Dämonen aus dem Leib und reinigte die Seele. Im äußersten Fall wurde ein kleines Loch in den Schädel gebohrt und die Lapis-Mischung hineingegeben, um den Besessenen zu befreien. Der Stein wurde auch in warmes Wasser gelegt und dann auf Schwellungen und schmerzende Nerven und auf die Augen. Im Buddhismus gehört er zu den sieben Edelsteinen. Man kann mit ihm die Aura reinigen. Häufig wird er auf das dritte Auge gelegt, um die Blockaden im Unterbewußten aufzulösen. Er symbolisiert den Gang durch die Finsternis auf der Suche nach dem eigenen göttlichen Selbst. Die goldenen Sprenkel symbolisieren die Weisheit, die schon erreicht ist.

Der ***Saphir*** ist bei den Buddhisten ein heiliger Stein. Er hat einen großen Einfluß auf die Reinheit. In den Ringen katholischer Würdenträger wird er gerne benutzt. Ayurwedische Ärzte in Indien benutzen ihn, um Rheumatismus, Koliken und Geisteskrankheiten zu behandeln. Er schützt die Augen und das Herz, überwindet die Melancholie, Fieber und Vergiftung. Farbänderungen kündigen den Kontakt mit negativen Einflüssen an. Der Stein, der in der Heiligen Schrift Saphir genannt wird, ist in Wirklichkeit ein Lapis.

Der ***Aquamarin*** ist ein Stein für Mystiker. Er steht mit Uranus in Verbindung und kann den Visionen Schärfe geben und Allwissenheit verleihen. Weil er für die Augen gut ist, machte man Gläser daraus. Am besten wird er in einer Halskette getragen, so daß er am Körper herunterhängen und auf Herz und Solarplexus einwirken kann. Bei Nervenschmerzen hilft er, bei Nacken-, Kiefer- und Hals- Leber- und Augenproblemen und bei Zahnschmerzen.

Der ***Azurit*** ist ein tiefblauer Stein, der von den Priestern und Priesterinnen in Ägypten zur Steigerung ihres Bewußtseins und zur Erschließung der göttlichen Energie gebraucht wurde. Azuritkristalle können am ganzen Körper heilende Wirkung entfalten. Sie wurden auch immer dazu verwendet, erstarrte Verhaltensweisen aufzubrechen. Azurit kann auf jede Stelle des Körpers gelegt werden, an der es irgendwelche Blockaden gibt. Indem der tiefe blaue Strahl in den Körper eindringt und die Energie aufschließt, wird deutlich, aus welchen emotionalen und psychologischen Motiven heraus der Energiestau entstanden ist.

Neptun

Edelsteine, die mit dem Planeten Neptun in Verbindung gebracht werden, verfeinern die Sensibilität, machen empfänglicher für Musik und Poesie und schließen die höheren Bewußtseinsebenen auf.

Der ***Amethyst*** ist aufgrund seiner purpurnen Färbung immer in irgend einer Weise dem Königlichen zugeschrieben gewesen. Er zieht Kräfte an, die auf den Körper gerichtet sind, und stößt Schwingungen ab, die der Körper nicht braucht. Man benützt ihn, um Bewußtseinsänderungen vom normalen wachen Zustand in Bereiche ganz anderer Wachsamkeit zu erleichtern. Der Strahl des Amethysten verwandelt eine Wirklichkeit in die andere; er eignet sich deshalb hervorragend für die Meditation und kann zum Beispiel auf das dritte Auge gelegt werden. Er hilft denen, die in Trauer sind und denen, die in die andere Wirklichkeit hinüberwechseln. Da seine Farbe eine Verschmelzung von Rot und Blau ist, kann er in Momenten der Wut und Hitzköpfigkeit Frieden bringen und Entspannung von Streß und Überarbeitung. Wenn man ihn vor dem Schlafengehen unter das Kopfkissen legt, löst er Migränen auf, schützt vor Alpträumen und schlechten Träumen. Amethyst schützt auch vor Trunkenheit und Vergiftung, wirkt der Zerstreutheit entgegen, die von Neptun und von den Fischen ausgeht, schenkt Klarheit bis zu prophetischer Sicht und zur Deutung von Träumen. Den Fischern verhilft er zu guten Fängen, er fördert das Wachstum der Pflanzen, solange sie noch unter der Erde sind. Amethyst wird gegen Hautkrankheiten eingesetzt. Wenn man ihn in Wasser kocht, erhält man ein gutes Gesichtswasser. Der Stein hilft auch bei Farbenblindheit. Im Mittelalter war er teurer als Diamanten, aber als die Menschen sich weniger für spirituelle Dinge interessierten, verlor er an Wert. Dazu kam die Entdeckung der riesigen Amethyst-Minen in Südafrika.

Der ***Fluorit*** kommt in Bündeln, als Oktaeder und in Pyramidenform vor. Er ermöglicht es dem Geist, mitten in einer körperlichen

Arbeit eine meditative Haltung zu bewahren. Er steht in polarem Gegensatz zum Amethyst, der die innere Erfahrung der Aufgabe des Geistes ist. Der Fluorit bringt diese Erfahrung in den tagtäglichen Denkprozeß hinein und hilft, die tiefere Weisheit hinter den äußeren Erscheinungen der Dinge zu entdecken. Höhere Formen der Wahrheit kommen so in die Körperwelt hinein. Mit Fluorit lassen sich bestimmte geistige Krankheiten und Störungen der Gehirnwellenfrequenz behandeln. Er erhöht die elektrische Ladung der Gehirnzellen, wodurch mehr Leben ins Gehirn kommt und sich das Bewußtsein ausweitet.

Die ***Jade*** wird, wegen ihrer grünen Farbe, auch von Venus regiert. In China und Japan hält man sie für den wertvollsten aller Steine. Die Chinesen glauben, daß sie die Verbindung zwischen dem spirituellen und dem irdischen Bereich hält. Die Ägypter benutzten ihn in ihren Amuletten und glaubten, daß er mystische Kräfte habe. Er ist ein sehr guter Meditationsstein; man kann ihn in der Tasche halten und reiben. Mit dem Nephrit, der auch größerem Druck standhält als Stahl, streitet der Jadestein um die Ehre, der härteste Edelstein zu sein. In alter Zeit wurden Speerspitzen, Äxte und Messer aus Jade gemacht. Die Mayas haben ganze Szenenfolgen aus dem Stein herausgeschnitten. Sie wurden neben den Tempelruinen ausgegraben. Die spanischen Eroberer beobachteten, daß die Mexikaner Jade und Nephrit als Heilmittel für Nierenkrankheiten verwendeten. Man sagt, daß Jade das Leben verlängert, bei Geburten hilft, Unfälle verhütet und für eine große Familie sorgt. Die kaiserliche Jade in China ist smaragdgrün, strahlend und vollkommen. Die letzte Kaiserin von China hatte 3 000 Elfenbeinschränke gefüllt mit Jade.

Der ***Sugelit*** (auch als Luwulit bekannt) hat eine tiefpurpurne Farbe, viel tiefer als Amethyst oder Fluorit, so daß der Schluß naheliegt, der Stein helfe, die Energie des dritten Auges oder sechsten Chakras zu erden. Er eignet sich hervorragend für übersensible Seelen, welche die Schwingungen anderer und die negativen planetaren Energien aufsaugen. Er ist ein sehr guter Stein für die

Meditation und Rituale und kann auf das Lymphsystem reinigend einwirken, wenn er in der Leistengegend oder in die Nähe der Lymphdrüsen aufgelegt wird. Sugelit kommt derzeit noch nicht sehr häufig vor, aber das kann sich in dem Maße ändern, in dem wir bereit sind, den Stein zu nutzen.

Die ***Koralle*** wird auch vom Mars regiert wegen ihrer roten Farbe. Sie wächst in Riffen auf warmem Meeresboden in Polynesien, vor der japanischen Küste und im Mittelmeerraum. Häufig wird aus Korallen Schmuck gemacht. Wenn die Koralle blaß wird, ist das ein Hinweis darauf, daß der Träger anämisch oder schwach ist. Koralle ist ein blutkräftigendes Mittel, regt die Herztätigkeit an und ist ein Heilmittel gegen Melancholie. Es erhöht die Schwingungen und macht empfänglicher für kreative Kräfte.

Pluto

Edelsteine, die vom Planeten Pluto regiert sind, helfen alte Energiemuster zu verwandeln und Gefühlszustände aufzulösen.

Der ***Rauchquarz*** enthält von allen dunklen Steinen die größte Lichtmenge. Er kann die Energie vom höchsten bis zum untersten Chakra lenken und im körperlichen Bereich erden. Er hilft auch, die Energie vom Herzchakra zum Wurzelchakra zu leiten. Er ist wohltuend für alle, die müde, deprimiert und verunsichert über ihre Rolle in der Welt oder sogar selbstmordgefährdet sind. Rauchquarz hilft, Körpergifte, die irgendwie mit dem Ausscheidungsvorgang entstehen, aufzulösen. Er wirkt also reinigend, sowohl im physischen als auch im psychischen Bereich.

Der ***schwarze Obsidian*** zieht die höheren Kräfte in den Körper, wo sie auf körperliche Weise aktiv genutzt werden können. Er ist auch wie ein Spiegel, der die Schwächen in der eigenen Natur aufdeckt und Ängste, Unsicherheiten und egozentrisches Verhalten durch ein Vergrößerungsglas betrachten läßt. Er bringt diese »dunklen« Stellen ans Licht. In diesem Sinne steht er für alle höheren Energien, die mit der Farbe Schwarz verbunden sind. Wie die Farbe, welche nur die fortgeschrittenen Kandidaten der Mysterienschulen trugen, zeigt, symbolisiert Schwarz die Beherrschung des körperlichen Bereichs.(Im Kampfsport stellt der schwarze Gürtel die letzte Stufe der Meisterschaft dar und bedeutet, daß sein Träger imstande ist, die Chi-Energie zu erden. Kugeln aus schwarzem Obsidian sind machtvolle Meditationshilfen. Bei der Kristalltherapie werden schwarze Obsidiane auf die Leisten oder den Nabel gelegt, um die höheren Energien im Körper zu gründen.

Der ***Gagat*** ist sehr weich und kann leicht zu Schmuck verarbeitet werden, zum Beispiel zu Amuletten gegen Depression und Angstzustände und zum Schutz gegen Stürme. In Pulverform wurde er mit Bienenwachs gemischt und zu einer Salbe gegen Geschwüre verarbeitet. Er wurde auch mit Wasser vermischt und gegen Zahnschmerzen eingesetzt. Das Pulver wurde verbrannt. Der Rauch diente der Abwehr von Pest und Fieberkrankheiten sowie zur Räucherung. Auch gegen Epilepsie und Hysterie wurde der Rauch eingesetzt.

Die ***Perle*** ist ein Pluto-Edelstein in dem Sinne, daß sie der Störung eines Organismus, der zu seinem Schutz diese Substanz ausscheidet, ihre Existenz verdankt. Die Schönheit verdankt sie also der Überwindung von Leid. Perlen sind verwendet worden, um die Fruchtbarkeit zu steigern. In alten toltekischen und aztekischen Gräbern und in ägyptischen Mumienschreinen wurden sie gefunden. Im Orient trinkt man eine aus Perlen gemachte Tinktur, während man in Trauer ist.

Blütenheilmittel und Sternzeichen

6

Blütenessenzen sind ein fester Bestandteil der neuen Medizin oder der Schwingungstherapie, die darauf abzielt, den feinstofflichen Bereich so ins Gleichgewicht zu bringen, daß sich auf der körperlichen Ebene gar keine Symptome festsetzen können. Wenn die höheren geistigen und emotionalen Fahrzeuge im Gleichgewicht sind, dann können die Faktoren, die im körperlichen Bereich eine Störung hervorrufen könnten, gar nicht erst wirksam werden.

Die Blütenmittel sind destillierte (Wesens)-Auszüge aus bestimmten Blumen in einer Wasserlösung, der aus Konservierungsgründen etwas Alkohol zugesetzt ist. Die Blütenblätter dieser Blumen werden gesammelt, in Wasser gelegt und dem Sonnenlicht ausgesetzt, wodurch die "Aura" oder Quintessenz der Pflanze vom Wasser aufgesogen wird. Diese Flüssigkeit wird dann mit Alkohol konserviert und dient als "Mutter" für alle weiteren Abfüllungen. Die Mittel können dann innerlich tröpfchenweise genommen oder ins Bad gegeben werden, wo sie den ganzen Körper durchdringen. Häufig werden mehrere Essenzen zusammen verwendet, weil sie gut miteinander wirken, wenn verschiedene Gemütszustände gegeneinander ausgeglichen werden müssen.

Blütenessenzen enthalten die ätherische Energie der Pflanze und dringen zuerst in den Blutkreislauf und dann in das Nervensystem ein. Oft wirken sie besser bei Menschen, deren Körper schon durch Fasten oder reine Ernährung gesäubert ist. Menschen, deren Körper- und Gemütszustand ausgeglichen ist, können anstelle von Vitamin- und Mineraltabletten ersatzweise bestimmte Kombinationen von Blütenessenzen nehmen. Wenn die höheren Bereiche nämlich im Gleichgewicht sind, ist der körperliche Bereich von selber viel ausgeglichener als sonst. Viele sensible Menschen können ihre Nährstoffe beim Einatmen der Luft und mit ganz einfachen reinen Nahrungsmitteln aufnehmen. Im Lauf unserer Höherentwicklung benötigen wir auf der grobstofflichen Körperebene immer weniger Nährstoffe dafür aber immer mehr auf der ätherischen Ebene. Die Umwandlung dieser feinstofflichen Substanzen in Nährstoffe für den Körper war eines der Wissensgebiete der Alchemisten.

Es gibt verschiedene Möglichkeiten herauszufinden, welche Essenzen zu einem bestimmten Zeitpunkt für eine bestimmte Person am ehesten geeignet sind. Man sollte sich auf jeden Fall mit einem erfahrenen Blütentherapeuten darüber unterhalten. Das erste Gespräch sollte die komplette Gesundheitsgeschichte des Patienten enthalten und zwar sowohl den körperlichen als auch den emotionellen Bereich umfassen. Die Information muß sich auf die Ernährungsgewohnheiten, den Konsum von Medizin, Vitamin- und Mineralzusätze und auf alle anderen Behandlungsformen erstrekken.

Das astrologische Horoskop ist äußerst hilfreich bei der Erfassung von Persönlichkeitsmerkmalen. Progressionen und Transite zeigen den Zyklus an, durch den man gerade hindurchgeht, geben Hinweise auf mögliche Ungleichgewichte körperlicher oder emotionaler Art, die in solchen Zeiten auftreten können. Da die Blütenessenzen auf emotionale Zustände einwirken, ist es möglich, eine Analyse des Horoskops vorzunehmen und daraufhin die verschiedenen Gefühlszustände mit den Sternzeichen und Planeten zu korrelieren und eine Liste davon anzufertigen.

Emotionelle Dispositionen, die man dem Horoskop entnehmen kann

Ängstlichkeit und Sorge - Schauen Sie sich Merkur und Uranus an. Sind sie mehrfach hart aspektiert? Stehen die Zeichen Jungfrau und Zwillinge an exponierter Stelle? Stehen viele Planeten in diesen Zeichen? Wie sind sie aspektiert?

Angst - Prüfen sie Saturn und Uranus und ihre Aspekte. Das Sternzeichen, in dem Saturn sich befindet, gibt häufig den Schlüssel zu den Ängsten. Nicht wenige Menschen, bei denen Saturn sich im Skorpion befindet, haben Angst unterzugehen und schwimmen deshalb nicht. Es gibt dafür viele Ursachen, inklusive Kindheitstraumen und Unfälle in vergangenen Leben, aber die Angst bleibt.

Liebe und die Fähigkeit, sie auszudrücken - Schauen Sie auf die Venus: Venus/Mars-Aspekte, Venus/Saturn-Aspekte und Venus-Pluto-Aspekte. Menschen, bei denen Venus zu Mars oder Saturn hart gestellt ist, tun sich schwer, ihre Gefühle auszudrücken. Bei harten Aspekten zu Pluto empfiehlt es sich, diese Gefühle in eine andere Ausdrucksform umzuwandeln.

Wut - Prüfen Sie Ihren Mars: Sternzeichen, Haus und Aspekte. Mars im zwölften Haus tut sich schwer, Ärger auszudrücken. Dasselbe gilt für Mars in den Sternbildern Fische oder Krebs. Wenn er zu Saturn hart gestellt ist, gilt das gleiche. Bei harten Aspekten mit Pluto kommt es leicht zu plötzlichen Explosionen und einem gewalttätigen Temperamentsausbruch.

Eifersucht - Prüfen Sie Ihre Planetenstellungen zur Skorpion-Sonne, Mond, Venus und Aszendent. Wenn der Mond oder die Venus zu Mars oder Pluto hart gestellt sind, kann es eine Neigung zur Eifersucht geben.

Uninteressiert - Häufig deuten mehrere Planeten im Wassermann, ein Wassermann-Mond (besonders, wenn er zu Saturn aspektiert ist) oder ein Wassermann-Aszendent auf eine Person, deren Gefühlsleben unbeteiligt oder uninteressiert erscheint.

Überempfindlich - Wenn bei der Elementenanalyse Wasser überwiegt, ein im Winkel stehender Mond oder Neptun und harte Aspekte zwischen Mond und Neptun sorgen für Überempfindlichkeit gegenüber anderen oder der Umgebung.

"Spaced out" oder haltlos - Ein solcher Eindruck entsteht leicht bei Menschen, bei denen das Sternbild Fische betont ist, die Planeten im zwölften Haus haben, oder bei denen Neptun mit dem Mond oder dem Aszendenten hart gestellt ist.

An alten Verhaltensmustern festhaltend - Viele fixe Zeichen, mehrere Planeten im Steinbock oder ein erhöhter Saturn sind Voraussetzungen für Versteinerungen im Gefühlsleben.

Es gibt noch weitere Methoden zum Auswählen der passenden Blütenessenzen, zum Beispiel Radiesthesie (die Verwendung eines Pendels), die mit Hilfe elektromagnetischer Schwingungen funktioniert oder angewandte Kinesiologie oder Muskeltest. Wenn das Pendel benutzt wird, dann stellt man die Mittel zum Testen vor sich auf oder gibt sie in der Hand des Patienten. Beim Muskeltest hält der Patient jedes einzelne in Frage kommende Mittel, um zu festzustellen, welches ihm Kraft zufließen läßt. Auch Kombinationen von Mitteln sollten auf diese Weise getestet werden.

Es gibt verschiedene Arten von Blütenmitteln. Am besten bekannt sind die Bach-Blütenessenzen, die von Dr. Edward Bach entwickelt worden sind, einem englischen Arzt, der als erster zeigte, wie die Blütenessenzen wilder Blumen als Heilmittel verwendet werden können. Doktor Bach durchstreifte entlegenere Teile der englischen Landschaft und beobachtete die verschiedenen Blumen: ihre Farben, Aromen, Standorte und Blütezeit. Er experimentierte dann mit ihnen und entdeckte, daß die destillierte Essenz dieser Pflanzen auf verschiedene Gemütszustände bei seinen Patienten einen ausgleichenden Einfluß hatte und daß er auf diese Weise verhindern konnte, daß sich im Körper Krankheiten einnisteten. Bach stellte 38 Essenzen zusammen, die einzeln oder kombiniert verwendet werden.

In den siebziger Jahren hat in den Vereinigten Staaten der in vielen verschiedenen Heilmethoden ausgebildete Therapeut Richard Katz mit Blütenessenzen zu arbeiten begonnen. Er hatte entdeckt, daß es in den Bergen von Nord-Kalifornien sehr viele Pflanzen und Blumen mit hervorragenden Heileigenschaften gab. Später hat er seine Forschung auf die ganze Welt ausgedehnt. Viele Essenzen der *Flower Essence Society* (FES), die er mit seiner Frau Patricia Kaminski zusammen gegründet hat, wurden in Hawaii, Australien und verschiedenen europäischen Ländern, in die sie reisten, entwickelt. Derzeit gibt es drei FES-Grundausstattungen und zusätzlich einen Forschungs-Satz.

Es gibt auch andere bekannte Blütenessenzen, die im Gebinde angeboten werden, zum Beispiel die von einem Heiler namens Gurudas in Boulder Colorado entwickelten, unter dem Markenzeichen Pegasus-Products angeboten werden. Gurudas hat ein Buch geschrieben, in dem viele dieser neuen Essenzen beschrieben werden (Flower Essences and Vibrational Healing).

Für dieses Kapitel habe ich diejenigen Essenzen ausgewählt, mit denen ich selber am besten vertraut bin. Dazu gehört der Bach-Kanon und viele aus der FES. Im Anhang findet sich eine Liste von verschiedenen Blütenessenzen.

Ich habe versucht, mit Hilfe der zwölf Tierkreiszeichen eine Gruppierung der Essenzen zu finden, weil jedes Tierkreiszeichen für ein archetypisches Energiemuster steht. Unter jedem Zeichen finden sich Essenzen, die als natürliches Gegengewicht zu den jeweiligen Eigenschaften der zwölf Tierkreiszeichen eingesetzt werden können, und andere, die bestimmte Fähigkeiten unterstützen können. So kann zum Beispiel unter dem Widder-Zeichen das *Impatiens* bestimmte feurige, hitzköpfige Tendenzen beruhigen, während die *Indian Paintbrush* oder der *Cayenne* die vitalen und feurigen Kräfte anregt. Bei jeder Essenz werden bestimmte Aspekte - Aspektmuster und Transite benannt, die es dem Astrologen erleichtern, passende Mittel auszuwählen. Transite beziehen sich auf die harten Aspekte.

Widder

Widder tendieren dazu, ungeduldig, impulsiv, starrköpfig, egozentrisch und auch selbstsüchtig zu sein. Sie müssen lernen, auch für die Bedürfnisse anderer offen zu sein und ebenso, einmal begonnene Vorhaben auch durchzuführen und abzuschließen. Andererseits sind sie unabhängig, können hervorragend neue Projekte in Szene setzen und stecken voller vitaler schöpferischer Energie.

Bach-Mittel

Impatiens, Springkraut, bringt eine ruhige, geduldige Qualität ins Spiel, entspannt die Muskeln und dadurch zugleich die Verspannung im Kopf und erzeugt eine Stimmung von Freundlichkeit und Sympathie den andern gegenüber. Es eignet sich für Personen, die einen harten Aspekt zwischen Mars und Merkur im Horoskop haben und bei denen Saturn im Widder steht.

Heather, Heidekraut, setzt bei der egozentrischen Neigung der Widder-Persönlichkeiten an, selber im Zentrum ihres Interesses stehen zu wollen. Es trägt dazu bei, Verständnis, Selbstlosigkeit und die Bereitschaft, anderen zu helfen zu entwickeln und eigent sich für Leute, die mehrere Planeten oder das erste Haus im Widder haben.

Vine, Weinrebe, ist ein gutes Mittel für Leute, die gerne dominieren. Sie bringt das Mitgefühl heraus und mildert die Aggressivität. Dieses Mittel paßt gut bei Mars/Sonne-Konjunktionen oder bei Mars in einem Eckhaus.

FES-Mittel

Scarlet Monkeyflower, rote Gauklerblume, arbeitet an Angstgefühlen, die ihrer Natur nach Marscharakter haben. Sie hilft Menschen, die ihre Ängste und Aggressionen unterdrücken. Sie hilft auch solchen Menschen, denen eine gewisse Vitalität oder Marsenergie fehlt, was damit zusammenhängen kann, daß sie ihre stärkeren Gefühle zurückhalten. Es ist ein gutes Mittel für Personen, bei denen zwischen Mars und Saturn oder Neptun harte Aspekte sind und eventuell auch für diejenigen, die harte Aspekte zwischen Mars und Pluto haben.

Indian Paintbrush, mit ihrer strahlend roten Farbe am Rande der den Blüten am nächsten stehenden Blätter rüttelt wach und spendet Vitalität. Diese Essenz hilft, die eigene Kreativität und künstlerische Ausdrucksfähigkeit mit der vitalen Lebenskraft zu verbinden. Sie hilft, Frustration und Stagnation im kreativen Bereich zu überwinden und die vitalen Kräfte wachzurütteln. Sie ist ein gutes Mittel für Leute, die zwischen Sonne und Mars oder Saturn harte Aspekte haben oder Mars/Saturn oder Mars/Neptun-Aspekte.

Trumpet Vine, Klettertrompete, hat die Form einer Trompete und rot-orange Blüten. Sie fördert eine gewisse Vitalität und Kraft bei der Kommunikation zutage und hilft deshalb denen, die mehr emotionale Kraft in ihre Stimme legen sollten. Sie tut denen gut, die zwischen Mond und Saturn harte Aspekte haben, zwischen Merkur und Saturn und zwischen Mars/Saturn/Mond; Mars/Saturn/Merkur und Venus/Saturn/Mars.

Cayenne ist eine Pflanze, die den Kreislauf anregt. Als Blütenessenz ist sie ein Katalysator für apathische, phlegmatische oder sonst in irgend einer Weise blockierte Menschen. Sie feuert die Willenskraft an und hilft denen, die zwischen Mars und Saturn oder Neptun oder der Sonne und zwischen Saturn und Sonne harte Aspekte haben.

Tiger Lily, Tigerlilie, verwandelt Feindseligkeit und Aggressivität in positive Handlungsweisen zum Wohl der andern. Es ist ein Heilmittel, das häufig von Geschäftsleuten benützt wird, die ihre Wettbewerbs-Energie abmildern wollen. Auch viele Frauen, die sich in Übergangsphasen wie dem Klimakterium befinden, mildern damit ihre weibliche Energie. Die Tigerilie ist eine Blume, die mit dem Weiblichen eng verbunden ist. In der Homöopathie wird sie zur Heilung der weiblichen Organe herangezogen. *Tigerlily* ist gut für Personen, bei denen Mond und Mars im harten Aspekt zueinander stehen, oder bei denen Planeten, die sich im Widder oder Krebs befinden, zueinander hart aspektiert sind.

Stier

Stiere neigen zu einer gewissen Starrheit in ihren Gefühlsstrukturen. Sie halten an Besitz fest und sind häufig allzu stark in materiellen Belangen verhaftet. Sie sind oft faul und haben Probleme mit ihrem Stoffwechsel. Der Venus-Einfluß macht sie dazu noch launisch. In ausgeglichenem Zustand ist der Stier warmherzig, liebevoll, sinnlich, hat starke künstlerische Fähigkeiten, kann mit Pflanzen- und Erdenergie arbeiten und Probleme mit praktischem Verstand angehen.

Bach-Mittel

Chesnut Bud, Kastanienknospe, eignet sich für Menschen, die immer im gleichen Muster stecken bleiben und die gleiche Lektion immer wieder lernen müssen. Von ihren Erfahrungen scheinen sie wenig zu lernen und sie versuchen, die Vergangenheit zu vergessen. Das Mittel ist gut, wenn sich mehrere Planeten im Stier befinden oder wenn Saturn stark ausgeprägt ist.

Chicory, Zichorie, hilft blockierte Gefühle zu lösen, Besitzansprüche auf andere Menschen zu entkrampfen und selbstlose Liebe zu entfalten. Besonders angezeigt ist sie, wenn Venus und Saturn oder Venus und Mars harte Aspekte bilden.

FESMittel

Iris, Iris, ist eine zutiefst von Venus dominierte Blume. Sie hat ihren Namen von der griechischen Regenbogengöttin, Hüterin der Liebe, die zwischen Himmel und Erde fließt. *Iris* kann blockierten kreativen Energien zum Ausdruck verhelfen und die höhere oder göttliche Natur der Liebe sichtbar machen. Für Personen, bei denen es harte Aspekte zwischen Venus und Neptun oder Pluto gibt, ist sie sehr geeignet.

Bleeding Heart, Flammendes Herz, hat herzförmige Blüten und ist für den Gefühlsschmerz bei "gebrochenen Herzen" zuständig. Es führt zu Klarheit in den Gefühlen und zu Selbstkontrolle, kann benutzt werden, wenn ein geliebter Mensch stirbt oder scheidet oder in einer Beziehung, in der persönliche Gefühle zu einem Hemmnis geworden sind und mehr Loslösung nötig ist. Es ist besonders bei Uranus-Transiten zu Mond oder Venus hilfreich.

California Wild Rose, Kalif. Zaunrose, wird, ebenso wie die anderen Rosen, mit dem Herzen und der Venus assoziiert. Sie hat prachtvolle Farben und einen wunderbaren Duft aber auch Dornen als Zeichen dafür, daß der Erfahrung der tiefsten Ebenen der Liebe eine Umwandlung vorausgehen muß. Sie hat auch Herzform und vollzieht - wie das Herz - die Doppelbewegung des Zusammenziehens und Ausdehnens: ihre Knospe schließt sich ganz fest zusammen, bevor sie sich zur Blüte öffnet. Die Essenz hilft denen, die einen festeren Zugriff auf das Leben brauchen, um Enthusiasmus und Fürsorglichkeit zu entwickeln und dabei ihre Gleichgültigkeit, Apathie und ihre Fluchttendenzen überwinden müssen. Es ist eine wohltuende Essenz, die sehr gut als Balsam fürs Herz verwendet werden kann. Besonders für Personen, die harte Aspekte zwischen Venus und Saturn und Mond und Saturn haben, ist dieses Mittel geeignet.

Tansy, Rainfarn, blüht ziemlich lange. Sein Name ist dem griechischen "athanaton" entlehnt, was so viel heißt wie unsterblich. Er hilft denen, die zur Faulheit tendieren und ihre Trägheit überwinden müssen, um auf ihrem speziellen Weg weiterzukommen und ganz besonders denen, in deren Horoskop der Mond oder mehrere andere Planeten im Stier stehen.

Hound's-Tongue ist eine kräftige Pflanze, die oft unterstützend beim Abnehmen eingesetzt wird. Menschen, deren Körper übermäßig erdenschwer ist, können die Pflanze gut gebrauchen. Personen mit einem Stieraszendenten, Sonne, Mond oder mehreren Planeten im Stier, finden diese Essenz vermutlich sehr nützlich.

Zwillinge

Zwillinge neigen dazu, ihre Energien zu zerstreuen, lassen sich auf zuviele Projekte ein und leben zu kopfbetont. Sie müssen lernen zu fokussieren und ihre Energien zu erden. Positiv wirkt sich bei den Zwillingen die Fähigkeit aus, ihre vielen Talente einzusetzen: ihre Fähigkeit zu schreiben, zu reden und zu lehren ihre Rolle als Verbindungsmann oder -frau und »Netzwerker«.

Bach-Mittel

White Chesnut, Weiße Kastanie, beruhigt, klärt den Kopf und befreit ihn von der unaufhörlichen Zusammenballung ungebetener Gedanken. Besonders, wenn Merkur in den veränderlichen Zeichen steht oder zu Uranus, Mars, Mond oder Jupiter harte Aspekte bildet.

Hornbeam, Hainbuche, wirkt besänftigend auf geistige und körperliche Erschöpfung, die daher kommt, daß die Gedanken sich zu ausgiebig mit sich selbst beschäftigen. Sie ist besonders geeignet für Personen, die mehrere Planeten in den Zwillingen haben oder bei denen es zwischen Merkur und Mond oder Mars harte Aspekte gibt.

Mimulus, Gauklerblume, arbeitet Ängste und Furchtsamkeit und Zweifel auf, wenn deren Ursprung bekannt ist. Sie hilft, Experimente im Leben zu verstehen und mit ihnen umzugehen und Mut und Gleichmut im Angesicht von Schwierigkeiten zu entwickeln. Sie hilft besonders denen, bei denen Merkur zu Pluto oder Neptun einen harten Aspekt bildet.

FES-Mittel

Morning Glory, Trichter-Prunkwinde, trägt dazu bei, das Nervensystem im Gleichgewicht zu halten. Sie tut gut bei Rastlosigkeit, Überaktivität und Nervosität. Auch in Fällen von Schlaflosigkeit hat sie sich als hilfreich erwiesen. *Morning Glory* ist besonders für die Personen gut, die harte Merkur/Uranus-, Mars/Uranus- oder Jupiter/Uranus-Aspekte haben, wo Uranus im Eckhaus steht oder bei Uranus-Transiten.

Madia ist gut zur Zentrierung und Fokusbildung. Wer schnell abgelenkt wird oder wer sich für eine Arbeit blitzschnell auf einen Punkt konzentrieren muß, kann sie sehr gut brauchen. Zu empfehlen ist sie besonders bei harten Aspekten zwischen Merkur/Saturn und Merkur/Jupiter.

Shasta Daisy, Rießenmaßliebchen, ist ebenso wie *Madia* ein Mitglied der Korbblütler/Sonnenblumen-Familie und arbeitet nach dem Prinzip von Integration und Synthese. Sie hilft, Informationen aus den verschiedensten Quellen zusammenzutragen und im Hinblick auf einen ganz bestimmten Zweck zu kombinieren. Im allgemeinen nützt sie während Saturn- oder Uranus-Transiten zu Merkur.

Blackberry, Brombeere, macht uns auf den eigenen Denkvorgang aufmerksam und hilft uns, ihn so zu steuern, daß wir nicht immer wieder von einem verschlungenen Durcheinander, wie der Brombeerhecke, überwältigt werden. Sie hilft uns, intellektuelle Verwirrungen aufzulösen und vom Abstrakten zum Konkreten eine Brücke zu schlagen. Die Brombeere ist besonders gut bei harten Aspekten zwischen Merkur und Neptun, Merkur und Uranus und manchmal auch Merkur und Jupiter. *Blackberry* hilft auch, wenn mehrere Planeten in den Zwillingen oder im Schützen stehen.

Rabbitbrush, Goldaster, hilft Menschen, die mit komplexen Situationen umgehen müssen und dazu eine rasche Intelligenz und messerscharfe Wachheit brauchen, um kein Detail zu übersehen. Sie hilft auch, Details in ein Gesamtbild einzupassen. Bei Uranus- und Neptun-Transiten zu Merkur ist sie besonders nützlich.

Lavender, Lavendel, hält das Nervensystem im Gleichgewicht, besonders bei sehr empfindsamen oder sehr angespannten Menschen. Solche Leute tun sich oft schwer, die Brücke zwischen der Gedankenwelt und der Welt der irdischen Belange zu schlagen. *Lavender* ist ein gutes Mittel für Menschen, mit harten Aspekten zwischen Merkur zu Uranus oder Neptun oder während Trasiten von Uranus und Neptun zu Merkur.

Yerba Santa, Yerba Santa, wirkt Zuständen entgegen, die durch Wasserüberschuß gekennzeichnet sind, wie gestauer Schleim in den

Bronchien. Sie hat eine trocknende Qualität und läßt die Luft wieder frei in die Lunge strömen. Sie lindert emotionale Traumas und löst tiefsitzende Schmerzen. Sie hilft bei melancholischer Veranlagung und sinkendem Mut als Vorbote von Depressionen und ist deshalb besonders Personen zu empfehlen, die harte Aspekte zwischen Merkur und Saturn oder Merkur und Pluto haben.

Krebs

Krebse neigen zum Selbstschutz, indem sie sich in ihre Schale zurückziehen. Sie hängen sich an die Vergangenheit und an alte emotionale Bindungen und sind übermäßig empfindsam. Ein ausgeglichener Krebs ist warm, nährend, liebevoll und offen für die Bedürfnisse von anderen.

Bach-Mittel

Chicory, Zichorie, unterstützt den Versuch, alte Gefühle loszulassen und selbstloses Mitgefühl zu entwickeln. Besonders geeignet ist Zichorie für Personen, bei denen zwischen folgenden Planeten harte Aspekte vorkommen: Mond und Saturn, Mond und Pluto, Venus und Saturn sowie Venus und Pluto.

Honeysuckle, Geißblatt, wirkt der Nostalgie entgegen, dem Leben in der Vergangenheit und dem Festhalten an alten Gefühlen und Emotionen. Wenn harte Aspekte zwischen Mond und Saturn oder Pluto bestehen, ist *Honeysuckle* besonders angebracht.

Larch, Lärche, ist ein in Mitteleuropa heimischer, sehr robuster Nadelholz-Baum, der häufig als Schutz für weniger kräftige Bäume steht. »Lärchen«essenz hilft gegen mangelndes Selbstvertrauenen und Versagensängste. Wer sich im Gleichgewicht befindet, ist bereit, Risiken auf sich zu nehmen und läßt nicht so leicht entmutigen. *Larch* ist ein gutes Heilmittel bei harten Aspekten zwischen Mond und Saturn und bei Saturn-Transiten zum Mond.

Centaury, das Tausendgüldenkraut, ist ein gutes Heilmittel für alle diejenigen, die sich allzu leicht dem Willen anderer beugen. Diese Menschen müssen lernen, für sich selber zu stehen und unabhängiger und abenteuerlustiger zu sein. Sie lassen sich auch allzu leicht ihre Energie aussaugen. Wenn sie sich in ihrer Mitte befinden, sind sie bereit zu dienen, ohne dabei ihre Individualität einzubüßen. Auf ausgeprägte Krebse und solche, deren Mond in einem Eckfeld steht oder deren Mond einen harten Aspekt zu Neptun bidlet, hat das Mittel eine sehr wohltuende Wirkung.

Red Chesnut, Rote Kastanie, hilft, Ängstlichkeiten und Sorgen zu überwinden, die man sich über die anderen um einen herum macht, ob sie nun krank sind oder man sich sonstwie um sie kümmert. Dieses Mittel befähigt uns, heilende Gedanken und Wünsche auszusenden und dabei selber auch im Notfall ruhig und zentriert zu bleiben. *Red Chesnut* ist besonders für diejenigen gut, bei denen Mond und Merkur harte Aspekte zueinander bilden, oder wenn harte Aspektkombinationen von Mond/Merkur/Pluto oder Mond/Merkur/Mars bestehen.

FES-Mittel

Chamomile, die Kamille ist in Zeiten emotionaler Unruhen und Ängste sehr hilfreich. (Die deutsche Kamille heißt lateinisch Matricaria chamomilla, was soviel heißt wie "Bemutternde"). Es ist eine pflegende Essenz, die in Zeiten von Streß einen etwas objektiveren Blick auf die Emotionen zuläßt. Sie ist sehr gut für Kinder, erst recht, wenn sie Verdauungsschwierigkeiten haben. Kamille empfiehlt sich bei harten Aspekten zwischen Uranus und Mars sowie Mars und Mond, und bei Uranus-Transiten zum Mond.

Buttercup, Butterblume, ist eine gutes Heilmittel für alle scheuen und in sich zurückgezogenen Menschen, die etwas Aufmunterung benötigen, damit sie ihr Licht nicht unter den Scheffel stellen. So wie die kleine Butterblume ihr Licht den anderen Blumen mitteilt, so verbreitet eine Person, die kleine Kinder großzieht oder einen Garten bestellt, Licht und sollte wissen, daß ihre Tätigkeit äußerst bedeutungsvoll ist. Besonders Menschen mit einem sehr ausgeprägten Krebseinfluß in ihrem Horoskop oder mit dem Mond in einem Eckhaus oder mit harten Aspekten zwischen Mond und Saturn oder zwischen Mond und Sonne, können die Butterblume sehr gut brauchen.

Golden Eardrops arbeiten an Kindheitserinnerungen und an den früh geprägten Erfahrungsmustern des Gefühlsleben. Oft werden die alten Erinnerungen mit Hilfe dieser Essenz ins Bewußtsein gerufen, weshalb sie auch häufig "*golden Teardrops*" genannt wurden. Die Tränen sind oft ein Mittel der Befreiung für eingeschlossene Erinnerungen. Das Mittel eignet sich sehr gut bei Transiten von Saturn, Uranus, Neptun und Pluto zum Mond.

Pomegranate, Granatapfel, hat in der Geschichte eine besondere Bedeutung erlangt, weil er zum Symbol mütterlicher Liebe und Fürsorge geworden ist. In der Tarotkarte »Hohe Priesterin« wird er als Symbol der Weiblichkeit benutzt. Die Essenz arbeitet mit dem weiblichen Drang nach Kreativität und ihrer Integration in die äußere Welt. Sie kann Frauen helfen, die in der Spannung zwischen Mutterschaft und Karriere leben. Sie fördert die mütterlich-pflegerischen Kräfte zutage und ist ein gutes Mittel für Personen, bei denen harte Aspekte zwischen Mond und Saturn sowie Mond und Sonne vorliegen oder deren Mond im Steinbock oder in der Jungfrau steht.

Mariposa Lily, Mormonentulpe, hat, obwohl sie im rauhen Bergland wächst, sanfte und fürsorgliche Eigenschaften. Für Personen, die traumatische Erlebnisse mit ihren Eltern hatten, die sich ungeliebt und schlecht versorgt sehen, ist diese Essenz richtig. Sie macht empfänglich für Liebe und heilt Empfindungen von Entfremdung. Sie ist ein gutes Heilmittel für Kinder. Personen, bei denen Sonne und Mond oder Saturn und Mond harte Aspekte zueinander bilden, oder deren Mond im Steinbock steht, brauchen dieses Mittel recht häufig.

Pink Yarrow, Rosa Schafgarbe, ist ein heilsames Mittel für Menschen, die sich die Gefühle anderer zu sehr zu eigen machen (siehe auch Fische und die Beschreibung der Schafgarbe).

Löwe

Löwen können stolz, angeberisch, dominierend, unflexibel ehrgeizig und voll von ihren egoistischen Bedürfnissen sein. Auf der positiven Seite sind sie mutig, haben ausgeprägte Führungseigenschaften und ein warmes, offenes Herz.

Bach-Mittel

Vine, Weinrebe, hilft, auf angenehme Weise die echten Führungsqualitäten aus dem Löwen herauszuholen. Anstatt zu dominieren, gelingt es ihm dann, weise, verständnisvoll und voller Mitgefühl zu regieren oder zu lehren. Dieses Mittel wirkt gut, wenn die betreffende Person harte Aspekte zwischen Mars und Sonne hat, Mars in einem Eckhaus steht, harte Aspekte zwischen Mars und Pluto bestehen - besonders bei einer Konjunktion im Löwen.

FES-Mittel

Borage, Borretsch, weckt Humor und Leichtigkeit, aber auch Ruhe, stillen Mut. Borretsch enthält viel Magnesium, das mit dem Herzen assoziiert wird und deshalb auch mit dem Löwen. Es ist ein erhebendes Kraut, das im Herzen glücklich macht. Borretsch hilft, wenn Saturn oder Pluto harte Aspekte zur Sonne bilden oder Aspektkombination von Sonne/Saturn/Pluto, Mars/Saturn/Pluto oder Mars/Saturn/Sonne vorliegen.

Sunflower, Sonnenblume, wendet ihren Kopf der Sonne zu und folgt so dem Weg der Sonne am Himmel entlang. Für die Azteken und Inkas war die Sonnenblume der irdische Repräsentant der Sonnenenergie. Priester und Priesterinnen trugen Darstellungen und Nachbildungen der Sonnenblume während ihrer Zeremonien zur Verehrung der Sonne. Die Essenz dieser Blume richtet sich auf den Ausgleich zwischen dem Ego und der Spiritualität. Sie hilft, das Ego mit dem höheren Selbst in Einklang zu bringen. Sie hilft auch, die Kundalini-Energie aufzuwecken, damit sie, die Wirbelsäule entlang durch alle Energiezentren bis zum obersten Chakra aufsteigt. Sonnenblume ist ein sehr gutes Heilmittel für Transite von Pluto oder Neptun auf die Sonne oder von Pluto auf Mars oder Neptun. Die Sonnenblume blüht in der Zeit des Sternbilds Löwe.

Nasturtium, Kapuzinerkresse, ist auch eine Blume mit einem strahlend gelben Sonnenglanz. Sie gibt vitale Kräfte und ist deshalb auch ein beliebter Inhaltsstoff in Massageölen. Menschen, die übermäßig intellektuell veranlagt sind und zum Stubenhockertum neigen, bietet sie einen guten Ausgleich. Sie hilft besonders bei harten Aspekten zwischen Sonne und Saturn oder Mars und, wenn im Horoskop die Luftzeichen überwiegen.

Dandelion, Löwenzahn, stellt die Beziehung zwischen dem Körper und der kosmischen Energie her. Starke Spannungserscheinungen im Körper sind ein Hinweis auf Störungen und Erstarrungen im emotionalen Bereich. Diese Essenz hilft, sei es daß sie dem Massageöl beigemischt oder direkt auf den Körper aufgetragen wird, weil sie auf die Muskulatur einwirkt. Sie hilft besonders Personen, in deren Horoskop mehrere Planeten im Löwen stehen, bei denen Saturn im Löwen steht oder Saturn eine Konjunktion mit Sonne, Mond oder Aszendent bildet.

Jungfrau

Jungfrauen neigen, auf der Suche nach Vollkommenheit in sich selbst und anderen zu extremem Kritizismus und sind häufig allzusehr auf Reinigung und Sauberkeit fixiert. Auf der positiven Seite stehen Dienstbereitschaft, ein feiner Verstand mit großer Fähigkeit zu unterscheiden und ein gutes Verständnis von dem, was praktisch und sinnvoll ist.

Bach-Mittel

Beach, Rotbuche, gleicht die intoleranten, kritischen Neigungen der Jungfrau aus und fördert die verzeihenden, mitfühlenden Seiten des selbstlosen Dienens. Besonders hilfreich ist sie damit für diejenigen, die mehrere Planeten oder zumindest Saturn in der Jungfrau haben.

Crab Apple, Apfel, reinigt Körper und Geist. Die Essenz hilft, den Geist von trivialen Gedanken zu befreien und reinigt den Körper von allem äußeren Makel. Er legt auch den Blick auf das innere Chaos jenseits der körperlichen Mängel frei. Die Essenz ist besonders bei Pluto-Transiten zu empfehlen, vor allem bei Transiten zum Aszendenten, zu Sonne, Mond, Venus, Mars und Saturn.

Pine, Föhre, hilft denen, die unter Selbstbeschuldigung und Schuldgefühlen leiden. Es hilft ihnen, Verantwortung zu übernehmen und ihre Fähigkeiten mit der nötigen Bescheidenheit einzuschätzen. Die Essenz ist besonders hilfreich, wenn Saturn in der Jungfrau oder in den Fischen steht oder wenn mehrere Planeten in der Jungfrau oder in den Fischen stehen.

FES-Mittel

Dill, Dill, hilft Erfahrungen einzuarbeiten und psychische und intellektuelle Eindrücke zu verarbeiten. Er schafft einen inneren Ausgleich, wenn wir mit Eindrücken überfrachtet sind. Auf der physischen Ebene hilft er uns bei der Verdauung. Seine Blätter und Samen sind gut gegen Blähungen. Die Essenz empfiehlt sich bei stark erhöhten Merkur oder Uranus mit harten Aspekten zu Mond oder Mars.

Corn, Mais, ist unter dem Namen Zea mays bekannt. Die Gattung Zea gehört zu den zwanzig Mitgliedern der Familie der Gräser und ist von dem griechischen Wort für Getreide oder engl. “cereal” abgeleitet. Die Spezies mays ist dem indianischen Wort “maiz” entlehnt, das “allumfassende Mutter” heißt. Der Mais steht für die Freigiebigkeit der Erd-Mutter und für das Wohlwollen des Großen Geistes. Er steht daher auch sowohl für die Beziehung zwischen Himmel und Erde als auch für die Beziehung zwischen den Menschen. Die Maisessenz hilft, das Gleichgewicht zwischen Erde und Himmel, das soziale Gleichgewicht und das innere Gleichgewicht zu finden. Mais hilft, den fürsorglichen, dienenden, mütterlichen Gesichtspunkt zu stärken. Die Essenz ist besonders nützlich, wenn im Horoskop eine starke Jungfrau-Betonung vorliegt, wenn viele Planeten im sechsten Haus stehen, wenn Saturn sich in der Jungfrau oder im Krebs befindet.

Filaree ist für diejenigen gut, die sich in nebensächlichen Sorgen verlieren. Sie brauchen für ihr Schicksal weitherzigere Perspektiven und müssen ihre Ängste fahren lassen. Wer mehrere Planeten in der Jungfrau oder in den Zwillingen hat, und bei wem Mond und Merkur hart aspektiert sind, sollte diese Essenz probieren.

Waage

Waagen können unentschlossen sein und zuviel Kraft auf Beziehungen verwenden und dabei die individuellen Bedürfnisse vernachlässigen. Ihre positiven Eigenschaften sind: die Fähigkeit, Beziehungen aufrechtzuerhalten und dennoch genügend Zeit für sich selber zu haben, eine liebevolle, friedliche Natur und eine große Selbstverständlichkeit bei der Darstellung der eigenen Talente.

Bach-Mittel

Scleranthus, Knäuel, hilft denjenigen, die sich über ihre Pläne nicht klar werden können, die unter extremen Stimmungsschwankungen leiden und bei der Entscheidungsfindung Zeit verlieren. Dieses Mittel hilft, eine Haltung einzunehmen, ruhig und entschlossen zu sein und schnell zu handeln. Besonders nützlich ist es für diejenigen, bei denen Mond zu Neptun oder Merkur einen harten Aspekt bildet, mehrere Planeten sich in der Waage, in den Zwillingen oder Fischen befinden oder die eine sehr starke veränderliche Besetzung im Horoskop haben.

Agrimony, Odermenning, ermöglicht die Erfahrung tiefer innerer Selbstannahme, als Gegengewicht zu nach außen gerichteter Geselligkeit, und erlaubt, Gesellschaft nicht als Flucht aus den eigenen Sorgen aufzusuchen, sondern als eine aus innerem Frieden heraus gewonnene Bereitschaft, Erfahrungen zu teilen. *Agrimony* eignet sich besonders für diejenigen, die Saturn in der Waage haben oder bei denen Venus und Saturn hart aspektiert sind.

Cereato, Bleiwurz, hilft denen, die an ihren eigenen Fähigkeiten zweifeln. Sie neigen dazu, den Ratschlägen der andern zu folgen, auch wenn es ihren eigenen Einsichten zuwiderläuft. Diese Essenz stärkt die Fähigkeit, selber zu urteilen und dem eigenen Instinkt zu folgen. Besonders nützlich ist Bleiwurz bei Menschen, in deren Horoskop es harte Aspekte zwischen Mond und Saturn oder Neptun gibt, oder mehrere Planeten in den Fischen oder im zwölften Haus stehen.

FES-Mittel

Sweet Pea, Platterbse, harmonisiert soziale Beziehungen und erleichtert den Einstieg in Gruppen und Gemeinschaften. Sie wirkt als Katalysator, wenn es darum geht, Verantwortung für andere zu übernehmen oder Konflikte mit Familienmitgliedern oder Freunden auszutragen. Sie ist gut für diejenigen, die mehrere Planeten, vor allem Saturn, in der Waage haben, und in deren Horoskop Jupiter und Saturn harte Aspekte zueinander bilden.

Quaking Grass, Zittergras, ist sehr biegsam und gleichzeitig Teil einer Gruppe und nicht so vereinzelt wachsend wie andere Gräser. Deshalb fördert es auch die Gruppenharmonie und Kooperationsfähigkeit durch die Bereitschaft, die einzelnen Egos miteinander zu verschmelzen. Vor allem diejenigen profitieren davon, die Saturn in der Waage haben oder bei denen mehrere Planeten in Waage oder Widder stehen. Ebenfalls bei denjenigen, die harte Aspekte zwischen Venus und Saturn haben.

Penstemon, eine violette Bartfaden-Art, wächst in rauhen alpinen Landschaften auf der Schattenseite von Felsen und vermittelt den Eindruck von Überlebenskraft in einer schwierigen Umwelt. Menschen, die dazu neigen, sich bei auftretenden Schwierigkeiten aus Beziehungen zurückzuziehen und die eine gewisse Offenheit und Vertrauen brauchen, um sich durch ihre Probleme durchzuarbeiten, profitieren von diesem Mittel, besonders, wenn Venus und Saturn harte Aspekte miteinander bilden und bei Kombinationen von Mond/Saturn/Venus oder Mond/Saturn/Pluto oder Mond/Saturn/Mars.

Goldenrod, Goldrute, blüht in der Zeit, in der die Sonne in der Waage steht. Sie wird für Menschen empfohlen, die zwischen sich und den anderen Barrieren errichten oder Masken tragen. Sie müssen lernen, ihrem eigenen höheren Selbst treu zu sein und Beziehungen einzugehen. Das Mittel empfiehlt sich bei Personen, bei denen Venus zu Saturn oder Neptun harte Aspekte bildet, und bei denjenigen, deren Saturn in der Waage steht.

Red Clover, Roter Wiesenklee, arbeitet an der Harmonisierung des einzelnen Egos mit dem Gruppenego. Klee reinigt die Aura von Angst, Hysterie und Panik, die man von anderen aufnimmt. Angst und Panik können auch vom kollektiven Unbewußten kommen oder aus Veränderungen der Erde, die nichts Persönliches an sich haben. Wiesenklee schafft innere Ruhen und Frieden und die Fähigkeit, die Dinge klar zu beurteilen. Das Mittel eignet sich besonders für Menschen mit starker Planetenbesetzung der Waage oder bei Neptuntransiten.

Skorpion

Skorpione müssen ihre »verlangende« Natur auf eine höhere Schwingungsebene heben, ihre eigene spirituelle Mitte finden, alte Gefühlsmuster abbauen und ihre tiefsitzenden Ängste verstehen lernen. Skorpione, die gut eingestimmt sind, haben die Fähigkeit, ihre Gefühle ständig zu erneuern und auch anderen als Katalysator zum Abstreifen alter Gefühlsmuster zu dienen.

Bach-Mittel

Willow, Weide, hilft, heimliche Vorwürfe und Bitterkeit abzubauen und nicht die anderen oder irgendwelche widrigen Umstände für das eigene Mißgeschick verantwortlich zu machen. Sie versetzt einen in die Lage, optimistisch und vertrauensvoll an das Spiel des Lebens heranzugehen und die eigene Verantwortung dafür zu übernehmen. *Willow* eignet sich besonders für Personen, deren Pluto harte Aspekte zu Mond oder Mars bildet und bei Pluto-Transiten.

Holly, Stechpalme, verwandelt Haß, Neid und Eifersucht; Sie beschwichtigt die Angst, mißverstanden zu sein, Unsicherheit und Mißtrauen. Feindseligkeit wird aufgehoben und es entsteht Platz für eine liebevolle Beziehung, Toleranz nach außen und nach innen Glücksempfinden und Sicherheit. Bei bestimmten Pluto-Transiten, vor allem zu Venus, Mond und Mars, eignet sich das Mittel besonders.

Rockrose, Sonnenröschen, arbeitet an Schreck- und extremen Angst-Zuständen, wie zum Beispiel nach einem Unfall oder Gewalttätigkeit. Sie gibt einem ein tiefes Gefühl von Mut und die Bereitschaft, das eigene Leben für andere hinzugeben. Bei Pluto- und Uranus-Transiten sollte man dieses Mittel zur Hand haben.

FES-Mittel

Sagebrush, Wermut-Salbei, wird dazu verwendet, einen Platz zu reinigen, meistens durch Räuchern. Die Familie der Artemisia, zu der auch der Beifuß und der Wermut gehören, ist für ihre magischen, traumschaffenden Eigenschaften bekannt. Die Essenz hilft uns, unsere alten Verhaltensmuster abzuwerfen wie die Schalen der Zwiebel. Es ist ein besonders gutes Heilmittel bei Pluto-Transiten, wenn unsere Persönlichkeitsstruktur zahlreichen Veränderungen ausgesetzt ist. Kurzfristig ist es äußerst wirkungsvoll, um die Energie einer Person oder eines Platzes von Überfrachtungen freizumachen.

Sticky Monkeyflower, eine Gauklerblumen-Art, hat die Fähigkeit, die sexuelle Energie ins Gleichgewicht zu bringen. Für die einen bedeutet das eher ein sich Losreißen von Unterdrückung und von der Angst vor Intimität. Die anderen sind im Gegenteil zu sehr vom Sex besessen. Andere wieder müssen ihre kreativen Kräfte und ihre Lebensenergie freisetzen. Das Mittel eignet sich besonders für Personen, bei denen Pluto oder Saturn harte Aspekte zu Venus, Mars oder Mond bilden.

Fuchsia, entspannt und bringt Gefühlsstaus zur Auflösung. Viele Gefühlsmuster entspringen irgendwelchen in der Kindheit unterdrückten Gefühlen und bleiben so lange im Unbewußten vergraben, bis die Person in die Lage kommt, an den Vorfällen zu arbeiten, die das Verhalten ausgelöst haben. Oft passiert so etwas bei einem Pluto-Transit oder einem anderen Tranit auf die Geburts-Plutostellung oder Planeten, die im Skorpin stehen. *Fuchsia* kann als Katalysator diese alten Gefühlsschranken sehr gut überwinden helfen.

Basil, Basilikum, ist häufig mit Unglück, Fluch und Gift in Verbindung gebracht worden. Nicholas Culpeper hat es mit Mars und Skorpion assoziiert und bemerkt, daß es das Gift der Wespen und Hornissen herauszieht. Im Osten hat es auch als schützende Pflanze spirituelle Bedeutung erlangt. *Basil* umgreift die Extreme der Veränderung von Geburt und Tod; es ist schmerzendes Gift und heilende Nahrung. Seine Essenz arbeitet an der Verbindung von Spiritualität und Sexualität in den Beziehungen der Menschen untereinander. *Basil* hilft denen besonders, deren Venus harte Aspekte zu Mars oder Pluto bildet, oder bei denen Pluto Transit-Aspekte zu Mond, Venus oder zu Mars bildet.

Garlic, Knoblauch, hilft bei Angst und Unsicherheit, durch welche der Wille gelähmt und die Lebenskraft abgezogen wird. Knoblauch löst Unreines auf und reinigt den Menschen von diesen Empfindungen. Auf der körperlichen Ebene wirkt Knoblauch ebenfalls entgiftend und blutreinigend. Für Menschen mit harten Aspekten zwischen Pluto und Mars, Neptun oder Mond ist Knoblauch besonders gut.

Black-eyed Susan, Rauher Sonnenhut, besteht aus zwei wesentlichen Teilen: den langen, orange-gelben Blütenblättern und der schwarzen Scheibe in der Mitte. Dieser dunkle Ring wird dem

Innersten der Seele verglichen, in das die Essenz dieser Blume vordringt, um es mit dem Licht des Bewußtseins zu durchdringen. Das Mittel baut den spirituellen Mut auf, der nötig ist, um nach innen zu schauen und vergrabene Gefühle wie Ärger und Trauer aufzudecken. Es ist ein Heilmittel, das sich besonders bei Pluto-Transiten zu Mond, Aszendent, Venus, Mars oder Saturn bewährt.

Trillium, Drilling oder die Wachslilie, überwindet Geiz und Machtgelüste. Die rote Knospe streckt sich wie im Gebet zum Himmel. Das beweist ihre Fähigkeit, sich mit eigener Kraft aus dem dunklen Wald, in dem sie wächst, zum Licht zu recken. Ebenso hilft die Blütenessenz, die niederen Instinkte in Selbstlosigkeit zu verwandeln und persönliche Bedürfnisse fahren zu lassen. Das Mittel hilft besonders denjenigen, die einen stark gestellten Pluto oder Planeten im Skorpion haben, und bei Pluto-Transiten.

Schütze

Schützen neigen dazu, sich sehr auszubreiten und dabei greifen sie häufig in zu viele Richtungen auf einmal; sie schwelgen gerne in Essens- und Trinkensgewohnheiten und sind häufig dogmatisch in ihren philosophischen Haltungen. Im ausgeglichenen Zustand ist der Schütze optimistisch und ein lustiger Gesellschafter mit einem ausgeprägten Gerechtigkeitssinn und außerdem ein weiser und mitfühlender Lehrer.

Bach-Mittel

Vervain, Eisenkraut, eignet sich sehr gut zum Ausgleich extremer Energieausbrücke wie Streß, Anspannung und übermäßigem Enthusiasmus. Es hilft Menschen, die aufgrund ihrer Willenskraft jenseits ihrer Körperkräfte gehen. Es hilft auch denen, die äußerst starke Meinungen und Ideen vertreten und diese anderen aufzwingen wollen. Eisenkraut bringt Ruhe und Selbstgewißheit in das eigene Denken und Aufgeschlossenheit für die Ideen anderer.

Besonders eignet es sich für diejenigen, bei denen deren Jupiter zu Merkur, Uranus oder Mars harte Aspekte bildet.

Wild Oat, Wald-Trespe, hilft denjenigen, die ehrgeizig sind, aber nicht genau wissen, welchen Weg sie einschlagen sollten. Diese Menschen fühlen sich oft unzufrieden und mutlos. Die *Wild Oat* hilft ihnen, ihre ehrgeizigen Pläne zu verfolgen und sich nützlich und ausgefüllt zu fühlen. *Wild Oat* hilft denjenigen, bei denen sich viele Planeten in Zwillinge oder Schütze befinden oder die zwischen Merkur und Jupiter, Uranus und Jupiter und Merkur und Uranus harte Aspekte haben.

FES-Mittel

Mountain Pride, Schaftbaum, ist ein Bartfaden-Verwandter (siehe auch Waage), der unter rauhen Bedingungen aus dem Felsen wächst. *Mountain Pride* ist rot und stellt kriegerische Kraft und Entschlossenheit im Angesicht von Hindernissen zur Schau. Sie ist stolz wie der Schütze mit seinem Pfeil und Bogen. Personen, bei denen Saturn oder Neptun zu Jupiter oder Mars hart aspektiert sind, haben von diesem Mittel den größten Nutzen.

Larkspur, Rittersporn, ist mit seinen blau-violetten Blüten hell und von feiner Art. Sein botanischer Name Delphinium depauperatum enthält das Wort "Delphinium", "kleiner Delphin", weil seine Honigdrüse so geformt ist. Die Delphine galten immer als die Lehrer und Führer des Meeres, die Schiffen in Seenot halfen, in Sicherheit zu kommen. So symbolisiert *Larkspur* hohe Ideale wie Großzügigkeit und echte Führungsqualität. Die Essenz ist sehr hilfreich, wenn jemand mehrere Planeten im Schützen oder einen stark gestellten Jupiter hat.

Hound's-Tongue, Hundezunge (siehe auch Stier), ist ein gutes Mittel gegen verwöhntes Schwelgen, das von Jupiter beeinflußt ist. *Hound's-Tongue* bringt idealistische und hehre Züge heraus. Wenn Venus harte Aspekte zu Neptun oder Jupiter bildet, oder wenn mehrere Planeten im Schützen stehen, empfiehlt sich dieses Mittel besonders.

Steinbock

Steinböcke tendieren dazu, sich selbst gegenüber zu streng zu sein, extrem diszipliniert und unfähig, Lebensfreude zum Ausdruck zu bringen. Sie können in ihrem Verhalten sehr erstarren, weil sie an alten Ideen und Strukturen ängstlich festhalten. Sie müssen lernen, beweglicher zu werden und mit dem Leben spielerischer umzugehen. Manchmal sind sie ganz depressiv und verzweifeln an ihrem Los. Auf der positiven Seite sind sie praktisch und gut organisiert. Sie halten es aus, sich ständig auf dem bergig steilen Anstieg des Lebensweges zu bewegen und reichen ihren Mitreisenden dabei die helfende Hand. Sie sind gute Lehrer, führen zuende, was sie angefangen haben und haben sehr viel Humor.

Bach-Mittel

Rock Water, Quellwasser, ist das einzige Mittel, das Edward Bach nicht aus Pflanzen gewonnen hat. Es spiegelt einen Geisteszustand wider, der hart und unbeugsam ist und die freundlich tröstenden Tropfen des Wassers braucht, um alte Verhaltensmuster aufzulösen und loszulassen. Die weitgesteckten Ideale und der Perfektionismus müssen gemäßigt und aufgeweicht werden. Mit einem beweglichen Geist finden die Ideale eine tiefere Wahrheit und inneren Frieden. Das Wasser hilft denen besonders, die in ihrem Horoskop eine starke Steinbock- oder Jungfraubetonung haben.

Elm, Ulme, schafft einen Ausgleich zu Perfektionismus und dem Gefühl, unzureichend zu sein. Sie vermittelt Selbstsicherheit und Zuversicht, die auf die Kenntnis der eigenen Fähigkeiten gegründet ist. Ulme ist besonders für diejenigen geeignet, die Sonne, Mond oder Aszendent oder mehrere Planeten im Steinbock oder einen stark gestellten Saturn haben.

Mustard, Ackersenf, hilft, wenn ein Mensch deprimiert und tief melancholisch ist. Er trägt dazu bei, innere Stabilität und einen Frohsinn aufzubauen, der den Angriffen von Verzweiflung und Niedergeschlagenheit standhält. Sehr häufig brauchen dieses Heilmittel solche Personen, deren Steinbock-Sonne oder Steinbock-Mond harte Aspekte zu Saturn bilden, oder einen harter Aspekt zwischen Saturn und Venus vorliegt. Auch bei Saturn-Transiten ist dieses Mittel nützlich.

Oak, Eiche, hilft denen, die trotz größerer Schwierigkeiten durchhalten. Sie überarbeiten sich und nehmen die Verantwortung anderer zusätzlich auf sich, wobei sie ihre eigene Mutlosigkeit oft noch verbergen. Wenn sie sich im Gleichgewicht befinden, sind sie stark und mutig wie der Baum und stabil und voller Hoffnung. Dies ist ein ausgezeichnetes Mittel für Personen mit einer starken Steinbock-Betonung in ihrem Horoskop oder Saturn in einem der Eckhäuser, ebenfalls bei Saturn-Transiten.

Gentian, der Enzian hilft Menschen, die hoffnungslos in die Zukunft schauen und unter Depression leiden. Ihnen fehlt der Glaube, der ihnen helfen könnte, ihre Schwierigkeiten zu überwinden und so sind sie bei Rückschlägen sofort mutlos. Anders als bei den unter "Senf" besprochenen Menschen, stammt ihre Depression aus bekannten Ursachen. In ausgeglichenem Zustand können sie jedes Hindernis überwinden und jede neue Aufgabe übernehmen, ohne sich entmutigen zu lassen. Am ehesten eignet sich dieses Mittel bei Kombinationen von Saturn/Mars/Neptun, Saturn/Venus/Neptun oder Saturn/Mars/Pluto.

Gorse, Stechginster, ist für die Hoffnungslosen und Verzweifelten. Vielleicht haben sie schon lange gelitten oder leiden an einer hoffnungslosen Krankheit. Auch Menschen, denen man erklärt hat, daß sie einen unheilbaren genetischen Fehler oder Mangel haben, gewinnen mit diesem Mittel einen Glauben und ein Wissen darüber, daß sie jede Schwierigkeit überwinden können. Bei einigen Transiten von Saturn und Pluto ist dies ein sehr wichtiges Mittel.

Sweet Chesnut, Edelkastanie, hilft Menschen, die extreme Zustände von Angst und Verzweiflung durchmachen. Ihre Verzweiflung ist noch krasser als die der unter "*Gorse*" besprochenen Personen, weil sie die Not bei sich behalten und darunter zusammenbrechen. Wenn sie dieses Mittel nutzen, können sie zu dem

Punkt kommen, wo sie Hilfe suchen und ihren Glauben auf ein höheres Wesen richten. Dies ist ebenfalls ein wichtiges Mittel bei Saturn- und Pluto-Transiten und bei sehr saturnischen Personen.

FES-Mittel

Scotch Broom, Besenginster, ist ebenfalls ein bei Hoffnungslosigkeit und Verzweiflung wirkendes Mittel. Seine hellgelbe Blüte ist erhebend und seine Art, sich auszubreiten zeugt von seiner Zielgerichtetheit und Ausdauer bei der Überwindung von Hindernissen. Auf die emotionale Ebene übertragen hält er seine Stellung und erweckt die Wurzelkraft, die der Mensch für sein Wachstum und seine Widerstandskraft braucht. Wer die Sonne im Steinbock, den Mond im Quadrat zu Saturn hat oder Saturn- oder Pluto-Transite erfährt, kann dieses Mittel besonders gut brauchen.

Saguaro, Kandelaber-Kaktus, dessen Blüten sich in der Nacht öffnen und am nächsten Tag offen bleiben, erinnert an die Beziehung zwischen Mond (Nacht) und Sonne (Tag). Diese Essenz kann dazu beitragen, den Ausgleich zwischen weiblichen und männlichen Energien herzustellen und mit Autorität und Macht umzugehen. Sie verbindet uns mit alten und ewigen Wahrheiten und bietet uns spirituelle Hilfe an. Der *Saguaro* hilft, bei harten Aspekten zwischen Sonne und Saturn, Sonne und Pluto, Sonne und Mond oder Mond und Saturn.

Wassermann

Menschen dieses Sternzeichens sind häufig ungebunden, indifferent, übermäßig kopflastig und mit ihren Ideen beschäftigt. Die positive Seite des Wassermanns ist die erfindungsreiche, erneuernde Art zu denken und die Bereitschaft, der Menschheit in universeller Liebe zu dienen. Der Wassermann kann sprunghaft und rebellisch sein und alte Dogmen und Strukturen durchbrechen.

Bach-Mittel

Walnut, Walnuß, hilft, Verbindungen mit der Vergangenheit abzubrechen, alte Strukturen und Freunde hinter sich zu lassen und neu anzufangen. Entscheidend ist dabei eine Entschlossenheit, die von den Meinungen und Glaubenshaltungen der anderen unberührt bleibt. Sehr wichtig ist dieses Mittel in Zeiten von Uranus-Transiten, auch gewissen Pluto-Transiten, weil dies Zeiten sind, in denen alte Muster zurückgelassen und neue Pfade beschritten werden.

Star of Bethlehem, Milchstern, ist für den Ausgleich der Schockwirkung ein gutes Heilmittel. Er ist eines der fünf Mittel, die in Bach's "*Rescue Remedy*" enthalten sind. Man sollte dieses Mittel für alle Uranus-Transite zur Hand haben.

Vervian, Eisenkraut, schafft Hilfe, wenn die geistige Anstrengung extreme Zustände von Überarbeitung hervorgerufen hat: Streß, Spannung. Solche Menschen sind dann leicht ängstlich und überspannt. *Vervian* bringt etwas von der Ruhe und Weisheit dessen, der bereit ist, die Ideen anderer anzuhören. Ein gutes Heilmittel bei harten Aspekten zwischen Uranus und Merkur oder Mars und auch bei Uranus-Transiten.

Water Violet, (Sumpf-)Wasserfeder, hilft Personen, die stolz und überheblich sind. Sie sind selbstgenügsam und lassen sich nicht auf andere ein. Wenn sie ausgewogen sind, können sie äußerst nützliche, sympathische und weise Ratgeber sein. Dieses Mittel wird häufig von Menschen mit ausgeprägten Löwe-Wassermann-Spannungen gebraucht oder von denjenigen, die einen harten Aspekt zwischen Sonne und Uranus haben.

FES-Mittel

Chamomile, Kamille, stützt das Nervensystem und hilft, wenn man sich nach vielen Stunden angestrengter Arbeit wie elektrisiert vorkommt. Sie ist ein gutes Heilmittel, wenn Merkur und Uranus stark gestellt sind, wenn sich mehrere Planeten im Wassermann befinden und bei harten Aspekten zwischen Uranus und Merkur. Die Essenz ist ebenfalls bei Uranus-Transiten hilfreich.

Dill, Dill, ist sehr wohltuend in Situationen, in denen die Anreize zu überwältigend werden. Die Essenz hilft hier, eine ruhigere, konzentriertere Atmosphäre herzustellen und die Fähigkeit, mit dem Strom der Veränderungen zu fließen. Besonders eignet sich das Mittel für Menschen, bei denen Merkur und Uranus stark gestellt sind, oder mehrere Planeten in Jungfrau, Zwillingen und Wassermann stehen. Ebenfalls hilfreich ist es bei Uranus-Transiten.

Self-heal, kleine Brunelle, steigert die Wahrnehmung der eigenen Heilkraft. Sie ist ein Katalysator im physischen Gesundungsprozeß, indem sie dem Kranken hilft, sich in jeder Hinsicht selbst anzunehmen und das Leiden loszulassen. Oft wird sie in Verbindung mit anderen Essenzen, die der Zentrierung dienen, benutzt und Ölen und Salben beigemischt. Besonders zu empfehlen ist sie für Menschen, die unter Uranus-Transiten gerade anfangen, ihre eigenen Fähigkeiten kennenzulernen.

Fische

Fische können "wischi-waschi" unentschieden sein, die Märtyrerrolle spielen und auf ihre Umgebung überempfindlich reagieren. Auf der positiven Seite sind Fische mitfühlend, liebevoll, künstlerisch und inspiriert und voller selbstlos heilender Energie.

Bach-Mittel

Aspen, Espe, zerstreut die Ängste, deren Grund man nicht kennt, das Grauen, das nach schlechten Träumen zurückbleibt, oder die Furcht, die sich manchmal einschleicht. *Aspen* macht furchtlos und vertrauensvoll. Oft wird das Mittel von Personen benötigt, die mehrere Planeten in den Fischen haben, bei denen der Mond oder der Aszendent zu Neptun hart aspektiert sind. Hilfreich ist es ebenfalls während Neptun-Transiten.

Clematis, Waldrebe, hilft Menschen, die den Anschein erwekken, teilnahmslos, verträumt, unaufmerksam und unkonzentriert zu sein. Sie haben ein schlechtes Gedächtnis, sind unpraktisch und reagieren stark auf äußere Einflüsse. Auf der positiven Seite sind sie lebhaft interessiert und empfindsam, ohne "*spaced out*" zu sein, zum Beispiel Schriftsteller, Künstler und Heiler. *Clematis* ist bei einem starken Neptun-Einfluß wichtig oder wenn mehrere Planeten im Sternzeichen Fische stehen.

FES-Mittel

Yarrow, Schafgarbe oder lat.: Achillea millefolium, verdankt ihren Namen dem griechischen Helden Achilles, der die Pflanze benutzte, um die blutenden Wunden seiner Krieger zu heilen. Die Chinesen benutzen Schafgarbenstengel im I Ging, um das Orakel zu befragen, und die amerikanischen Indianer verwenden es bei den Reinigungszeremonien in ihren Schwitzhütten. Diese Essenz schützt gegen psychische Verletzungen, die von einzelnen Menschen oder von der Umwelt ausgehen. Die rosa Schafgarbe wirkt ähnlich wie die weiße nur etwas mehr noch auf der emotionalen Ebene. Schafgarbe ist für alle diejenigen gut, bei denen Mond zu Neptun, dem Aszendenten, Mars oder dem MC einen harten Aspekt bildet oder bei denen mehrere Planeten in den Fischen stehen.

Star Tulip, Sterntulpe, ist eine Art Mormonentulpe, die wie Katzenohren aussieht. Das suggeriert Empfindsamkeit und Aufnahmebereitschaft, und so öffnet diese Essenz uns für höhere Bewußtseinsebenen. Sie hilft denen, die bereit sind, sich von ihrem höheren Selbst leiten zu lassen, um Blockaden und Ängste hinter sich zu lassen. Für viele Menschen eignet sich dieses Mittel vor allem während Neptun-Transiten.

Manzanita, Bärentraube, wirkt gründend und ausgleichend bei Menschen, die sich einem größeren geistigen Bewußtsein öffnen. Die Bärentraube wächst in Gegenden, wo andere Pflanzen sich sehr schwer tun. Sie zeigt uns, wie man mit den festeren körperlichen Formen umgeht. *Manzanita* braucht, wer oft Schwierigkeiten mit der körperlichen und der irdischen Ebene hat. Personen, die mehrere Planeten in den Fischen, einen erhöhten Neptun oder harte Aspekte zwischen Neptun und Mond, Mars oder Aszendent haben, können diese Essenz meistens sehr gut gebrauchen.

Lotus, Lotusblüte, wird in der spirituellen orientalischen Tradition seit Jahrtausenden verwendet. Sie versinnbildlicht das Auseinanderfalten des spirituellen Lebens und das langsame sich Öffnen der Chakren. Lotus wird zusammen mit anderen Essenzen verwendet, um den Prozeß der Erleuchtung zu begünstigen. Lotus eignet sich hervorragend während Neptun- und Pluto-Transiten.

Aromatherapie und ihre planetarischen Entsprechungen

7

Aromatherapie, die Verwendung von Aromen oder ätherischen Ölen geht auf altes alchemistisches Wissen zurück. Im Mittelalter wurde dieses Wissen mit astrologischen Erkenntnissen verbunden.

Aromen sind sehr feinstofflich und haben deshalb vielleicht keine so große Wirkung auf den Körper wie die Pflanzen selber; mit Sicherheit haben sie aber Einfluß auf den feinstofflichen Bereich des Körpers.

Die Ägypter haben ätherische Öle bereits in kosmetischen Mitteln, Massageölen und Heilmitteln verwendet. Anfänglich benutzten die Priester diese Öle, aber später wurden sie auch von den Ärzten übernommen. In Ägypten waren besonders die Aromen von Myrrhe, Weihrauch, Zedernholz, Origanum, Bittermandel, Indischer Narde, Henna, Wacholder, Koriander, Kalmus und anderen heimischen Pflanzen in Gebrauch. Die Ägypter benutzten zum Beispiel das Zedernholzöl auch für die Mumifizierung.

Auch die Juden benutzten ätherische Öle. Viele religiöse Riten beinhalten die Verwendung von Ölen. Unter den Frauen war ein zwölfmonatiger Reinigungszyklus mit Myrrheöl bekannt.

Die Griechen übernahmen von den Ägyptern die Vorstellung, daß die Aromen von den Göttern kommen, und sie verwendeten verschiedene Öle für die Zubereitung von Parfums und ölten damit verschiedene Teile des Körpers ein. Unter den griechischen Ärzten war der Unterschied zwischen den stimulierenden und sedierenden Wirkungen der verschiedenen Öle durchaus bekannt. Die Römer waren noch viel ausschweifender als die Griechen in der Verwendung duftender Öle.

Allerdings geriet das Geheimnis der Destillation mit dem Niedergang der ägyptischen Kultur in Vergessenheit. Im 10. Jahrhundert erfand der arabische Arzt Avicenna es neu und zwar destillierte er zuerst Rosen und später auch andere Blüten.

Die Chinesen benutzten Aromen zusammen mit der Akupunktur, und in der ayurwedischen Heilkunde werden viele Essenzen erwähnt. Sandelholz wurde zum Beispiel als Räucherwerk und in Salbenform verwendet.

Im Mittelalter haben die Pflanzenheilkundler und Alchimisten mit Pflanzenessenzen gearbeitet. Die Destillation war ihnen bekannt. Parfum-Hersteller wurden selten krank, wenn Cholera oder Pest um sich griffen, weil fast alle ätherischen Öle keimtötende Wirkung haben.

In neuerer Zeit sind gerade diese antiseptischen Eigenschaften der Öle in den Mittelpunkt des Forschungsinteresses, vor allem von Chemikern und Pharmakologen, gerückt. Dem Chemiker René Maurice Gattefosse, der sich für die Verwendung der Öle als Inhaltsstoffe von Kosmetika interessierte, fiel zum Beispiel auf, daß manche dieser Öle eine stärker keimtötende Wirkung haben als viele der konventionellen Chemikalien, die dafür verwendet werden. Einmal erlitt er bei einer Explosion in seinem Labor erhebliche Verbrennungen. Er tauchte die Hand in Lavendelöl und stellte fest, daß sie in phänomenal kurzer Zeit heilte: ohne Entzündungen und ohne Narben. Sein erstes Buch: *Aromatherapie*, veröffentlichte er im Jahre 1928.

Sein Kollege Godissart errichtete in Los Angeles eine aromatherapeutische Klinik, die mit dem Einsatz von Lavendelöl große Heilerfolge bei Hautkrebs, Brand, Knochenerweichung und Gesichtsgeschwüren erzielte.

Inzwischen hatte Jean Valnet, ein anderer französischer Arzt damit angefangen, Öle zu Heilungszwecken einzusetzen. Während des Krieges setzte er sie zur Behandlung von Verwundungen und bei vielen anderen Indikationen ein. Er verabreichte sie oral: ein paar Tropfen auf etwas Zucker.

Die französische Biochemikerin und Autorin des Buches Geheimnis des Lebens und der Jugend, Marguerite Maury, benutzte die Öle in der Massage, damit sie über das Gewebe vom Körper aufgenommen werden und auf diesem Wege auch die inneren Organe erreichen. Sie fand heraus, daß besonders Bergamotte, Kamille und Lavendel die Produktion von weißen Blutkörperchen anregten, wenn man sie in die Haut einrieb oder einatmete.

Auch in Italien wurde schon früh auf diesem Gebiet geforscht. Die beiden italienischen Ärzte Gatti und Cajola haben in den zwanziger und dreißiger Jahren schon den Umfang der therapeutischen Möglichkeiten erkannt. Paolo Roveti aus Mailand hat mit italienischen Zitrusölen wie Bergamotte, Zitrone und Orange experimentiert und auch in klinischen Testreihen gezeigt, daß bestimmte Öle auch bei psychischen Störungen wie Angst und Depression sehr wohltuende Wirkung haben.

Um die ätherischen Öle aufzunehmen, braucht man sie nicht unbedingt einnehmen, sondern man kann sie dem Bad beigeben, inhalieren, Kompressen machen und einmassieren.

Wie man das Horoskop bei der Wahl des geeigneten Aromas einsetzt

Aromen können die planetare Energie dort, wo sie geschwächt ist, stärken. Schwache Planeten sind solche, die nicht oder nur schwach aspektiert sind (außer sie stehen in den Eckhäusern), und manchmal auch Planeten, die sich in Zeichen befinden, in denen sie geschwächt oder fallend sind.

Von einem Planeten, der ein Zeichen beherrscht, sagt man, daß er in diesem Zeichen »***geehrt***« ist. So ist Mars zum Beispiel im Widder geehrt. Dagegen ist ein Planet »***geschwächt***« wenn er in Opposition zu dem von ihm beherrschten Zeichen steht. Venus wäre also im Skorpion geschwächt. Außerdem gibt es noch ein Zeichen, bei dem man davon spricht, daß der Planet darin »***erhöht***« ist (wo er also auch gut wirkt) und wenn er sich diesem gegenüber befindet, ist er »***fallend***« (und wirkt nicht so positiv oder stark).

Planetare Rangordnung

Planet	regiert in:	geschwächt in:	erhöht in:	fallend in:
Sonne	Löwe	Wassermann	Widder	Waage
Mond	Krebs	Steinbock	Stier	Skorpion
Merkur	Zwillinge	Schütze	Jungfrau	Fische
	Jungfrau	Fische		
Venus	Stier	Skorpion	Fische	Jungfrau
	Waage	Widder		
Mars	Widder	Waage	Steinbock	Krebs
	Skorpion	Stier		
Jupiter	Schütze	Zwillinge	Krebs	Steinbock
	Fische	Jungfrau		
Saturn	Steinbock	Krebs	Waage	Widder
	Wassermann	Löwe		
Uranus	Wassermann	Löwe	Skorpion	Stier
Neptun	Fische	Jungfrau	Krebs	Steinbock
Pluto	Skorpion	Stier	-	-

Dieses System von Schwächung, Erhöhung und Fall ist ein Relikt aus den alten Kulturen. Heute spricht man wahrscheinlich besser von positiven und negativen Auswirkungen eines Planeten und nicht so sehr von seiner Stärke oder Schwäche. Negative Auswirkungen wären dann ein Überschuß oder ein Mangel der Energie dieses Planeten, und ganz allgemein würden die Aromen, die mit diesem Planeten in Verbindung stehen, bei einem Fehlen seiner Energie eingesetzt werden. Die Aromen, die mit dem entgegengesetzten Planeten in Verbindung gebracht werden, würden benützt, um einen Energieüberschuß auszugleichen.

Negative ***Sonnenenergie*** würde sich als verminderte Vitalität und als mangelndes Selbstwertgefühl niederschlagen. Das kann der Fall sein, wenn die Sonne nicht aspektiert ist oder im zwölften Haus steht oder zu ihrem Herrscher hart gestellt ist, wie eine Fische-Sonne, die im Quadrat zu Neptun steht. In einem solchen Fall könnten sich Melissen-, Benzoe- und Patschouliöl eignen, um die Vitalkräfte aufzubauen.

Negative ***Mondenergie*** kann sich entweder in einer übermäßig gefühlsbetonten Person äußern oder in einer Person mit einem kümmerlichen Mond, die Anregung für ihre intuitiven Kräfte braucht. Im ersten Fall könnte der Mond zu Mars oder Jupiter hart gestellt sein und im zweiten ein Mond ohne Aspekte oder mit harten Aspekten von der Sonne oder von Saturn. Die übermäßig emotionalen Eigenschaften könnten mit Hilfe von Sonnen-Aromen gemäßigt und die mangelnde Intuition mit Mond-Aromen wie Zypresse und Wacholder geweckt werden.

Negative ***Merkur-Kräfte*** können sich als Unfähigkeit zu kommunizieren äußern (harte Aspekte zwischen Merkur und Saturn) oder als äußerst empfindlicher Nervenzustand, verbunden mit Atemschwierigkeiten (harte Aspekte zwischen Merkur und Mars oder Merkur und Uranus). Bei Kommunikations- und Gedächtnisschwierigkeiten helfen Rosmarin- und Lavendelöl. Bei Nervosität und Angstzuständen eignen sich Jupiter-Aromen wie Zedern- und Sandelholzöl.

Wenn ***Venus*** negativen Einfluß ausübt, sind die Gefühlskräfte blockiert. Es gibt dann Probleme bei der Äußerung von Liebe und Zuneigung. Das kommt häufig vor, wenn Venus zu Saturn oder auch zu Mars oder Pluto hart gestellt ist. In diesen Fällen möchte man eventuell auch an dem Schönheitssinn und überhaupt am ästhetischen Empfinden der betroffenen Person arbeiten. Aromen wie Rosen-, Bergamott-, Jasmin- und Ylang-Ylang-Öl sind da sehr hilfreich. Wenn die Venus-Sanftheit allzu stark dominiert, sind Mars-Aromen nützlich.

Negative ***Mars-Energie*** äußert sich entweder in kriegerischer Aggressivität oder als Mangel an Vitalität, Mut und Willenskraft.

Ersteres entsteht häufig, wenn Mars zu Pluto, zur Sonne oder zu Jupiter hart gestellt ist oder wenn Mars auf dem Eckpunkt steht. Der zweite Fall tritt ein, wenn Mars zu Saturn hart gestellt ist. Im ersten Fall eignen sich Aromen, die mit Venus oder - als deren höherer Schwingung - mit Neptun in Verbindung gebracht werden. Diejenigen, denen es an Marsenergie fehlt, könnten Öle wie Basilikum, Zimt, Schwarzen Pfeffer und Ingwer als nützlich empfinden (wobei Ingwer auch als Tee und Zimt als kulinarisches Gewürz verwendet werden können.

Die dunkle Seite des ***Jupiter*** wird oft mit Wachstumshemmung und Beschränkung von Expansion und Optimismus verstanden. Das kann mit harten Saturn-Aspekten zusammenhängen. Jupter kann aber auch überexpansiv, exzessiv und lustbetont sein, was wiederum mit harten Aspekten von Neptun, Venus oder Mond zusammenhängen kann. Zedern- und Sandelholzessenzen sind in diesen Fällen sehr hilfreich, weil sie die Jupiter-Eigenschaften verstärken. Saturn-Essenzen wiederum helfen, die Aufblähung von Jupiter-Neigungen zu begrenzen.

Wenn ***Saturn-Energien*** im Übermaß wirken, gibt es die Tendenz zu Verhärtung und pompöser Gesetztheit. Das kann das Ergebnis von mehreren Planeten im Steinbock sein, von einem Saturn auf dem Eckpunkt oder einem stark aspektierten Saturn. Fehlende Saturn-Energie äußert sich als problematisch auf der praktischen Ebene der Verantwortung und der Strukturen. Das kommt vor, wenn Saturn zu Neptun hart gestellt ist. Mond-Essenzen wie Zypresse und Wacholder helfen, überschüssige Saturn-Energie abzubauen. Die Saturn-Essenzen Kiefer und Eukalyptus haben ihre Kraft aus den Bäumen und geben die Qualitäten der Disziplin und der Ordnung weiter.

Uranus kann das Nervensystem mit einem Überschuß an Energie bombardieren. Das kann passieren, wenn Uranus und Merkur starke Aspekte erfahren oder wenn Mars und Uranus hart gestellt sind. Sonnen-Aromen wie Melissen- und Patschouliöl können dazu beitragen, diese Energie zu erden. Wenn die Uranus-Energie schwach ist, wie es vorkommt, wenn Uranus keine Aspekte erfährt oder zu Saturn hart gestellt ist, dann ist mehr Aufregung und Inspiration nötig. In solchen Fällen kann eine Essenz wie Pfefferminz, die sowohl dem Merkur wie dem Uranus zugehört, viel ausmachen.

Neptun wirkt sich negativ aus, wenn man *»spaced out«* oder nicht geerdet ist. Das passiert leicht, wenn er zum Mond, zum Aszendenten oder zur Himmelsmitte hart gestellt ist. In diesen Fällen sind Aromen, die von Merkur regiert werden (Merkur regiert die Jungfrau, die in Opposition zu den Fischen steht) hilfreich, weil sie den nachdenkenden, analytischen Moment ins Spiel bringen. Will man mehr von der Neptun-Energie, mehr Inspiration und Intuition, dann sollte man Aromen wie Muskatellersalbei- oder Myrrhenöl nehmen. Diese Essenzen sind oft nötig, wenn im Horoskop die Kopflastigkeit überwiegt, wie in dem Fall, wo sich mehrere Planeten in den Zwillingen oder der Jungfrau befinden oder der Merkur sehr betont ist.

Pluto-Energie kann schwer, düster und deprimierend sein, wenn mehrere Planeten im Skorpion stehen oder wenn Pluto und Saturn sehr hart gestellt sind. Dann nimmt man zum Ausgleich am besten Venus-Aromen (Venus regiert den Stier, und der steht in Opposition zum Skorpion). Wenn man allerdings die verändernde Katalysatorenwirkung des Pluto verstärken muß, dann nimmt man am besten Zedern-, Sandelholz- und Salbeiöl.

Die ätherischen Öle und die sie beherrschenden Planeten

SONNE

Essenzen, die von der Sonne regiert werden, haben eine stimulierende, wärmende Wirkung und unterstützen vor allem den Blutkreislauf.

Melissenöl. Die Melisse verdankt ihren Namen dem griechischen Wort für Honigbiene. Diese wird von dem Zitronenduft der Blätter angezogen. In Südeuropa kennt man die Pflanze auch unter dem Namen »Herzenswonne«. Sie gehört zu den ältesten Medizinpflanzen. Paracelsus nannte sie »Lebenselixier«. Alle alten Pflanzenkundler sprachen von ihr als Heilmittel gegen die Melancholie und als Kräftigungsmittel für Nerven und Gehirn. Melisse ist eher ein Stärkungsmittel als ein Anregungsmittel; sie stärkt das Herz, das Nervensystem sowie das Verdauungssystem und den Uterus. Vor allem bei Herzklopfen und hitzebedingter Überreizung des Herzens ist Melisse sehr wirkungsvoll. Auf das Nervensystem hat sie eine entkrampfende, erhebende und freudvolle Wirkung. Sie wirkt beruhigend, die Atmung verlangsamt sich und Pulsschlag und Blutdruck gehen herunter. Was die Förderung der Verdauung angeht ist Melisse dem Fenchel und der Pfefferminze vergleichbar. Sie ist bei Erbrechen, Übelkeit und Blähungen gut und hat besonders auf die weiblichen Fortpflanzungsorgane eine sehr angenehme Wirkung: sie entspannt und eignet sich deshalb sehr bei Krämpfen. Sie hat sanft menstruationsfördernde Wirkung und wird sowohl bei Unregelmäßigkeiten als auch bei Unfruchtbarkeit hinzugezogen.

Benzoeöl kommt von einem Baum, der auf Java, Sumatra und in Thailand angebaut wird. Das Benzoeharz bildet sich, wenn man in den Baum tief hineinschneidet. Aus dem Harz wird das wunderschön rot-braune Benzoin gewonnen. Benzoe wurde früher als Räucherwerk verbrannt, um böse Geister zu vertreiben. Am besten ist es als Benzoe-Tinktur bekannt, ein starkes und bei Atmungsproblemen gut wirkendes Inhalat. Benzoe ist sehr stimulierend. Es wirkt schleimausstoßend, regt den Urinfluß an, wärmt und stärkt das Herz und vertreibt Blähungen. Wenn es bei Erkältungen, Husten, Asthma oder Bronchitis eingesetzt wird, kann dies innerlich geschehen oder es kann inhaliert werden. Äußerlich angewendet hilft es bei Hautrötungen, Entzündungen und Jucken.

Neroli (Orangenblüte) ist das Öl, das aus den Blüten der Bitterorange destilliert wird. Seinen Namen verdankt es einem italienischen Prinzen von Nerola aus dem 16. Jahrhundert, der die Handschuhe und das Badewasser seiner Frau mit diesem Öl parfümierte. Der Baum selber kommt aus China, wo die Blüten bereits seit Jahrhunderten zu kosmetischen Zwecken verwendet werden. Inzwischen wird er in Frankreich, Tunesien, Italien und in den USA angebaut. Sein Öl ist eines der allerfeinsten Öle. Es hat eine blaßgelbe Farbe und wird zusammen mit anderen feinen Ölen zu einem sehr teuren Duftwasser verarbeitet. Es ist eines der wirkungsvollsten Antidepressiva und wirkt bei Schlaflosigkeit, Angst und Depression, beruhigt Kopf und Herz und wird bei Herzklopfen und Herzkrämpfen verwendet. Neroli tut der Haut sehr gut, wirkt direkt auf die Zellen ein und stimuliert die Absonderung alter und das Wachstum neuer Zellen. Bei Rötungen und Entzündungen hilft es ebenfalls.

Patschouliöl kommt aus Indien und Indonesien und hat eine tief rotbraune Farbe wie Myrrhe. In Großbritannien wurde es in den zwanziger Jahren des 19. Jahrhunderts bekannt, weil die Inder ihre Umhängetücher damit imprägnierten. In kleinen Mengen kommt es in Parfüms vor und, zusammen mit Schwarzwurz, in der indischen Tinte. So wie die Sonne in kleinen Dosen stimulierend wirkt, so auch Patschouli. In großen Mengen dagegen wirkt es eher lähmend. Es ist ein sehr starkes Nervengift, das in der Nacht gut wachhalten kann. Patschouliöl ist auch als Aphrodisiakum bekannt. Es hat, ähnlich wie Myrrhenöl, zusammenziehende Wirkung und empfiehlt sich bei Rötungen und trockener Haut. Und, ebenfalls wie bei der Myrrhe, ist sein Duft muffig süß.

Mond

Mond-Essenzen arbeiten zusammen mit den weiblichen Organen, sind entspannend und beruhigend und verstärken die Intuition.

Kamillenöl. Die Kamille gehört zu den ältesten bekannten Medizinpflanzen. Sie galt auch als Pflanzendoktor, weil man glaubte, daß sie die anderen Pflanzen bei guter Gesundheit hielt. Der Duft der Kamillenblüten ist dem der Apfelblüten ähnlich, und deshalb gaben die Griechen ihr den Namen *»kamai melon«* (Bodenapfel). Es gibt sehr viele Kamillearten, aber nur eine davon wird normalerweise als Heilmittel benützt. Das ist die Anthemis novilis, die römische Kamille. Eine Art, die einen etwas kleineren Kopf und kürzere Blütenblätter hat, heißt »Deutsche Kamille« und wird als Tee verwendet. In neuester Zeit ist das Interesse an der Kamille wieder aufgelebt, weil man festgestellt hat, daß sie Azulen enthält. Wenn man Azulen isoliert, erhält man intensiv leuchtende blaue Kristalle, die entzündungshemmend wirken. Azulen bildet sich, wenn das ätherische Öl destilliert wird. In zahlreichen pharmazeutischen und kosmetischen Zusammensetzungen wird es verwendet. Es kommt vor allem in der Deutschen Kamille vor. Kamille wird zur Behandlung von inneren und äußeren Entzündungen sehr empfohlen. Für Verbrennungen, Augenentzündung (Konjunktivitis), Dermatitis, Gastritis, Kolitis (Dickdarmkatarrh) und Nephritis (Nierenentzündung). Kamille wirkt leicht entkrampfend und hilft bei Asthma und Bronchitis. Bei Verdauungsstörungen, besonders Magengeschwüren, ist sie hervorragend. Sie heilt viele Störungserscheinungen des weiblichen Zyklus wie schmerzhafte Blutungen, hohen Blutverlust, Vaginitis und Probleme während des Klimakteriums. Kamillenöl wirkt ausgleichend auf die Gedanken und die Nerven und hilft bei Hysterie und überspannten Nerven. Kamillenöl eignet sich hervorragend für Kinder, weil es beruhigt und kaum giftig ist. Es wird unter anderem bei Koliken, Durchfall, Krämpfen, Zahnen, Ohrenschmerzen und Überempfindlichkeit gegeben.

Zypressenöl kommt von einem hohen, konisch zulaufenden typischen Mittelmeerbaum. Auf Zypern wurde der Baum früher verehrt. Das Öl hat eine würzig-hölzerne Qualität, die an Kiefer und Wacholder erinnert. Zypressenöl ist sehr hilfreich bei Krankheiten, die sich in einem sehr starken Ausscheiden von Flüssigkeiten äußern. Auch bei Blutsturz, Hämorrhoiden und Krampfadern tut es gut. Es hilft den weiblichen Fortpflanzungsorganen, indem es durch die Eierstöcke wirkt und hat sich bewährt zur Regulierung des Monatszyklus und zur Unterstützung während des Klimakteriums.

Wacholder ist ein kleines Immergrün-Gewächs, das der Zypresse sehr ähnlich sieht. In früheren Kulturen ist es häufig als Räucherwerk verwendet worden. In Tibet hat es religiösen und medizinischen Zwecken gedient. Als aromatischer Busch hat der Wacholder böse Geister vertrieben und in Zeiten der Pest oder anderer Krankheiten zur Desinfektion gedient. Die Franzosen schätzten die desinfizierenden Eigenschaften von Wacholderzweigen, die, mit Rosmarinblättern vermischt, auf Krankenstationen verbrannt wurden, um die Luft zu reinigen. In der traditionellen Volksheilkunde wird in Jugoslawien Wacholderöl sehr intensiv verwendet. Als Badeöl ist es erfrischend, entspannend und zugleich stimulierend. Es hat einen leicht bitteren Geschmack und isr ein klassisches Mittel gegen Entzündungen im Harntrakt und wirkt keimtötend und heilend auf die Atmungswege und im Verdauungstrakt. Es wirkt auf die Nerven kräftigend und ist ein gutes Heilmittel bei nervösen Störungen und Schlaflosigkeit. Es ist auch äußerlich angewendet sehr nützlich bei Ekzemen und Hautproblemen wie Dermatitis.

Merkur

Essenzen, die von Merkur regiert werden, stimulieren die Atmungswege und das Verdauungssystem. Weil Merkur zwei Zeichen regiert, nämlich Zwillinge und Jungfrau, deshalb gehören sehr viele Pflanzenöle in diese Gruppe.

Kardamomöl kommt von einer Pflanze, die in Indien und Sri Lanka und China wächst. Es hat einen süßen, würzigen Duft. Es wärmt und wirkt in erster Linie auf die Verdauungsorgane. In Abführmitteln und bei der Behandlung von Koliken kommt es häufig vor. Kardamomöl hilft, ähnlich wie Pfefferminzöl, gegen Übelkeit, befreit von Sodbrennen und Blähungen. Seine psychologische Wirkung ist erhebend, befreit den Magen von Druck und beruhigt die Nerven. Äußerlich angewendet ist es ein hervorragendes Badeöl.

Fenchel ist ein Verwandter des Anis und wahrscheinlich im Mittelmeerraum zuhause. Die alten Kulturen waren mit dem Fenchel vertraut, die Römer bauten ihn an. Er wurde immer schon in der Küche verwendet, denn man sagte ihm nach, daß er Kraft, Mut und ein langes Leben schenkt. Süßes Fenchelöl ist ein klassisches Verdauungsmittel und hilft bei praktisch jedem Verdauungsproblem. Wegen seiner entkrampfenden und entspannenden Eigenschaften eignet es sich auch bei Bronchitis und Koliken. Es ist außerdem ein hervorragendes harntreibendes Mittel. Fenchel ist immer schon bei Fettleibigkeit empfohlen worden, weil es die hormonelle Tätigkeit des Körpers anregt. Aus dem gleichen Grund hilft es beim Stillen und ebenfalls während des Klimakteriums.

Lavendel, der dem lateinischen »lavare« waschen seinen Namen verdankt, ist von den Römern sehr viel beim Baden verwendet worden. In fast allen Duftwassern und Riechkissen kommt er vor. In Frankreich wächst er wild und in England und Neuseeland wird er angebaut und ergibt wohl das nützlichste und vielseitigste Öl. Auf die Nerven wirkt es beruhigend und hat sich bei Depressionen, Schlaflosigkeit, Migränen, Hysterie, nervösen Spannungen und Lähmungserscheinungen bewährt. Es stärkt das Herz und beruhigt die Nerven und empfiehlt sich deshalb bei Herzklopfen und Zitteranfällen. Auf die Haut wirkt es verjüngend, heilt Ekzeme, Akne, Dermatitis, Psoriasis und Brandwunden. Bei Entzündungen wirkt es lindernd, und unter den Mitteln, die den Kreislauf anregen, gehört es zu den wirkungsvollsten.

Rosmarin gehört zu den bekanntesten Kräutern der Weltgeschichte. Mit Rosmarin-Zweigen hat man böse Geister vertrieben und die Krankenzimmer desinfiziert. Rosmarinwasser ist eines der wichtigsten Bestandteile des Ungarnwassers (so genannt nach der Königin Elisabeth von Ungarn), einer Verjüngungskur. Auch das klassische Eau de Cologne enthält Rosmarin. Es nimmt das Kopfweh weg, wenn man es an die Schläfen tupft. Das Öl hat, ähnlich wie Kampfer, einen scharfen warmen Geschmack. Es ist ein hervorragendes Mittel, um die Nerven anzuregen und dient zum Beispiel der

Wiederherstellung der Nervenfunktion bei Lähmungen oder Sprachstörungen. Rosmarin ist ein hervorragendes Herzstärkungsmittel und besonders bei Herzklopfen zu empfehlen.

Thymianöl wird zum Kochen ebenso verwendet wie als Medizin. Er enthält das stark antiseptische Thymol. Thymian regt bei Entzündungskrankheiten die Produktion der weißen Blutkörperchen an, stärkt die Nerven bei Kopfschmerzen, Angst, Depression und Schlaflosigkeit.

Pfefferminzöl ist eines der meistgenutzten geschmackgebenden Öle in Süßigkeiten und Zahnpastas. Griechen und Römer haben sich Kronen aus Pfefferminz gemacht, abgesehen davon, daß sie ihre Saucen und Weine damit gewürzt und es ihren Heilmitteln beigemischt haben. Die Pfefferminze ist zwar im Mittelmeerraum heimisch, wird aber inzwischen überall auf der Welt angebaut. Ihr wesentlicher Inhaltstoff ist Menthol, so daß sie sowohl kühlende, sedierende als auch wärmende Wirkung hat. Am stärksten wirkt sie auf den Verdauungstrakt. Pfefferminze ist eines der wichtigsten Mittel bei Verdauungsstörung, Blähung, Durchfall, Übelkeit und Erbrechen. Sie hilft bei Kopfschmerzen und Migränen, die mit der Verdauung zusammenhängen.

Venus

Aromen, die unter der Herrschaft der Venus stehen, stammen häufig von Blumen, die sehr süß duften. Diese Öle werden benutzt, um die ästhetische Wahrnehmung zu verbessern und manche haben sich bei Frauen- und Hautproblemen bewährt. Die Haut ist ja auch teilweise vom Planeten Venus regiert.

Das ***Bergamotteöl*** kommt aus der Schale einer Frucht, die in Italien wächst. Es hat einen süßen Zitrusduft und eine starke Blütenqualität. Zusammen mit Neroli- und Lavendelöl gehört es zu den klassischen Bestandteilen des Eau de Cologne. Bergamotteöl wird in der italienischen Volksmedizin bei Fieber und Wurmbefall genommen. In Duschen und Sitzbädern wird es zur Bekämpfung von Gonokokken und Ausfluß aus der Vagina verwendet. Es hilft bei

Ekzemen, Psoriasis und anderen Hautproblemen. Außerdem beruhigt es die Nerven und ist eine wertvolle Hilfe gegen Depressionen und Angstzustände.

Geraniumöl kommt von einer aromatischen Pflanze und hat einen süßen Duft. Es wirkt auf milde Weise schmerzlindernd und beruhigend. Man benützt es bei Neuralgien und Nervenschmerzen. Wegen seiner keimtötenden Eigenschaften eignet es sich bei Verbrennungen, Wunden und Geschwüren, denn es hemmt die Entzündung. Wie Basilikum und Rosmarin stimuliert es die Nebennierenrinde und wird deshalb gebraucht, um hormonelle Schwankungen auszugleichen. In der Hautpflege spielt das Öl eine hervorragende Rolle. Es wirkt zusammenziehend und kann ebensogut für entzündete wie für verstopfte, ölige Haut verwendet werden.

Jasminöl hat einen erlesenen Duft. Weil es in den kostbarsten Parfums Verwendung findet, gehört es zu den teuersten Essenzen. In China heißt es *Moli* und wird zur Parfümierung von Tee verwendet. Die Hindus nennen es »Mondlicht im Hain«. Das Öl hat eine tief rotbraune Farbe und paßt gut zu Rosen- und Zitrusölen. Jasminöl wirkt sehr stark im emotionalen Bereich und ist sehr hilfreich bei der Lösung psychologischer und psychosomatischer Probleme. Es kann sehr erhebend wirken und ein Gefühl von Optimismus, Vertrauen und Euphorie vermitteln. Es wirkt auch auf die weiblichen Fortpflanzungsorgane, entkrampft den Uterus und löst menstruationbedingte Schmerzen, erleichtert die Geburtsschmerzen und das Stillen. Es wärmt und entspannt den Körper und wird auch bei der Behandlung von Impotenz und Frigidität empfohlen.

Rosenöl ist ebenfalls eines der kostspieligsten Aromen. Die Griechen glaubten, daß die Rose aus dem Blut des Adonis entsprungen sei. Für die Türken ist es das Blut der Venus. Die Mohammedaner glauben, daß sie aus dem Schweiß Mohammeds gewachsen sei. Die Entdeckung des Rosenöls ist dem Zufall zu verdanken. Bei einer Hochzeit in Persien hatte man einen Kanal mit Rosenwasser gefüllt. Durch die Tageshitze trennte sich das Öl und stieg an die Oberfläche. Persisches Rosenöl ist nicht mehr von großer kommerzieller Bedeutung. Das feinste Rosenöl kommt aus Bulgarien, wo es aus der Damaszener-Rose extrahiert wird, die auch unter dem Namen bulgarische »Rose Otto« bekannt ist. Rosenöl wird besonders für Störungen der Geschlechtsorgane und des Harntrakts gebraucht, es regelt den Fluß der Monatsblutung und reinigt den Leib von Verunreinigungen. Es ist als Aphrodisiakum bekannt, und man sagt, es vermehre die Anzahl der Samen. Die Herzkranzgefäße profitieren vom Gebrauch des Rosenöls, der Kreislauf wird angeregt, das Blut gereinigt, Milz und Herz ins Gleichgewicht gebracht. Rosenöl wirkt sehr stark auf das Verdauungssystem ein, kräftigt den Magen und fördert die Gallentätigkeit. Eine russische Studie aus dem Jahre 1972 versuchte den Nachweis zu bringen, daß Rosenöl die Bildung der Gallenflüssigkeit in der Leber fördert, besonders die Synthese der Gallensäuren und der Phospholipoide. Rosenöl gehört auch zu den Ölen mit der stärksten keimtötenden Wirkung. Es ist sehr gut für die Haut, sowohl trockene als auch entzündete.

Ylang-Ylang wird vom Ylang-Ylang-Baum gewonnen. Er hat wunderschöne gelbe Blüten und wird auf Jawa, Sumatra, Réunion, Madagaskar und den Philippinen angebaut. Sein Name bedeutet »Blume der Blumen« und hat einen exotischen Duft, als wäre er aus Jasmin und Mandel gemischt. Ylang-Ylang wirkt auf das Nervensystem und wird bei Angstzuständen, Anspannung und hohem Blutdruck genommen. Es macht auch euphorisch. Das Öl beruhigt bei Tachykardie und Hyperpnoe (beides sind abnorm schnelle und hastige Atmungsweisen). Ylang-Ylang ist ein wirksames Aphrodisiakum und kann bei Impotenz und Frigidität probiert werden. Es hat eine sanfte Wirkung auf die Haut und wird gerne in Badeölen und bei Gesichtsmassagen verwendet.

Mars

Aromen, die von Mars regiert werden, wirken stimulierend und wärmend. Sie unterstützen den Kreislauf und das Verdauungssystem.

Basilikum entlehnt seinen Namen dem griechischen »basilicon«, was soviel heißt wie »königliches Mittel«. In Indien wird es unter dem Namen »tulsi« innerhalb der ayurwedischen Medizin extensiv genutzt. Das Öl hat einen hellen und frischen Duft und einen Geschmack, der zugleich süß und bitter ist. In vieler Hinsicht ähnelt Basilikum der Pfefferminze; es ist gut bei Übelkeit und gegen Erbrechen und wegen seiner entkrampfenden Eigenschaften hilft es bei Asthma, Bronchitis und Verstopfung der Nasengänge. Basilikumöl ist das beste Stärkungsmittel für die Nerven. Es gibt dem Verstand Klarheit und Kraft. Bei Nervenschwächen wie Hysterie, Epilepsie und Lähmung eignet es sich hervorragend. In der ayurwedischen Medizin wird der Saft der Blätter bei Erkältungskrankheiten gegeben, denn er wirkt schweißtreibend, fiebersenkend und entgiftend. Deshalb kann er auch nach Schlangenbissen genommen werden. Er verjüngt auch und verleiht dem Aussehen Glanz. Im Bad wirkt Basilikumöl erfrischend, aber weil es zugleich warm und kühl wirkt, prickelt es auf der Haut wie Nadelstiche. (Culpeper ordnet es bei Mars ein und sagt, daß es zum Skorpion gehört)

Der ***Schwarze Pfeffer*** ist eines der ältesten den Menschen bekannten Gewürze. In Indien ist seine Verwendung schon seit mehr als 4000 Jahren belegt. Auch in Griechenland und Rom war er in Gebrauch. Schwarze Pfefferkörner sind die sonnengetrockneten roten Beeren, die kurz vor ihrer Reife gepflückt werden. (Weiße Pfefferkörner kommen von der gleichen Pflanze, werden aber erst gepflückt, wenn sie reif sind.) Das Öl hat eine helle Bernsteinfarbe und riecht wie Kleeöl. Es führt dem Verdauungssystem viel Energie zu und wird bei Verstopfung, Blähung und Appetitlosigkeit verwendet. Es stimuliert die Atemwege und das Urinieren. Bei einem Dickdarm- oder Uterus-Vorfall stellt es die Muskulatur wieder her, und weil es wärmende Eigenschaften hat, hilft es bei Erkältungskrankheiten und Grippeinfekten. Pfeffer regt den Kreislauf an, stärkt die Milz und entgiftet. Äußerlich angewendet wirkt er schmerzlindernd, ist wohltuend bei Muskelkater, Zahnweh und Angina. Pfeffer stimuliert, lindert die Schmerzen bei rheumatischer Arthritis und löst Lähmungen.

Ingwer ist ein seit Jahrhunderten geschätztes Stimulans. In China und Indien nutzte man schon früh seine Heilwirkung. Ingweröl ist hervorragend geeignet, Verdauungsprobleme zu lösen wie Blähung, Dyspepsie, Appetitlosigkeit und Durchfall. Ingwer wirkt gut bei Übelkeit. Im Flugzeug wird er gerne genommen, um die Luftkrankheit zu verhindern. Das Öl wird auch zum Gurgeln bei Halsentzündungen und Mandelentzündungen genommen. Äußerlich angewendet hilft es bei rheumatischen und arthritischen Schmerzzuständen.

JUPITER

Öle, die von Jupiter regiert werden, versetzen in Hochstimmung und werden häufig in religiösen Zeremonien verwendet.

Zedernholzöl kommt von der Libanon-Zeder. Das Holz wurde dazu benutzt, Paläste und heilige Stätten zu bauen, und auch der Tempel Salomons in Jerusalem wurde mit sehr viel Zedernholz gebaut. Zedernholzöl war das erste Öl, das aus einer Pflanze extrahiert wurde. Die Ägypter verwendeten es, um ihre Mumien zu konservieren und ebenfalls für kosmetische Zwecke. Zedernholzöl wirkt in erster Linie auf die Haut, auf das Atmungssystem und auf den Zeugungs- und Harntrakt. Bei Schmerzen, Brennen oder Schwierigkeiten beim Urinieren, ist Zedernöl ein sehr geeignetes Mittel, ebenso bei Blasenkatarrh. Weil es die Schleimhäute reinigt, hat es eine positive Wirkung bei Katarrhen wie Husten und Bronchitis. Es wirkt auch beruhigend und ist insofern bei Angstzuständen und nervösen Spannungen zu empfehlen. Zedernöl hat eine sehr gute Wirkung auf die Haut: es wirkt zusammenziehend und keimtötend und befreit von Juckreiz. Bei Akne, öliger Haut und Schuppen hat es sich bewährt und kann auch bei Ekzemen, Dermatitis und Psoriasis helfen, ganz abgesehen davon, daß es ein gutes Insektenmittel ist.

Sandelholzöl kommt vom Sandelholzbaum, der in Ostindien und in der Lingnan-Region in China wächst. Von frühester Zeit an wurde Sandelholz als Räucherwerk verwendet, als Mittel zum

Einbalsamieren und als kosmetischer Inhaltsstoff. Im alten Indien wurde es bei religiösen Zeremonien eingesetzt und wird auch im Nirukta, dem ältesten bekannten vedischen Kommentar, erwähnt. Auch in Ägypten und China ist es als Parfüm und kosmetisches Mittel verwendet worden. Der Duft des Sandelholzes ist süß und würzig, dem der Rose verwandt. Sein Geschmack ist äußerst bitter, wodurch er auch zum verdauungsanregenden Mittel wird. Auch die Gallentätigkeit wird dadurch angeregt. Sandelholz wirkt äußerst kräftig auf die Schleimhäute der Geschlechts- und Atmungsorgane und kann deshalb bei chronischen Entzündungen in diesem Bereich gute Dienste leisten (zum Beispiel beim Tripper, wo viel Schleim ausgeschieden wird). Es hilft gegen Streptokokken und Staphylokokken und kann, wegen seiner krampflösenden Eigenschaften, auch bei Husten und Bronchitis gute Dienste leisten. Bei trockener und dehydrierter Haut helfen warme Kompressen; Sandelholz befreit auch von Jucken und Entzündungen.

Saturn

Öle, die von Saturn regiert werden, haben grundsätzlich Yin-Qualität und wirken kühlend, obwohl sie auch Yang-Wirkung haben und wärmen, wenn sie zum Beispiel gegen rheumatische Schmerzen eingesetzt werden.

Kampfer. Der Kampferbaum wächst in China und Japan, aber auch in Indien und Sri Lanka und anderen Ländern der subtropischen Klimazone. Kampfer ist im ganzen Baum vorhanden. Er wird aus den Ästen herausgezogen, indem man sie kleinhackt und kocht. Der Kampfer sammelt sich an der Wasseroberfläche und härtet dann aus, wenn das Wasser abkühlt. Das Kamperöl wird über Dampfdestillation gewonnen und hat einen dem Eukalyptus sehr ähnlichen Duft. Kampfer hat ebenso Yin- wie Yang-Eigenschaften. Auf der Haut wirkt er kühlend und entzündungshemmend, hilft bei Fieber, rheumatischen Entzündungen und Verbrennungen. Er regt auch die Herztätigkeit und die Atmung an und unterstützt den Kreislauf. Man kann die Essenz gut inhalieren, sie hilft gegen Husten, Erkältungen,

Bronchitis und Atemschwierigkeiten. Bei vielen Yin- und Yang-Extremen hat Kampfer eine ausgleichende Wirkung, stimuliert bei Depressionen und sediert bei hysterischen Anfällen, aktiviert die Verdauungssäfte und löst Verstopfungen, wirkt aber auch bei Durchfall, Koliken und Blähungen. Kampferöl gehört zu den toxischen Essenzen und sollte mit Vorsicht genossen werden. In großen Mengen führt er zu krampfartigen Zuckungen.

Eukalyptusöl kommt von einem der höchsten Bäume, die es in der Welt gibt. Seine Heimat ist Australien, aber der Name ist griechisch und heißt »gut bedeckt«, weil die Knospen von einer Haut umgeben sind. Diese wird gesprengt, wenn die Blüte herausbricht. Das Öl eignet sich zum Inhalieren und Einreiben, riecht wie Kampfer und schmeckt sehr bitter. Fieber, grippige Erkrankungen, Scharlach und Diphterie lassen sich gut mit Eukalyptus behandeln, weil es eine stark kühlende Wirkung auf den Körper hat und zudem eines der besten keimtötenden Öle ist. Wegen seiner krampf- und schleimlösenden Eigenschaften wird es bei Sinusitis, Tuberkulose, Halsentzündungen und bei allen Krankheiten mit erheblichem Schleimauswurf sehr gerne genommen. Es wirkt auch rötend auf die Haut und wird wegen seiner sanft zusammenziehenden Wirkung bei Muskelschmerzen, Rheuma und Arthritis eingesetzt.

Kiefernöl kommt hauptsächlich in den nördlichen Regionen Rußlands und Skandinaviens. Einige der besten Kiefernöle kommen aus Nordost-Rußland und aus den Tiroler Bergen. In Seifen und Waschmitteln wird es wegen seiner starken antiseptischen Eigenschaften verwendet, und deshalb eignet es sich auch hervorragend bei Entzündungen des Atmungsorganismus - Bronchitis, Asthma und Lungenentzündung sowie bei Entzündungen der Harnwege wie Nieren- oder Gallenblasenentzündung oder bei Gallensteinen. Äußerlich wird Kiefernöl bei Rheumatismus, Gicht, Lungenentzündung, Sinusitis und Grippe angewendet.

Uranus

Aromen die von Uranus regiert werden, wirken entkrampfend und sedierend auf das Nervensystem.

Ysopöl ist goldgelb und ziemlich teuer. Es wird in Likören und Parfums verwendet. Die Pflanzen wachsen in Frankreich (Provence) und in Deutschland. Die Juden nannten die Pflanze Ezop, und in der Bibel wird sie mehrmals erwähnt, zum Beispiel Psalm 51:7 »Reinige mich mit Ysop und ich werde rein sein. Es hat einen heißen bitteren Geschmack und macht den Kopf im Nu klar, wach und hell. Eine der wichtigsten Verwendungen liegt im Bereich der Atmungsorgane. Da die Essenz weitgehend durch die Lunge ausgeschieden wird, entkrampft sie die Atemwege und führt Schleimauswürfe mit sich. Deshalb eignet sie sich bei Husten, Asthma und allen Katarrhen. Sie wirkt sanft beruhigend und kräftigend auf die Nerven. Ysop entspannt, reguliert den Blutdruck und wirkt überhaupt kräftigend auf die Herzkranzgefäße.

Majoranöl wird aus den blühenden Spitzen des süßen Majoran destilliert. Die Pflanze wächst in Spanien, Südfrankreich und Tunesien. In ältester Zeit wurde sie schon von den Ägyptern verwendet. Die Griechen nutzten sie in Heilmitteln, Parfums und Toilettenartikeln. Der Name könnte von dem griechischen »margaron« entlehnt sein, was »Perle« heißt. Ähnlich wie Basilikum hat Majoran einen feineren Duft als die meisten anderen Öle. Es schmeckt sehr bitter und wärmt Herz und Magen. Majoranöl wirkt sedierend. Es löst Krämpfe, verringert den Blutdruck und stimuliert das parasympathische Nervensystem. Wegen seiner krampflösenden und wärmenden Eigenschaften ist es ein beliebter Inhaltsstoff in Massageölen. Es wirkt sehr tröstlich bei Kummer und emotionaler Unruhe. Wegen seiner anregenden Wirkung auf die Darmperistaltik ist es verdauungsfördernd. Darmkrämpfe kann es auflösen und ist hilfreich bei Koliken und Blähungen. Äußerlich angewendet befreit es von Muskelkrämpfen, rheumatischen Schmerzen, Verstauchungen und Überdehnungen.

Neptun

Öle, die von Neptun regiert werden, können eine euphorische und gehobene Stimmung erzeugen. Sie werden in Ritualen und Zeremonien verwendet, um den Geist zu beglücken. Die unter dem Mond und unter Jupiter genannten Essenzen könnten hier ebenfalls aufgeführt werden.

Der ***Muskatellersalbei*** ist dem gewöhnlichen Salbei sehr ähnlich, aber seine Blüten sind etwas kleiner. Der lateinische Name für Salbei, sclarea, lehnt sich an »clarus«, hell, klar an. Das hat seinen Ursprung in der Verwendung eines aus Salbeisamen bereiteten Schleims, mit dem man Fremdkörper aus den Augen entfernte. Das meiste Muskatellersalbeiöl wird in Rußland hergestellt, aber es wird auch immer mehr in Südfrankreich und Marokko angebaut. In Deutschland ist Salbei hauptsächlich als Muskatellersalbei bekannt, weil die Winzer ihn benutzten, um die Entwicklung des Muskatellerweins zu fördern. Muskatellersalbeiöl verlangsamt und vermittelt ein Gefühl der Euphorie. Seine Blütenqualität ist etwas besser als die des gewöhnlichen Salbei. Es schmeckt warm und bitter. Als Nerventonikum bei Depression oder für ängstliche und schwache Menschen ist es sehr geeignet. Es erhöht auf sanfte Weise den Blutdruck und kräftigt die weiblichen Organe. Es wird auch als Kräftigungsmittel für Nieren und Magen geschätzt.

Weihrauch ist seit Jahrtausenden in Gebrauch. In Ägypten schätzte man seine verjüngende Wirkung und verwendete ihn in Gesichtsmasken, Kosmetika und Toilettenartikeln. Als Räucherwerk benützte man ihn, um die bösen Geister aus den Kranken auszutreiben. Weihrauch, das auf Englisch *»frankincense«* heißt, hieß auf Französisch *»franc ensens«*, was so viel bedeutet wie »üppiges Räucherwerk«. In der alten Welt gehörte es zu den kostbarsten Gütern und wurde deshalb auch, zusammen mit Gold und Myrrhe dem Christuskind dargebracht. Das Harz kommt von einem kleinen Baum, der in Arabien und Somalia wächst. Ebenso wie auch andere Harze, hat Weihrauch eine starke Wirkung auf die Schleimhäute und ist ein gutes schleimlösendes Mittel. Inhaliert oder eingenommen wirkt es auf Katarrhe im Kopf, in der Lunge, im Magen und in den Gedärmen. Seine zusammenziehenden Eigenschaften machen es geeignet für die Behandlung von Blutsturz, erst recht im Uterus oder in der Lunge. Äußerlich angewendet eignet es sich sehr für die Behandlung von Wunden, Geschwüren, Karbunkeln - ganz ähnlich wie Myrrhe. Benzoe wirkt erhebend und tröstend auf die Gefühle und die Gedanken.

Myrrhe ist ein Gummiharz, das aus dem Stamm des Myrrhebuschs gezogen wird, der hauptsächlich in Nordostafrika und in Südarabien vorkommt. In alter Zeit wurde Myrrhe als Räucherwerk, Parfum und Inhaltsstoff von Heilmitteln verwendet. Die Ägypter verbrannten es mittags als Teil ihrer Sonnen-Riten (die Farbe ist rötlich braun). Das Öl wurde auch zum Einbalsamieren und für Gesichtsmasken verwendet. Es eignet sich als Bestandteil von kosmetischen Mitteln, weil es das Fleisch konserviert. Es hat eine leicht kühlende Wirkung auf die Haut. Im Buch Esther ist die Rede davon, daß von den zwölf Monaten, während deren sich die Frauen reinigen, sechs Monate lang Myrrhenöl verwendet wurde. In Griechenland wurde Myrrhenöl in einem der edelsten Parfums der damaligen Zeit, dem »*Megaleion*I« verwendet. Wunden aus dem Kampf wurden mit Myrrhe behandelt, um Entzündungen zu verhindern und schnelle Heilung zu erreichen. Nach der Legende ist Myrrhe aus den Tränen der Myrrha gewachsen. Sie war die Tochter des Cinyrus, König von Zypern, der in einen Busch verwandelt worden war. Myrrhenöl kräftigt das Atmungssystem und regt die Lungentätigkeit an. Bei Erkältungen und Husten ist es ein gutes schleimlösendes Mittel. Es eignet sich aber auch bei Geschwüren, Brand, Eiterfluß und anderen Verfalls- und Fäulniserscheinungen.

PLUTO

Öle, die von Pluto regiert werden, säubern und reinigen. Einige sind für die weiblichen Fortpflanzungsorgane besonders geeignet

Salbei ist eine der artenreichsten und meist verbreiteten Heilpflanzen. Er hat eine aufbauende Wirkung, die den ganzen Körper einbezieht, angefangen bei den Verdauungsorganen und der Leber. Das Öl regt die Nerven und die Nebennierenrinde an. Salbei wirkt ausgleichend auf die hormonbedingten Störungen der Monatsblutungen und Schwierigkeiten während des Klimakteriums ein und es heißt, daß Salbeitee, wenn er wochenlang vor der Entbindung regelmäßig getrunken wird, die Wehenschmerzen verringert. Salbei hilft bei Verdauungsstörungen, Appetitlosigkeit und nervösen Störungen wie Zitterkrämpfen, Benommenheit und Lähmung. Äußerlich angewendet eignet es sich für Duschen, als Insektenmittel, zur Gaumenpflege, bei Halsweh und Kehlkopfentzündung.

Zedernholzöl säubert und reinigt sowohl die Umgebung als auch die Aura (siehe unter Jupiter).

Sandelholzöl wird zum Einbalsamieren und als Räucherwerk zur Reinigung benutzt (siehe Jupiter).

Poleiminze ist ein Minzenart, die fast überall in Europa vorkommt. Ihr Öl ist dem Pfefferminzöl geschmacklich und vom Duft her sehr ähnlich, jedoch etwas bitterer. Es ist vor allem wärmend und atmungsfördernd. Es fördert auch den Blutfluß während der Monatsblutung, sollte aber nicht von schwangeren Frauen genommen werden, da es eine abtreibende Wirkung hat. Es hilft, den Uterus zu kräftigen, die Regelblutungen zu normalisieren und fördert die Fruchtbarkeit. Es kräftigt auch die Nerven und hat einen leicht schmerzlindernden Effekt und eignet sich deshalb bei Nervenleiden und Neuralgien. Bei Fieber fördert es das Schwitzen und bringt die Temperatur herunter. Bei Erkältungen hilft es, Krämpfe zu lösen und Schleim auszuwerfen. Äußerlich angewendet ist es ein hervorragendes Insektenschutzmittel, auch bei Stichen und Bissen schmerzlindernd und heilend. Poleiminze reinigt durch Anregung des Blutkreislaufs.

Jasminöl wird vorwiegend für die Fortpflanzungsorgane benötigt, weil es Krämpfe löst und Schmerzen lindert, sowohl während der Regel als auch bei der Entbindung. (siehe Venus)

Ylang-Ylang-Öl ist bei Impotenz und Frigidität zu empfehlen (siehe Venus).

Rituale bei Vollmond, Tag- und Nachtgleiche und Sonnenwende

8

Wenn wir der Mutter-Erde-Astrologie mehr Gewicht geben wollen, müssen wir praktische Lösungen finden, wie wir die kosmischen Zyklen nützen und unsere Energien so umsetzen können, daß wir auf der persönlichen, der zwischenmenschlichen und der planetarischen Ebene Heilung bewirken. Durch Rituale können wir mit den höheren Energien auf unserem Planeten, mit unserem eigenen höheren Selbst und dem höheren Selbst jedes einzelnen anderen um uns herum in Verbindung treten. Ritual ist Kommunikation mit Mutter Erde und Vater Himmel. Es ist die Synthese der natürlichen Zyklen mit unserer persönlichen Energie. Rituale öffnen uns für die höheren Schwingungen - die Göttin, das große Geheimnis, das Göttliche überhaupt in seinen vielen Erscheinungsformen. Rituale helfen uns, unser rationales Selbst mit unserem kreativen intuitiven Selbst, die linke mit der rechten Gehirnhälfte in Einklang zu bringen.

Rituale können alleine oder in Gruppen durchgeführt werden.

Bei allen Ritualen ist es sehr wichtig, daß ein besonderer harmonischer Platz dafür gefunden wird - draußen, wo es ruhig ist, wo natürliche Kräfte ihren Teil dazu beitragen, wo ein Feuer brennen oder ein Kreis um ein Energiezentrum herum gebildet werden kann, zum Beispiel um einen Herd oder Altar. Auf diesem Altar, ganz gleich ob drinnen oder draußen, sollten ein paar Dinge stehen: Kerzen, Kristalle, Gegenstände, die Energie anziehen und konzentrieren, auch Teile von Tieren, Vögeln (Federn, Knochen), mit deren Geister sich die Person oder Gruppe verbunden fühlt. Ein paar reinigende Kräuter wie Salbei, Zeder, Süßgras oder Weihrauch sollten ausgestreut werden, um den Platz und auch die Aura der teilnehmenden Personen zu klären, außerdem sollten Gegenstände aufgestellt sein, die für die Himmelsrichtungen stehen. Trommeln und Klappern und andere Musikinstrumente, die Energien anziehen helfen, sollten vorhanden sein. Die Trommel repräsentiert den Herzschlag von Mutter Erde.

Wenn das Ritual in einer Gruppe vollzogen wird, beräuchert der Leiter der Zeremonie jeden einzelnen (indem er Salbei, Zedernholz, oder Süßgras anbrennt und damit die Aura der Anwesenden reinigt). Dann ruft er die vier Himmelsrichtungen an. Eine Person, die das Ritual allein vollzieht, kann sich selber und ihre Umgebung beräuchern und die vier Himmelsrichtungen anrufen. Bei Ritualen der amerikanischen Indianer wird für den Osten (Luft) eine Feder genommen, für den Süden (Feuer) eine Kerze, Wasser für den Westen (Wasser) und für den Norden (Erde) Blütenstaub. Bei den Wikkan-Indianern steht des Schwert *(athame)* für den Osten. Ein Zweig der Eiche oder Weide *(wand)* repräsentiert den Süden, ein Kelch den Westen und ein fünfzackiger Stern den Norden. Die vier Himmelsrichtungen werden auch von vier Tieren dargestellt: Adler - Osten; Maus - Süden; schwarzer Bär - Westen; Büffel - Norden.

Mondzyklen und Vollmond

In dem Maße, wie wir durch das Einstimmen auf die größeren planetarischen Kreisläufe lernen, unsere Körper in ein Gleichgewicht zu bringen, reagieren wir empfindsamer auf die monatlichen Mondzyklen. Der Mond geht jeden Monat durch verschiedene Phasen: Neumond, Saatzeit für neue Ideen und Projekte; erstes Quartal, eine Zeit der Ausführung von neuen Projekten; Vollmond, Zeit der Vollendung und Erfüllung und des Teilens mit anderen; drittes Quartal, Zeit, die Bedeutung des Projekts und seines Beitrags zum eignen Wachstum - auch des Bewußtseins - zu begreifen; und schließlich die dunkle Zeit vor dem Neumond, eine Zeit, um alte

Ideen loszulassen, Energie umzuwandeln, zu meditieren und neues Bewußtsein zu wecken.

In allen Kulturen symbolisiert der Mond die weiblichen Kräfte, die personifiziert als Göttin in ihrer dreifachen Erscheinungsform verehrt werden: als Mädchen, Mutter und Matrone. Der zunehmende Mond ist das Mädchen, die Tochter - Persephone, Diana, Venus oder Astarte. Der Vollmond repräsentiert die Mutter - Demeter, Ishtar, Yemaya; und der abnehmende Mond die Matrone oder weise Frau - Hekate oder Inanna. Wichtig ist, daß das Ritual so nah wie möglich am Zeitpunkt des Eintretens stattfindet: Vollmond, Tages- und Nachtgleiche, Sonnenwende.

Vollmond im Löwen (Sonne im Wassermann)

Auf dem Altar oder der Feuerstelle sollten ein paar goldene Kerzen, ein Zitrin, Topas oder Bernstein stehen. Etwas Myrrhe oder Patschouli werden verbrannt bzw. verflüchtigt.

Diese Mondfeier könnte bei Sonnenaufgang mit einer Sonnenmeditation zelebriert werden, konzentriert nach Osten gerichtet auf das kommende Licht der Sonne und ihre Energie. Die Wärme sollte in jedes der Chakren ausstrahlen. Dabei sollen Sie spüren, in welchen Zentren Sie mehr Licht und Wärme brauchen. (Wenn die Sonne nicht scheint, kann die Übung auch drinnen stattfinden. Die Sonne wird dann mit dem Auge des Verstandes visualisiert.)

Als nächstes schauen Sie in Ihr Herz hinein (der Löwe regiert das Herz) um zu sehen, ob es Menschen gibt, vor denen Sie Ihre Gefühle verbergen. Schicken Sie denen Ihre Liebe und Heilung und stellen Sie fest, wie die alten Fesseln sich auflösen. Reichen Sie sich die Hände und lassen Sie jeden ausdrücken, welche Empfindungen und Gefühle er gerne mitteilen möchte. Singen Sie gemeinsam Lieder, welche die Löwe-Energie zum Ausdruck bringen. “Let me be One with the Infinite Sun” (s. im Abschnitt Lughnasadh) zum Beispiel.

Wer für sich allein eine solche Mondfeier begeht, sollte sich auf die eigene Kraft, den eigenen Mut und den eigenen Gebrauch von Kraft besinnen. Löwe-Blütenmittel *(Sunflower, Nasturtium oder*

Dandelion) könnten dabei helfen, die Löwe-Qualitäten aus Ihnen herauszubringen. Sie könnten ein Bild malen, auf dem die Sonnenenergie sich sammelt, oder Musik hören wie Beethovens Fünfte, in der sich Löwenkraft sammelt.

Vollmond in der Jungfrau (Sonne in den Fischen)

Um den Altar oder das Feuer stehen braune Kerzen und Edelsteine wie Tigerauge und erdfarbener Achat. Nachdem die vier Himmelsrichtungen hereingerufen sind, wird der Geist der Blumen und Pflanzen gerufen, die sich gerade darauf vorbereiten, aus der Erde hervorzubrechen. Bittet sie, der Mutter Erde neue Energie und Heilung zu bringen. Lieder wie: "The Earth is our Mother" können dabei gesungen werden (den Text finden Sie unter dem Abschnitt Sommer-Sonnenwende).

Lassen Sie dann im Kreis herum jeden mitteilen, auf welche Weise er oder sie glaubt, eher zu helfen als zu urteilen. Jede Person soll darauf achten, auf welche Art und unter welchen Umständen sie mit sich selbst übermäßig kritisch umgeht. Erfahren Sie die mitfühlende Fische-Sonne in ihrer ganzen Energie und versuchen Sie diese in Ihr eigenes Leben zu integrieren.

Ein passendes Lied könnte das folgende sein:

I Will be Gentle With Myself
I will be gentle with myself
I will love myself
I am a child of the Universe
We are one together

Freundlich will ich mit mir selber sein
Freundlich will ich mit mir selber sein
Ich will mich lieben
Kind des Universums
Zusammen sind wir eins
(von dem Band "The Giveaway" der Ojai Stiftung)

Wenn Sie diese Mondfeier alleine zelebrieren, sollten Sie sich mit etwas Öl einreiben, zum Beispiel Rosmarin- oder Fenchelöl. Denken Sie an die Gelegenheiten, bei denen Sie vorschnell urteilen. Nehmen Sie Blütenessenzen wie *Beech, Crab Apple Corn* oder *Dill.* Hören Sie Musik, Lieder, die der Göttin geweiht sind, oder malen Sie ein Bild von der Erde, kurz vor Frühlingsanfang. Spüren Sie, wie die Erde fühlt und schreiben Sie ein Gedicht oder einen Text.

Vollmond in der Waage (Sonne im Widder)

Machen Sie einen "Frühlingsputz" ein paar Tage vor Vollmond. Fasten Sie und benutzen Sie dabei Nierenkräuter wie Uva Ursi, Alfalfa und Brennessel.

Auf dem Altar oder um das Feuer liegen Frühlingskräuter und blühende Kräuter: dazu ein Aquamarin oder ein grüner Aventurin, Smaragd oder Malachit.

Dies ist die Osterzeit und die Zeit des Pascha-Festes. Meditieren Sie über die Bedeutung der Auferstehung Christi oder die Überquerung des Roten Meers durch die Juden als Akte der Befreiung von alten Fesseln. Denken Sie an den Teil Ihrer sebst, der noch festgebunden ist. Teilen Sie sich den anderen mit. Beten Sie für alle Menschen auf der Erde, die noch auf die eine oder andere Weise, sei es körperlich oder geistig, in Fesseln liegen.

Wenn Sie diese Mondfeier für sich allein durchführen, denken Sie an alle Beziehungen, in denen Sie stehen und daran, wie sie im Gleichgewicht gehalten werden können. Müssen Sie anderen mehr oder weniger von sich selber geben? Was muß sich in Ihren Beziehungen ändern? Sie sollten sich vielleicht eine der Waage-Blütenessenzen bereiten wie zum Beispiel *Penstemon, Sweet Pea oder Quaking Grass.*

Vollmond im Skorpion (Sonne im Stier)

An diesem wichtigen Vollmond, der auch als Wesak Vollmond bekannt ist, wird Buddhas Geburtstag gefeiert. Der mittlere Grad der fixen Zeichen (Stier, Löwe, Skorpion, Wassermann) wird jeweils mit einem der vier Tore in Verbindung gebracht und jedes wird von einem Wesen repräsentiert: Stier, Löwe, Adler, Mensch (diese werden in der Geheimen Offenbarung des Evangelisten Johannes und anderer apokalyptischer Literatur erwähnt). Skorpion und Adler ist dasselbe. Der Adler erhebt sich in die Lüfte und schaut auf sein Territorium herunter. Zur Zeit des Skorpion-Vollmonds haben wir die Chance, die Dinge aus größerer Distanz zu überblicken und können von neuem beginnen. (In vielen Mythen der amerikanischen Indianer ist der Adler das Symbol des Ostens, des Neubeginns).

Schwarze Kerzen und Rauchquarz, schwarzer Obsidian und Gagat eignen sich für diese Zeremonie. Wichtig ist, daß der Rauchquarz so hingestellt wird, daß das Licht hindurchscheint. Weil dies auch die Zeit um den ersten Mai ist, an dem Fruchtbarkeitsriten stattfinden und der Reichtum des Frühlings gefeiert wird, sollten saftige wilde Frühlingsblumen verstreut werden.

Verbrennen Sie etwas Salbei oder Zedernholz, um alles ringsum zu reinigen und nehmen Sie Zedernöl zum Einreiben. Dies ist eine Zeit, in der Reinigung große Wirkung hat und alte Verhaltensmuster leicht abgeworfen werden können. Beginnen Sie eine Meditation über das, was jeder einzelne braucht, um loszulassen und das Leben zu verwandeln. Jeder soll sagen, was er speziell dazu braucht und wie er meint, daß sich seine Energie umwandeln wird. Teilen Sie den Reichtum des Frühlings miteinander, indem Sie die Mutter Erde besingen, tanzen und andere frohe Ausdrucksformen finden. Bereiten Sie einen Salat aus frischen Frühlingspflanzen und anderen Nahrungsmitteln, die im Frühjahr im Überfluß vorhanden sind, vor.

Wenn Sie alleine sind, könnten Sie sich eine Verwandlungsmusik wie “Tod und Verwandlung op.24” von Richard Strauß anhören. Schreiben Sie sich auf einen Zettel oder sagen Sie laut vor sich hin, was Sie loslassen wollen. Prüfen Sie, welche Lebensbereiche Ihre emotionale oder sexuelle Energie blockieren. Eine der Skorpion-Blüten wie *Sticky Monkeyflower, Fuchsia oder Black-eyed Susan* können hierbei helfen.

Vollmond im Schützen (Sonne in Zwillinge)

Um die Aufmerksamkeit auf die Schützen-Energie zu richten, geben Sie jedem ein paar Tropfen Eisenkraut oder Wald-Trespe. Alle legen irgendwelche Gewänder an, die in anderen Ländern bei Zeremonien getragen werden. Man redet dann darüber, was in dem jeweiligen Land gerade passiert und was dort besonders der Heilung bedarf. Lieder aus diesen Ländern oder über diese Länder werden dann gesungen.

Alle sollen mitteilen, wie sie sich vorstellen können, ihr inneres Wissen zu erweitern. Wie kann jeder einzelne seinen inneren Raum für die Heilung des Planeten erweitern?

Wenn Sie alleine sind, können Sie Türkis oder Chrysokoll in der Stunde, die von Jupiter regiert wird, benutzen. (Lesen Sie im Edelstein-Kapitel unter Jupiter nach). Sie können Räucherwerk verbrennen, zum Beispiel Melissen- und Sandelholzöl. Hören Sie erhebende Musik wie Beethovens Neunte Symphonie oder Sibelius' Finlandia, op. 26 (Dieses Musikstück hat die Finnen zum Widerstand gegen die russische Invasion aufgebracht. Die Lieder von John Denver oder Spirituals, die von Mahalia Jackson oder Marian Anderson gesungen werden, sind ebenfalls inspirierend.

Vollmond im Steinbock (Sonne im Krebs)

In dieser Zeit der Sommer-Sonnenwende und dem Beginn des Sommers schicken wir Heilung und gießen Wasser über die Erde aus, um ihr über die Trockenzeit zu helfen.

Braune und schwarze Steine wie bestimmte Achate, Onyx und Gagat können um den Mittelpunkt der Zeremonie herum aufgestellt werden. Dazu braune und orange- und erdfarbene Kerzen. Alle anwesenden Personen können erzählen, wie sie darangehen werden, ihre Energien in neuen Projekten während der Herbst- und Wintermonate einzusetzen. Steinbock ist eine gute Zeit, um den Rahmen für neue Pläne und Ideen abzustecken und sie zu organisieren.

Prüfen Sie jeden Aspekt ihres Lebens, in dem sie versteinert sind oder festsitzen. Teilen Sie die Ergebnisse den anderen mit und mischen Sie ein Blütenmittel mit *Rock Water, Blackberry oder Saguaro*, um mit den Energieströmen mitzufließen.

Wenn Sie diese Mondfeier alleine feiern, dann erstellen Sie eine Liste ihrer neuen Ideen und Projekte. Hören Sie Haydn oder Mozart oder eine Symphonie von Schubert, um dem Organisationsprinzip der Steinbock-Kreativität auf den Grund zu kommen.

Vollmond im Wassermann (Sonne im Löwen)

Dies ist die heißeste Jahreszeit. Viele amerikanische Indianer veranstalten in dieser Zeit Sonnentänze. Blaue Kristalle und Edelsteine wie Aquamarin, Azurit, Lapis und Saphir können benutzt werden, um die Hitze der Sonne abzukühlen und die Uranus-Schwingungen zu dämpfen.

Jede Person im Kreis kann sagen, wie sie gedenkt, mehr Licht und Liebe in ihr Leben zu bringen und welche Projekte sie in humanitärer Hinsicht für wichtig hält.

Blütenmittel wie *Chamomile, Dill* und *Vervain* können helfen, mit der Uranus-Energie zurechtzukommen.

Wer diese Feier alleine zelebriert, sollte seine neuen Ideen und Bemühungen aufschreiben. Denken Sie darüber nach, wie Sie andere Leute gewinnen können, für gemeinsame Ziele zu arbeiten. Uranische Inspiration erhalten Sie aus der Musik von Strawinsky oder Bartok. Sie können auch die Lieder von Bob Dylan, Joan Baez oder den *New Troubadours* spielen.

Vollmond in den Fischen (Sonne in der Jungfrau)

Dies ist der Beginn der Erntezeit und eine gute Zeit, um Rituale zum Einsammeln der Geschenke der Erde zu vollziehen. Gebete und Zeremonien zu Ehren der Mutter Erde zum Dank für den Überfluß, den sie schenkt, sind für diese Zeit angemessen.

Die Kerzen sind jetzt lila und zur Einstimmung auf die Fische-Energie sind Amethyste und Fluorite geeignet.

Jeder der Teilnehmer kann mitteilen, wie er gedenkt, die innere

Aufmerksamkeit zu erweitern und mehr Liebe und Mitgefühl aufzubringen und, damit das wahre eigene Selbst besser durchscheinen kann, die Masken fallen zu lassen, die nicht mehr nötig sind.

Essenzen wie Katzenohr und Lotus können uns in dieser Zeit helfen, das eigene Wesen für eine höhere Führung zu öffnen. Jeder kann ein Lied oder ein Gedicht vortragen, welches die eigenen höheren Gefühle gut zum Ausdruck bringt.

Wenn Sie alleine sind, sollten Sie Farben oder irgendein anderes Medium benutzen, um Ihre Träume zu vermitteln. Lesen Sie Gedichte, die eine starke mystische Qualität haben: von William Blake, zum Beispiel. Hören Sie Musik wie Paul Horns "Inside the Great Pyramid", indische Ragas, Georgia Kelleys Aufnahmen, zum Beispiel "Ancient Echoes" oder Paul Winters "Canyon Consort". Fragen Sie sich selbst, wie Sie sich auf Ihr höheres Selbst einstimmen können und was Sie tun können, um sich von diesem höheren Selbst leiten zu lassen.

Vollmond im Widder (Sonne in der Waage)

Der Altar oder Zeremonienplatz sollte mit roten Kerzen und Steinen wie Karneol, Blutstein und Granat geschmückt sein. Benützen Sie diese Steine, um mit Ihrer inneren Kraft in Verbindung zu treten. Jeder soll nun sagen, wie er mit Selbstbehauptung und Wut zurechtkommt. Halten Sie Ihre Aggressionen zurück oder verschaffen Sie ihnen Ausdruck?

Widder/Waage ist eine Zeit, die dem Ausgleich in den Beziehungen gewidmet werden sollte. Sind Sie zu egozentrisch und dominierend? Vielleicht müssen Sie diese Eigenschaften etwas mäßigen. Blütenmittel wie *Heather* und *Vine* können dabei hilfreich sein.

Sollten Sie alleine sein, dann wäre es gut, eine Bergtour oder Wanderung zu machen, um herauszufinden, inwieweit Ihr Körper die innere Kraft und Vitalität widerspiegelt. Um Ihre Mars-Energie herauszubringen, könnten Sie Blütenessenzen wie *Trumpet Vine, Cayenne* und *Indian Paintbrush* gebrauchen. Oder hören Sie Musik wie die Ouverture zu Wilhelm Tell von Rossini, die Märsche von

Sousa oder Kay Gardners "A Rainbow Path", das ein Musikstück für jedes Chakra enthält, oder die Chakra-Meditation von Bodo J. Baginski und Shalila Sharamon (Windpferd-Verlag).

Vollmond im Stier (Sonne im Skorpion)

Dies ist die Zeit der Kürbismasken, und man sollte vielleicht Kostüme verwenden. Meeresgrüne oder türkise Farben und Kerzen und Steine wie Malachit, Smaragd, Chrysolit und Aventurin sind für die Zeremonie sehr geeignet.

Jeder sagt, welche Eigenschaft er gerne fallenlassen würde (Skorpion) und welche neuen Persönlichkeitsmerkmale er aufbauen möchte (Stier). Um leichter aus irgendwelchen festgefahrenen Situationen auszubrechen, kann man sich mit Blütenmitteln wie *Chesnut Bud*, *Chicory* und *Tansy* helfen. Wer den höheren Zonen der von Venus beeinflußten Liebes-Schwingungen in sich zum Ausdruck verhelfen will, kann die Essenzen der *Iris* oder der *California Wild Rose* probieren.

Sollten Sie diese Mondfeier alleine begehen, stellen Sie eine Liste von alten Gewohnheiten zusammen, die Sie gerne aufgäben und von Veränderungen, die Ihnen am Herzen liegen. Genießen Sie die Venusschwingung dieses Mondes mit Musik wie "Fanfare for the Common Man von Copland" und den urigen Liedern von Buffy St. Marie oder Odetta. Ein Besuch im Kunstmuseum und besonders der Bilder von Rubens, Renoir und Gauguin, bringen Ihnen gewiß zusätzliche Stier-Energien.

Vollmond in den Zwillingen (Sonne im Schützen)

Der Zwillings-Vollmond kann in eine Zeit fallen, in der alle Energien zerstreut sind, so daß es wichtig sein kann, das Augenmerk konzentriert auf ganz bestimmte Projekte zu richten, die in den Wintermonaten ausgeführt werden können.

Der Ort, an dem die Zeremonie gehalten wird, sollte mit Achat, Katzenauge und Tigerauge geschmückt werden, eine Hilfe zu Klarsicht. Blütenmittel wie *White Chesnut*, *Madia* oder *Shasta*

Daisy können uns bei der Konzentration helfen.

Jeder im Kreis kann erzählen, wie er sich vorstellt, mit mehr Menschen Kontakt aufzunehmen, um das Ideal und die Weisheit des Schützen zu verbreiten. Eigene Gedichte und eigene Lieder können vorgetragen werden.

Wenn Sie diese Mondfeier alleine begehen, dann schreiben Sie auf, wie Sie glauben, Ihre Energien und Projekte konzentriert und zielbewußt nutzen zu können, um höheres Wissen zu transportieren. Lesen Sie sich laut Gedichte vor und drücken Sie in dichterischer Form Ihre Empfindungen aus.

Vollmond im Krebs (Sonne im Steinbock)

Benützen Sie bei Ihrer Zeremonie die Farben Silber und Blau und als Edelsteine Opal, Mondstein und Perle.

Beginnen Sie die Mondzeremonie mit dem Anruf der Großmutter Mond und der Göttinnen Diana und Astarte. Dadurch stärken Sie die weiblichen Energien, die dem Planeten zu der Zeit zur Verfügung stehen.

Der Krebs-Vollmond ist eine gute Zeit, um alte emotionale Bindungen fallenzulassen und mehr Gleichgewicht und Objektivität ins Leben zu bringen. Blütenessenzen wie *Chicory* und *Honeysuckle* helfen dabei. Es ist auch eine Zeit, in der die fürsorglichen Qualitäten der Mutter Erde herausgebracht werden. Diese Schwingungen können von *Pomegranate* und *Mariposa Lily* unterstützt werden.

Wenn Sie alleine sind, dann gehen Sie hinaus und führen Sie eine Mondzeremonie durch. Schauen Sie darauf, wo Sie Ihre eigenen kreativen und intuitiven Kräfte wachsen lassen müssen. Hören Sie tröstliche und nährende Musik wie Händels Wassermusik und Debussys "Clair de Lune" oder die Lieder von Leonard Cohen.

Zeremonien zur Tag- und Nachtgleiche und zu den Sonnenwenden

Sehr viele Menschen führen Zeremonien und Rituale zu den Zeiten durch, in denen die Sonne in eines der vier kardinalen Zeichen tritt: Widder und Waage, d.h. Frühlings- und Herbst-Tag- und Nachtgleiche und Krebs und Steinbock, d.h. Sommer- und Winter-Sonnenwende, die Zeiten des längsten und des kürzesten Tages.

Viele Gruppen führen auch an solchen Tagen Zeremonien durch, die, zusammen mit den Tag- und Nachtgleichen und den Sonnenwenden, die acht Sabbate in der keltischen Wikka-Tradition ergeben. Diese Zeiten an denen wir die Energie, die sich an den Sonnenwenden und Tag- und Nachtgleichen aufgebaut hat, in ihrer Auswirkung besonders stark spüren, sind:

1. der zweite Februar, Lichtmeß oder der Tag der Heiligen Birgit;
2. der erste Mai oder Beltane, einer der alten Feuerfeste;
3. der erste August, Lughnasadh oder Lammas und
4. der 31. Oktober, Hallowe'en (Allerheiligen) oder Samhain, ebenfalls ein altes europäisches Feuerfest.

Wichtig ist die Wahl eines heiligen Kraft-Platzes, an dem die Rituale durchgeführt werden können. Am besten eignen sich Plätze im Freien, weil die Natur- die Bäche, Felsen, Bäume, Vögel, Tiere, die es dort vielleicht gibt, einen enormen Beitrag zu der Zeremonie leisten können. Plätze, die ehemals rituellen Zwecken dienten, sind ebenso von besonderen Schwingungen umgeben wie solche Plätze, die von den einmal dort ansässigen Menschen als heilige Orte geehrt wurden, wie zum Beispiel die vielen Kultplätze der amerikanischen Indianer. Außerdem sollten die Rituale an unterschiedlichen Plätzen und auf dem Land der unterschiedlichsten Völker stattfinden, damit die Erde überall die von den Ritualen ausgehende heilende Energie erfährt.

Ein Mittelpunkt dieser Feiern ist immer das Feuer. Die rituelle Nutzung des Feuers läßt sich auf die heiligen Feuerfeste des alten Europa zurückführen (siehe James G. Frazer: *Golden Bough, St. Martin's Press Inc.*) und auf die in allen alten Kulturen belegte Verehrung von Großvater Feuer. Feuer ist die Nachahmung der Sonnentätigkeit. Es liegt nahe, daß unsere Vorfahren gerade an den Sonnenwenden das Feuer besonders feierten, weil das Feuer und die Wärme der Sonne an diesen Tagen zu- bzw. abnahm.

Das Feuer symbolisiert auch die Reinigung, ein wichtiger Bestandteil aller alten Feuer-Feiern. Die Reinigung bezog sich sowohl auf die körperliche Reinigung von Seuchen und Pest, sondern auch auf die persönliche geistige Reinigung. Die Indianer benutzen Schwitzhütten, um sich körperlich und geistig zu reinigen, und oft werden die Schwitzhütten zur Reinigung und Vorbereitung auf die Zeremonien verwendet.

Verschiedene Arten, das heilige Feuer für die Zeremonie anzuzünden, sind möglich. Sie unterscheiden sich von Gruppe zu Gruppe und auch von Stammeseinheit zu Stammeseinheit, aber die Intention bleibt die gleiche.

Das Ritual

Am Abend, bevor das Ritual durchgeführt wird, können die Männer und die Frauen sich in verschiedene Gruppen aufteilen und jede Gruppe kann, bevor sie sich in der Dämmerung wieder zusammentun, eigene Riten durchführen.

Normalerweise führen die Frauen Mondzeremonien durch, in denen sie die Großmutter Mond und verschiedene Göttinnen wie Diana, Artemis, Astarte, Ishtar usw. ehren. Sie singen Lieder und Gesänge, in denen die kreative, fruchtbare und intuitive Natur des Mondes gefeiert wird. Dabei können an verschiedenen Kraftplätzen Kristalle vergraben werden. Um ein heiliges Feuer herum kann ein Mondaltar aufgebaut werden, auf den die Frauen ihre eigenen speziellen Gegenstände der Kraft und ihren Schmuck niederlegen, um sie vom Mondlicht segnen zu lassen. (Nach der Dämmerungszeremonie werden sie wieder eingesammelt.)

Es kann auch ein Medizinbeutel eingerichtet werden, wobei jede Frau einen heiligen Gegenstand hineinlegt. Dieser Beutel kann dann während des Jahres von jeder der Anwesenden benutzt werden, wenn sie besonderer Heilung bedarf, sei es körperlich, psychisch oder geistig.

Die Frauen können Gesänge und Lieder ebenso wie wichtige Träume und Botschaften für die jeweilige Jahreszeit miteinander austauschen.

Ein Gesang zu Ehren von Großmutter Mond

Into the silence of the night
Into the silence of the Moon
I am making my dreams come true
Into the silence of the night
Into the silence of the Moon
I am making my being come true

Hinein in die Stille der Nacht
Hinein in die Stille des Monds
Entlasse ich meine Träume
Hinein in die Stille der Nacht
Hinein in die Stille des Mondes
Entlasse ich mich, um wahr zu werden

(Medicine Wheel Chants, Bear Tribe Medicine Society, P.O.Box 9167, Spokane, Wa 99209)

Die Männer können auch einen Kreis machen und ihre Gegenstände der Kraft segnen lassen und einen speziellen Medizinbeutel einrichten. Häufig errichten sie eine Schwitzhütte, um sich für die Dämmerungszeremonie zu reinigen. Die Hütte selber kann schon am Tag vorher gebaut werden, wenn es nicht schon eine an der Stelle gibt. Wichtig dabei ist die richtige Vorgehensweise beim Bau mit den Weidenruten und beim Heizen der Steine.

In der Dämmerung können die Männer und Frauen dann zusammenkommen und gemeinsam um das heilige Feuer oder im heiligen Kreis beten. Bei den amerikanischen Indianern ist es Brauch, jedem eine Prise Tabak zu geben. Jeder geht dann der Reihe nach zum heiligen Feuer, sagt sein Gebet und wirft den Tabak ins Feuer. Bevor das geschieht, macht jemand die Runde mit rauchendem Salbei, Zedernholz oder Süßgras und beräuchert jeden damit. Das ist eine Methode der Aura-Reinigung und der Vertreibung negativer Schwingungen, welche die Person umgeben könnten. Manchmal werden vorher kleine Bündel gemacht - eine Prise Tabak in ein Stück rotes Tuch eingewickelt. Das ist für Leute, die an der Zeremonie nicht teilnehmen können. Diese Bündel werden ins Feuer gelegt, nachdem einer stellvertretend sein Gebet gesagt hat. Nach den Gebeten werden Gesänge und Lieder, Geschichten, Musik und Träume ausgetauscht. Zum Schluß wird das Fasten gebrochen - manche haben nur in der Nacht nichts gegessen, andere vier Tage lang - und die neue Jahreszeit mit ihrer neuen Energie wird mit einem Fest gefeiert.

Normalerweise wird der Altar bei der Feuerzeremonie mit besonderen Kräutern und Pflanzen der Jahreszeit und mit den Farben und Symbolen der vier Himmelsrichtungen geschmückt. Osten steht für Licht und Luft, Zeugung und die Farbe Rot; eine Feder oder ein Bild von einem Adler kann für den Osten stehen. Süden ist Feuer, Ausdehnung und Unschuld. Seine Farbe ist Gelb. Ein Feuersymbol oder eine Maus, Symbol des Südens, können hier placiert werden. Westen ist Wasser, Tod und Transformation. Seine Farbe ist Schwarz. Hierfür kann eine Schale mit Wasser stehen oder der schwarze Bär. Norden ist die Erde, ein Ort der Weisheit und der Reinigung. Ihre Farbe ist weiß. Maismehl für die Erde und der weiße Büffel sind die richtigen Symbole des Nordens.

Winter - Sonnenwende

Mit dem Winter beginnt der Zyklus - der Sonnenkönig wird geboren. Er bringt das Licht zurück und führt uns aus der Dunkelheit heraus. Wenn der kürzeste Tag vergangen ist, werden die Tage mit ihrem Licht wieder länger, und wir finden auch in uns selber neue Lichtquellen und Quellen der Erneuerung. Dies ist die Zeit der Geburt Christi aus dem Leib der Maria und die Zeit der Geburt der Göttin. Persephone kehrt aus der Unterwelt zurück und ist wieder mit ihrer Mutter Demeter vereinigt.

Viele Traditionen ranken sich um die Winter - Sonnenwende. Die amerikanischen Indianer feiern in der Zeit die Erneuerung der Erde. Es ist eine Zeit des Fastens (meistens für vier Tage) und eine Zeit der Reinigung, der engen Verbindung mit der Natur. Man meidet Autos und Geschäftigkeit In dieser Zeit werden die Medizinbeutel der einzelnen Stämme geöffnet und erneuert. In Europa kennt man den Brauch der Weihnachtsknorren. Der Weihnachtsknorren ist das Gegenstück zu den Mittsommer-Freudenfeuern. Sie werden im Haus angezündet und nicht draußen, wo es um diese Jahreszeit zu kalt ist. In manchen Gegenden Serbiens und anderen slawischen Ländern wird der Knorren heute noch hereingebracht und glüht dann während dieser heiligen Zeit zwölf Nächte lang am Boden des Herdfeuers. Danach wird er im Haus aufbewahrt und soll während des ganzen Jahres das Haus und seine Bewohner vor schlechtem Wetter und Krankheit schützen. Im Vergleich zu Mittsommerfesten sind diese Sonnenwenden kleine Ereignisse.

Die heilige Pflanze dieser Jahreszeit ist die Mistel. Mistelzweige wurden bereits von den Druiden, den Priestern der Kelten verehrt. Die Mistel hat sehr vielseitige Verwendung gefunden - als Heilmittel gegen Epilepsie und empfängnisförderndes Mittel zum Beispiel. Normalerweise wurden ihre Zweige um das Mittwinterfeuer herum ausgelegt.

Die Himmelsrichtung, die mit dem Winter verbunden wird, ist der Norden. Sein Tiersymbol ist der weiße Büffel. Unter Indianern erzählt man sich häufig Geschichten von der weißen Büffelfrau.

Die Nacht vor der Winter-Sonnenwende ist die dunkelste Nacht des Jahres. Sie symbolisiert die Zeit des Werdens im Mutterleib. In manchen Ritualen legt sich ein jeder in der Form des Foetus hin. Eine Frau, welche die Göttin darstellt, geht herum und berührt einen nach dem anderen und bringt sie damit, sozusagen zur Geburt. Die Personen erheben sich, werden quasi geboren und bitten um die Dinge, die sie für ihren neuen Zyklus zu brauchen glauben und beten für die Erde und den Planeten. Bestimmte Meditationen, die darauf zielen, das Licht in ganz bestimmte Bewußtseinsbereiche hineinzubringen, können daran anschließen.

Am darauf folgenden Morgen werden häufig Erderneuerungs-Rituale durchgeführt. Ein solches Ritual ist das folgende:

Die Zeremonie für die Erneuerung der Erde wird in der Dämmerung begonnen. Sie bezieht die älteste Frau und den ältesten Mann, das jüngste Mädchen, das dem Ritual bewußt folgen kann, und den jüngsten Sohn, der dem Ritual bewußt folgen kann. Alle versammeln sich im Kreis, das heilige Feuer in der Mitte. Die älteste Frau und das Mädchen stehen im Westen, der älteste Mann steht im Osten und der junge Mann kommt vom Norden herein.

Die älteste Frau bewegt sich jetzt im Uhrzeigersinn innerhalb des Kreises und gräbt mit einem Kristall ein Loch; sie legt Maiskörner hinein und betet, daß sie gedeihen. Dann kommt das Mädchen dazu, streut Blütenstaub auf die Samen und betet für das ungeborene Leben. Inzwischen hat der junge Mann seinen Sonnenlauf begonnen. Er trägt Wasser im Mund und richtet sich so ein, daß er den Kreis in dem Moment von Osten her betritt, in dem das Mädchen ihn verläßt. Wenn er zu früh eintrifft, läuft er außen um den Kreis herum. Während er nun mit der Sonne um den Feuerkreis schreitet, läßt er das Wasser aus seinem Mund auf die Samen und den Blütenstaub fließen und bittet um Regen. Er verläßt den Kreis wieder und geht zu einem Platz in der Nähe des ältesten Mannes im Osten. Der älteste Mann betritt den Kreis, deckt die Samen zu und spricht Gebete, in denen an die Endlichkeit unseres Seins erinnert wird. Er bewegt sich dann im Sinne der Sonne zurück zu seinem Platz.

Nach Beendigung dieses Rituals kann eine Person allen Anwesenden eine Prise Tabak geben, und damit sagen alle ihre persönlichen Gebete am Feuer. Danach wird gemeinsam gesungen.

Die folgenden beiden Lieder eignen sich für diese Jahreszeit.

Das Licht kommt wieder , von Charlie Murphy
Our planet ist turning, circle on her path around the Sun
Earth Mother is calling her children home.
Light is returning, although this is the darkest hour
No one can hold back the dawn.
Let´s keep it burning, let´s keep the light of hope alive,
Make safe your journey, through the storm.

Ein Planet dreht sich im Kreis auf seinem Weg um die Sonne
Erd-Mutter ruft ihre Kinder heim.
Das Licht kommt wieder trotz dieser dunkelsten Stunde
Die Dämmerung hält keiner zurück
Laßt es uns anfachen, das Licht der Hoffnung am Leben halten,
Es soll die Reise durch den Sturm uns schützen.

(Life is Returning aus: "Canticles of Light" prod. by Art Front Music, P.O.Box 12188, Seattle, Wa 98102)

Ancient Motehr
Ancient Mother, I hear you calling
Ancient Mother, I hear your sound
Ancient Mother, I hear your laughter
Ancient Mother, I taste your tears.

Urmutter
Mutter, ich hör dich rufen
Mutter, ich hör Deinen Ton
Mutter, ich hör dein Lachen
Mutter, ich schmeck deine Tränen

Frühlings-Tag- und Nachtgleiche

Wenn die Tages- und Nachtkräfte gleich stark werden, dann erneuert die Erde ihren Kreislauf von Geburt und Auferstehung. Die Pflanzen, die in den langen Wintermonaten unter der Erde begraben waren, stecken ihre Köpfe heraus, Blätter erscheinen an den Bäumen, das Surren der Insekten erfüllt die Luft und die leuchtenden Frühlingsfarben der Blumen beherrschen die Landschaft. Das ist die Zeit, in der Demeter und Persephone, Mutter und Tochter, auf der Erde inmitten des lila-gelben Frühlingswachstums miteinander spielen. Es ist eine Zeit des Neubeginns. Wir pflanzen Samen in unseren Gärten und säen für unseren eigenen Wachstumsprozeß während des neuen Zyklus. Was wollen wir, jeder für sich, in diesem neuen Zyklus erreichen und wie können wir damit beginnen?

Für unsere Riten können wir Zweige von frischen Kräutern und gelbe, violette und orangefarbene Blumen auf den Altar oder um die Feuerstätte legen. Wenn wir die Kristalle aufstellen, können wir diejenigen, die einen gelben oder orangefarbenen Glanz haben wie Zitrin und Topas, in den Vordergrund stellen, weil sie die Rückkehr der Sonne symbolisieren. Andere Gegenstände der Kraft sind Vogelfedern, Teile von Tieren, Muscheln, Steine und Mineralien.

Der Osten ist die Himmelsrichtung, die mit dem Frühling assoziiert wird, mit der Farbe Rot, dem Adler, der Dämmerung und dem Neubeginn. Auch das Ei ist ein Frühlingssymbol. Das Osterei ist ein Überbleibsel des Mythos vom Ei der Göttin, das von der Schlange geöffnet wurde. Das Ei steht für Geburt und Brüten.

Gesänge zur Feier der Wiedergeburt des Königreichs der Natur sind zum Beispiel die folgenden:

Spirit of the Wind

chorus

Spirit of the wind, carry me
Spirit of the wind, carry me home
Spirit of the wind, carry me home to myself.

Spirit of the ocean, depth of emotion

Spirit of the sea, set my soul free.
  Spirit of the storm, help me be reborn
Spirit of the rain, wash away my pain.
  Spirit of the Sun, warm light healing me
Spirit of the sky, spread my wings and fly.
  Spirit of the river, blessend forgiver
Spirit of the Shore, show me more and more.
  Spirit of the Earth, help me with my birth
Spirit of the land, hold me in your hand.

Geist des Windes - *Chor*
  Geist des Windes, trag mich
Geist des Windes, trag mich nachhause
Geist des Windes, trag mich nachhause zu mir.
  Geist des Meeres, Tiefe der Gefühle
Geist der See, gib meiner Seele die Freiheit.
  Geist des Sturmes, laß mich wiedergeboren werden
Geist des Regens, wasch meine Schmerzen aus.
  Geist der Sonne, warmes Licht, das mich heilt
Geist des Himmels, breite meine Flügel aus und fliege.
  Geist des Flusses, gesegneter Vergeber.
Geist des Ufers, zeig mir mehr
  Geist der Erde, hilf mir bei meiner Geburt
Geist des Landes, halt mich in Deinen Händen.

The Return
The earth, the water, the fire, the air
Return, return, return, return
The earth, the water, the fire, the air
Return, return, return, return
Ee ya ya ya ya ya ya ya
Wo wo wo wo wo wo wo wo
Ee ya ya ya ya ya ya ya
Wo wo wo wo wo wo wo wo

Der Refrain
Die Erde, das Wasser, das Feuer, die Luft
kommt wieder, kommt wieder, kommt wieder, kommt wieder
Die Erde, das Wasser, das Feuer, die Luft
kommt wieder, kommt wieder, kommt wieder, kommt wieder
Ei ja ja ja ja ja ja
Wo wo wo wo wo wo wo wo
Ei ja ja ja ja ja ja
Wo wo wo wo wo wo wo wo

SOMMER-SONNENWENDE

Wenn das Sonnenlicht stärker wird, nähern wir uns der Zeit der Sommer-Sonnenwende oder Mittsommernacht. Das ist der längste Tag des Jahres. Im alten Europa wurde dieser Tag die ganze Nacht hindurch mit offenen Feuern gefeiert, mit Liedern, Tänzen, Fleisch und Bier. Dies ist eine Zeit, in der wir die dunklen Kräfte in uns entfesseln können, wo wir feiern und uns darauf vorbereiten, daß die Sonne wieder ihre Kraft verliert.

Einer der europäischen Bräuche bestand darin, ein brennendes Rad den Hügel hinunterzurollen, um die Sonnentätigkeit in dieser Zeit nachzuahmen und außerdem alle unreinen Geister ringsherum zu verjagen.

So wie der Mistelzweig mit der Winter-Sonnenwende assoziiert wird, so ist das Johanniskraut die heilige Pflanze des Sommers. (Der Tag des heiligen Johannes ist der 24. Juni.) Das Johanniskraut ist eine starke Heilpflanze mit vielen Eigenschaften, die auf die Psyche wirken. Häufig wird es unter das Kopfkissen gelegt, damit es gute Träume bringt. Vom Johanniskraut erhält man ein tiefrotes Öl, das bei Schnitten, Prellungen, Insektenbissen und anderen Verletzungen gute Wirkung tut.

Johanniskraut wird um das Feuer oder auf den Altar gelegt. Dazu kommen strahlend leuchtende Sommerblumen und Pflanzen und außerdem gelbe Gegenstände, weil gelb die Farbe des Sommers ist.

Das Tier dieser Saison ist die Maus als Sinnbild der Unschuld und der Intuition.

Im Mythos der Demeter und Persephone erreicht Persephone das Alter der Reife am ersten Mai (Beltane) und tritt zur Sonnenwende ein in das Labyrinth, das Reich der Hekate. Der Abstieg in des Reich der Unterwelt beginnt in dem Moment, wo die Sonne ihre Kraft verliert.

Rituale, die zu diesem Zeitpunkt angebracht sind, feiern die Fruchtbarkeit und den Überfluß der Erde mit einer Spur von Vorbereitung auf die Dunkelheit, die kommen wird. Nach Meditationen und Einstimmungsübungen sollten die Rituale Lieder und Tänze enthalten, die an diese Zeit erinnern. Ein Spiralentanz, der den Abstieg der Persephone in die Unterwelt darstellt, kann dazugehören.

The Earth is Our Mother

The Earth is our Mother,
We must take care for her.
The Earth is our Mother,
We must take care for her.
Hey yunga yo yunga hey yung yung
Hey yunga yo yunga hey yung yung
Her sacred ground we walke upon
With every step we take.
Her sacred ground we walk upon
With every step we take.
Hey yunga yo yunga hey yung yung

Die Erde ist unsere Mutter
(Nach einem Gesang der Hopi)

Die Erde ist unsere Mutter
Und wir müssen für sie sorgen
Die Erde ist unsere Mutter

Und wir müssen für sie sorgen
Hey yunga yo yunga hey yung yung
Hey yunga yo yunga hey yung yung
Wir gehen auf ihrem heiligen Boden
Mit jedem Schritt, den wir tun
Auf ihrem heiligen Boden gehen wir
Mit jedem Schritt, den wir tun
Hey yunga yo yunga hey yung yung.

I Circle Around
I circle around, I circle around
The boundaries of the Earth.
I circle around, I circle around
The boundaries of the Earth.
Wearing my long-winged feathers as I fly,
Wearing my long-winged feathers as I fly,
I circle around, I circle around
The boundaries of the Earth.

Ich gehe im Kreis herum
(aus einem Geistertanz)

Ich gehe im Kreis herum, gehe im Kreis herum
Um die Grenzen der Welt.
Ich gehe im Kreis herum, gehe im Kreis herum
Um die Grenzen der Welt.
Meine langgefiederten Flügel trage ich, während ich fliege,
Meine langgefiederten Flügel trage ich, während ich fliege,
Ich gehe im Kreis herum, gehe im Kreis herum
Um die Grenzen der Welt.

Herbst- Tag- und Nachtgleiche

Die Zeit der Tag- und Nachtgleiche markiert den beginnenden Tod des Sonnenkönigs und die Zeit der Ernte und des Einbringens von dem, was wir zur Frühlings-Tag- und Nachtgleiche gesät haben. Unsere heiligen Kreise sind umgeben von Maisbüscheln, Tannenzapfen, Kürbissen und anderen Herbstfrüchten und -Pflanzen. Der Überfluß der Ernte ist gegenwärtig, aber auch der Gedanke an Aufbereitung und Lagerung für den dunklen kalten Winter und den Tod der Natur. Es ist die Zeit, in der Demeter um Persephone trauert oder, wie in anderen mythologischen Erzählungen (zum Beispiel in der Ischtar und Tammuz-Sage) die Göttin um ihren Gefährten. Es ist die Zeit, in der wir in uns gehen müssen und uns darauf vorbereiten, daß wir in den Wintermonaten körperlich und seelisch überleben müssen. Der Herbst ist mit dem Westen assoziiert, dem schwarzen Bär, den mittleren Lebensjahren, wenn wir in uns gehen und schon nach dem Wissen und der Weisheit suchen, die wir mit dem Winter und dem Alter verbinden.

Dies ist eine Zeit, um Material für die Handarbeiten der Winterabende zu sammeln (Muscheln, Federn, Samenhülsen), aus denen wir Schmuck und Körbe machen können.

Für das Herbstritual ist es wichtig, daß jeder etwas aufgibt, irgend etwas losläßt: ein emotionales Muster oder eine Gewöhnung, die jetzt sterben soll. Nachdem man sich darüber ausgetauscht hat, worum es sich dabei bei jedem handelt, betet man gemeinsam als Dank für die Dinge, die aus dem Überfluß der Erde geerntet werden konnten. Hier sind ein paar Lieder für das Herbstritual:

Fall Equinox Chant

Once again the night is eaqual to the light
On the autumn side of The Sun.
We have gathered to make the light,
For the darkness approaches.
Thank you for the beauty of the summer.
Thank you for the fullness of the harvest.

Herbst-Tag-und Nachtgleiche
Wieder einmal gleicht die Nacht dem Licht
Auf der Herbstseite der Sonne
Wir sind versammelt, um Licht zu machen
Weil die Finsternis naht
Dank für die Schönheit des Sommers
Dank für die Fülle der Ernte.

Give Thanks
Give thanks to the Mother Gaia,
Give thanks to the Father Sun,
Give thanks to the beautiful garden,
Where the Motehr and Father are one.
Give thanks, give thanks, to you we do give thanks,
Give thanks, give thanks, to you we do give thanks.

Danksagung

Dankt unserer Mutter Gaia
Dankt dem Vater Sonne
Dankt dem herrlichen Garten
In den Mutter und Vater gegangen sind,
Dank, Dank, Euch geben wir unseren Dank
Dank, Dank, Euch geben wir unseren Dank

Kreuz-Viertel-Tage

Es gibt noch vier andere Tage, an denen viele Gruppen regelmäßig Zeremonien feiern. Diese liegen in der Mitte zwischen den beiden Sonnenwenden und zwischen den Tag- und Nachtgleichen und wurden früher vor allem von den Kelten gefeiert. Heute werden in Europa viele Festivals auf diese Tagen gelegt. An diesen Tagen kommt die Energie, die an den Sonnenwenden und Tag- und

Nachtgleichen aufgebaut wurde, voll zur Geltung. Die vier Tage sind: Der 31. Oktober, Hallowe'en (Allerheiligen) oder Samhain; der 2. Februar, St. Birgits Tag oder Lichtmeß; der 1. Mai oder Beltane und der 1. August, Lughnasadh oder Lammas.

Allerheiligen - Hallowe'en oder Samhain

Das Jahr endet am 31. Oktober und am 1. November beginnt ein neuer Zyklus. Hier geht der Herbst in den Winter über. Es ist die Zeit, wenn die Sonne im Skorpion steht, Zeichen des Todes und der Transformation. Zu dieser Zeit, so nahm man immer an, besuchten die Seelen der Verstorbenen ihre früheren Wohnungen und wärmten sich am Feuer. In diesem Moment ist der Vorhang, der die Geisterwelt von der Menschenwelt trennt, sehr dünn. Das liegt daran, daß der Abend des Hallowe'en weder zum alten noch zum neuen Jahr gehört, sondern Zeit des Übergangs ist. Viele Götter, Göttinnen und Seelen der Verstorbenen können dann sehr leicht herüberkommen. Überall werden Freudenfeuer entzündet und Geschichten von Hexen und Feen machen die Runde. In Irland wurde früher jedes Jahr um diese Zeit ein neues Feuer entzündet und alle Feuer in Irland wurden von diesem Feuer angezündet. Viele Tiergeister sind in dieser Zeit zugegen und sprechen durch die Hexen. Die Sittc, Kostüme anzuziehen, entstammt dem Gedanken, daß man auf diese Weise die Seele der Tiere und die Seelen der Verstorbenen ins Leben zurückrufen könne. Es ist eine starke Reinigungsphase, in der man tote Anliegen loslassenund das Neue Jahr vorbereiten kann.

Einzelne Personen können ihre Kristalle und speziellen Gegenstände der Kraft zusammen mit Dingen, die kürzlich verstorbenen Angehörigen gehörten, auslegen. Es werden Gebete für die Verstorbenen und für den neuen Zyklus gesprochen. Tiergeister können um Schutz und Kraft angerufen werden. Viele Stammesgemeinschaften rufen um Allerheiligen die Geister der Ahnen an. Es ist auch eine gute Zeit, um mit Hilfe von Kristallen in den nächsten Zyklus hineinzuschauen.

Allerheiligen steht für die Unterwelt oder das Labyrinth im

Demeter-Persephone-Mythos. Es ist die Zeit, in der Demeter in das Labyrinth hinunterstieg, um Persephone zu suchen. Für das Allerheiligen - Ritual braucht man einen runden Platz mit einem Feuer in der Mitte. Aus dem Kreis heraus beginnen einzelne Personen mit einem spiralförmigen Tanz, mit dem sie sich in die Mitte des Labyrinths bewegen. Normalerweise geschieht das schweigend. Nach einiger Zeit wird die Spirale wieder zum Kreis. Jeder wirft etwas ins Feuer, das er loswerden oder bannen will. Das kann mit Worten geschehen oder auf Papier aufgeschrieben werden, das dann ins Feuer geworfen wird. Dann setzen sich alle hin und meditieren und stimmen sich ein auf den Geist der Welt und den Beginn des neuen Zyklus. Danach wird die Spirale von neuem getanzt, aber diesmal geht die Bewegung im Uhrzeigersinn, vom Tod zur Wiedergeburt, von der Dunkelheit zum Licht.

She's Been Waiting
She's been waiting, waiting, she's been waiting so long,
She's been waiting for her children to remember to return.
Blessed be and blessed are the lovers of the lady,
Blessed be and blessed are the Mother, Maid, and Crone.
Blessed be and blessed are the ones who dance together,
Blessed be and blessed are the ones who dance alone.

Sie hat gewartet
Sie hat gewartet, gewartet, so lang hat sie gewartet
Sie hat gewartet, daß ihre Kinder daran denken
zurückzukommen.
Gesegnet seien und gesegnet sind die Geliebten der Dame
Geesgnet seien, gesegnet sind die Mutter, das Mädchen,
die Matrone.
Gesegnet seien und gesegnet sind die, welche zusammen tanzen.
Gesegnet seien und gesegnet sind, die alleine tanzen.

Who Were the Witches?
(chorus)
Who were the witches?
Where did they come from?
Maybe your great-great-grandmother was one.
Witches were wise, wise women they say,
An there's a little witch in every woman today.
Witches knew all about flowers and weeds
How to use all their roots and their seeds.
When people grew weary from hard-working days,
They made them feel better in so many ways.
When women had babies, the witches were there,
To help them and hold them and give them sweet care.
Witches knew stories about how life began,
Do you wish you could be one? Well, maybe you can.
Some people thought that the witches were bad,
Some people feared all the power they had.
But the power to help and to heal and to cure
Is nothing to fear, it is something to share.

Wer waren die Hexen?
Chor
Wer waren die Hexen?
Von wo kamen sie?
Vielleicht war Deine Ur-Urgroßmutter eine.
Hexen waren weise, weise Frauen, so sagt man
Und eine kleine Hexe ist heute in jeder Frau.
Hexen wußten alles über Blumen und Kräuter
Wie die Wurzeln zu nutzen und ihre Samen
Wenn die Menschen von Tagen harter Arbeit erschöpft war'n
Wußten sie Vieles, was ihnen zum Bessern verhalf
Wenn die Frauen gebaren, die Hexen war'n da
Zu helfen, zu halten mit Fürsorglichkeit
Sie kannten Geschichten vom Anfang des Lebens

Wärst du gern eine - du könntest vielleicht
Menschen glaubten, die Hexen sei'n schlecht
Menschen fürchteten all ihre Macht
Aber die Macht zu helfen, zu pflegen und heilen
Braucht man nicht fürchten, man teilt sie mit andern.

St. Birgits Tag oder Lichtmess

Dies ist die Zeit, das zunehmende Licht zu feiern, das zur Winter-Sonnenwende geboren wurde. Nachdem dies die Zeit des Wassermann ist, feiern wir die zunehmende Individualisierung des Menschen und seinen Beitrag zur gesamten Menschheit.

An Lichtmeß beginnt der Winter, dem Frühling Platz zu machen. Persephone ist zurück aus der Unterwelt. Es ist die Zeit des Dichterfests, der neun Musen. Es ist die Zeit, in welcher die Priesterinnen in Wicca in den heiligen Bezirk eingeführt wurden und sich der Göttin weihten. Rituale, die während dieser Zeit durchgeführt werden, sollten die Betonung auf die kreativen Beiträge der Anwesenden legen. Die Leute können Gedichte, Lieder, Kunstwerke und andere Werke einbringen.

Rituale zu Lichtmeß beginnen mit Reinigungsriten, in denen die dunklen Kräfte und der Winter weggefegt werden. Salbei, Salzwasser oder verschiedene Arten von Weihrauch können dazu benutzt werden. Nach einer Einstimmung teilt jeder etwas aus seinen kreativen Gedanken mit, wodurch das Heraufkommen der längeren Tage und die Bewegung in Richtung Frühling und die kreativen Kräfte symbolisiert wird.

Giveaway

Our magic is our giveaway,
Our magic is our song,
So give awa your love today,
And sing the whole day long

Reihumgeschenk
Unser Zauber ist unser Reihumgeschenk
Unser Zauber ist unser Lied
Verschenkst Du heut Deine Liebe
Singst Du den ganzen Tag.

Beltane oder 1. Mai

Dieses Fest führt sich, ebenso wie Allerheiligen, auf alte europäische Feuerfeste zurück. Wahrscheinlich war es dem keltischen Gott Belenus geweiht, aber viel ist von ihm nicht überliefert. In dieser Zeit wurde das Vieh auf seine Sommerweiden geführt und von den Druiden durch das reinigende Feuer getrieben. Am 1. Mai wird der Frühling gefeiert und Mutter Erdes Fruchtbarkeit. Es ist die Zeit des Stiers. (Vielleicht hängt das Stiersymbol sogar mit dieser Sommerweide zusammen.) In den mythologischen Zyklen von Ischtar-Tammuz und Isis-Osiris ist dies die Zeit der heiligen Hochzeit; es ist auch die Zeit der Wiedervereinigung von Demeter und Persephone. Es werden jetzt Fruchtbarkeitsriten für die Mutter-Gottheit durchgeführt. An manchen Orten tanzen die Menschen nackt auf den Feldern, um die Fruchtbarkeit des Weizens zu beschwören. Tagsüber wird um den Maibaum getanzt, in der Nacht finden die Feuer-Rituale statt und das Überspringen der Freudenfeuer. Die Rituale dieser Jahreszeit beziehen sich auf die Fruchtbarkeit der Erde und ihre schöpferische Kraft. Man kann der Erde für den Überfluß an Kräutern und Blumen danken und Zeremonien durchführen, in denen die Heilkraft einzelner Pflanzen besonders gesegnet wird. Dabei steht in der Mitte immer ein Pfahl, der mit Fahnen und individuell geflochtenen Blumenkränzen geschmückt ist. An der Seite ist ein Feuerloch, wo das heilige Feuer zu Beginn der Zeremonie entzündet wird. Das ist ein Feuer der Liebe und, während man darüber hinwegspringt, läßt man alte Programme und Strukturen in seinen Liebesbeziehungen hineinfallen. Später am Abend kann man ein zweites Mal hindurchspringen und diesmal darum bitten, daß sich das Herz neu öffnet.

Blessings of the Goddess
May the blessings of the Goddess rest upon you.
May her peace abide in you.
May her presence illuminate your heart.
Now and forever more.

Segenswünsche der Göttin
Mögen die Segenswünsche der Göttin auf Dir ruhen
Möge ihr Frieden in Dir wohnen
Möge ihre Gegenwart Dein Herz erleuchten
Jetzt und für alle Zeit.

The River
The river she is flowing,
Flowing and growing
The river she is flowing,
Down to the sea.
Mother, carry me,
A child I will always be
Mother, carry me,
A child I will always be.

Der Fluß
Der Fluß - sie fließt
Fließt und wächst
Der Fluß - sie fließt
Zum Meer hin
Mutter, trag mich
Will immer Kind sein
Mutter, trag mich
Will immer Kind sein

Lughnasadh

Lughnasadh, das Fest zum 1. August war dem keltischen Gott Lugus geweiht und markierte den Erntebeginn für bestimmte Früchte. Im Kalender von Wiccan wird dieses Fest Lammas genannt. Persephone hat ihre Mutter Demeter verlassen und das Labyrinth betreten, das in die Unterwelt führt. Die Erde steht noch in Blüte, aber der Übergang ist bereits deutlich spürbar. Lammas ist auch die Zeit, in welcher der Mais noch grün ist, der Anfang der Herbst-Ernte.

Dies ist auch die Jahreszeit, in der die Sonne im Löwen steht, so daß in den Zeremonien die Macht der Sonne angerufen wird. Viele amerikanische Stämme feiern in dieser Zeit den Sonnentanz. Wer sich daran beteiligen will, fastet und reinigt sich davor. Der Sonnentanz symbolisiert eine Öffnung und Erneuerung der Herzens-Energie. Tatsächlich wird das Herz oft von scharfen Gegenständen durchbohrt wie dem, das bei dieser Zeremonie an einer Peitsche hängt und an dem Pfahl, um den die Tänzer kreisen, festgemacht ist. Wir können uns viele Zeremonien ausdenken, die für diese Zeit passen, in denen die Sonne mit ihrer Kraft gefeiert wird und wir unsere Herzen der Liebe und den Geschenken der Erd-Mutter öffnen. Mais spielt in diesen Zeremonien eine große Rolle. Oft wird der Altar oder das Zeremonienzentrum mit Maisgarben geschmückt oder mit Früchten wie Weintrauben oder mit anderen Getreiden. Eine Schale mit Maismehl steht dabei oder neben dem heiligen Feuer. Jeder Teilnehmer an diesen Zeremonien kann sich auf die kommende Ernte einstimmen und darum bitten, daß er ernten möge, was für sein Leben gerade besonders wichtig erscheint. Häufig ißt man, nach einer Danksagung an die Erd-Mutter, etwas Maisbrot, um die Verwandlung des Mehls zu Brot zu zeigen; man trinkt auch Wein, um auf die Verwandlung der Trauben in Wein zu verweisen. Es beginnt eine Zeit der Verwandlung, gerade so, wie wir oft an einem Augustmorgen einen Hauch von Herbst verspüren.

Let Me Be One With the Infinite Sun
Let me be one with the Infinite Sun
Forever and ever and ever
Let me be one with the Infinite Sun
Forever and ever and ever.
Hu a ke lano lano
Mau a te
Hi a nor Hi a nor
Hu a ke lano lano
Mau a te
Hi a nor a nor Hi a nor

Laß mich eins sein mit der unendlichen Sonne
Laß mich eins sein mit der unendlichen Sonne
Immer und immer und immer
Laß mich eins sein mit der unendlichen Sonne
Immer und immer und immer
Hu a ke lano lano
Mau a te
Hi a nor Hi a nor Hi a nor
Hu a ke lano lano
Mau a te
Hi a nor Hi a nor Hi a nor

May We All Fly Like Eagles
May we all fly like eagles,
Flying so high,
Circling the universe,
On wings of pure light.
Oh witchitayyo, ohhey hi ho,
Oh witchitayyo, ohhey hi ho.

Mögen wir alle wie Adler fliegen

Mögen wir alle wie Adler fliegen
Fliegen so hoch
Das Universum umkreisen
Mit Flügeln aus Licht
O witchitayyo, ohhey hi yo
O witchitayyo, ohhey hi yo

Fallstudien - Anwendung der Astrologie der Mutter Erde

9

Damit man leichter versteht, wie die Astrologie der Mutter Erde anzuwenden ist, stelle ich hier drei Horoskope vor, analysiere sie und gebe einige wichtige Informationen zur Geschichte des jeweiligen Falls und berichte, für welche Heilmethoden er oder sie sich entschieden haben.

Erster Fall

Das erste Horoskop (Geburtshoroskop 1) zeigt ein volles siebtes Haus und eine starke Betonung der Jungfrau. Es handelt sich um einen Mann, von Beruf Psychotherapeut, der ein profundes Wissen über physische Therapieformen besitzt (Ernährung und Kräuter) und Astrologie. Die Betonung des Veränderlichen ist sehr ausgeprägt, weil sich sechs Planeten in veränderlichen Zeichen befinden (davon sind fünf von Merkur beherrscht), gemeinsam mit den Knoten. Der Mond im zehnten Haus im Schützen bildet den Angelpunkt dieser Formation. (Alle anderen Planeten sind über die Zeichen Zwillinge bis Waage verteilt).
Die Sonne in Konjunktion mit Neptun deutet auf eine Anlage zu niedrigem Blutzucker und Allergien. Mit Uranus und Saturn in den Zwillingen und dem Mond im Schützen tendiert die Person zu Allergien der Atemwegssysteme und Problemen mit den Lungen. Die Zusammenballung von Planeten im siebten Haus (dem Waage-Haus) könnte auf empfindliche Nieren hindeuten. Außerdem steht Saturn im Quadrat zu Venus, was wiederum sowohl auf Nieren- wie Hautprobleme hinweist. Der Wassermann Aszendent, Merkur im Quadrat zu Jupiter und fünf Planeten, die von Merkur beherrscht

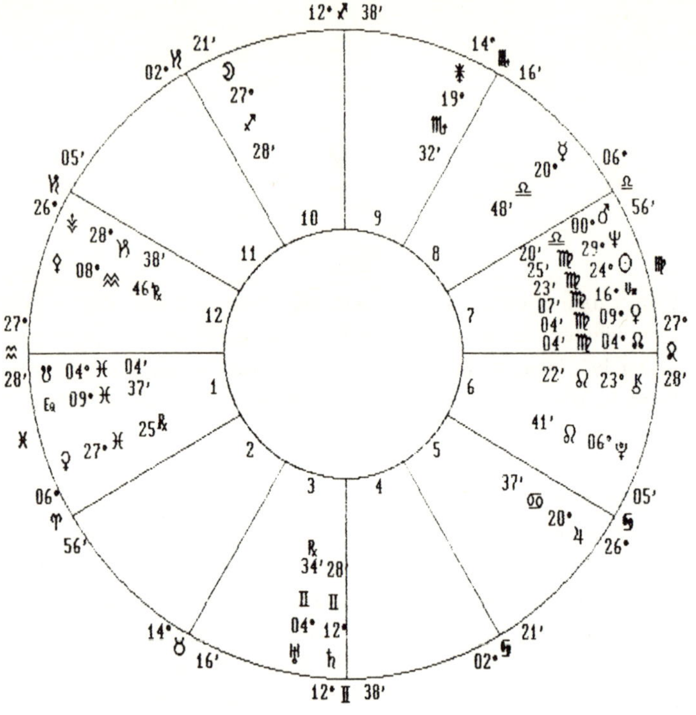

Horoskop 1: 17.9.1942, 18.32 Uhr EWT, 42°20' n.B., 83°.03' w.L., Detroit, Mich, Koch-Häusersystem

werden, deuten darauf hin, daß das Nervensystem ausgeglichen und gestärkt werden muß.

In der Krankheitsgeschichte des Klienten taucht im Jahr 1965 eine Nierenentzündung auf, die mit Penicillin behandelt worden ist und eine Candida albicans von 1966 bis 1968. Dagegen wurde ein antibiotisches Fungizid verschrieben. Außerdem wurde er wöchentlich mit Akupunktur behandelt, nahm homöopathische Mittel und ernährte sich sehr bewußt und gesund.

Aufgrund seines Horoskops und bestärkt durch die Radiästhesie kamen wir auf folgende ergänzende Maßnahmen:

1. Magnesium (durch das Einnehmen von flüssigem Chlorophyll und von Kalium-Magnesium-Kapseln, wobei das Kalium für die Nieren wichtig ist).
2. Mangan für das Nervensystem
3. Pantothensäure gegen den Streß, die Allergien und die Neigung zu Hypoglykämie.
4. Bioflavone für die Nieren und wegen der Allergien (sie sind dem Vitamin C vorzuziehen, weil Vitamin C sehr stark säurehaltig ist).
5. Vitamin A in Form von Karottensaft.
6. Vitamin C (Aminosäurekapseln) für die Erhöhung der Energie und des Blutzuckers.
7. Zink für das Immunsystem.

Als besondere Kräuter wurden ihm Löwenzahnwurzel und Zichorie zur Kräftigung der Leber und der Bauchspeicheldrüsen und Uva Ursi für die Nieren empfohlen; Fenchel, Dill und Papayablätter für die Verdauung.

Im allgemeinen waren die Diätpläne stark alkalisch orientiert mit Betonung auf Vollkorn, gekochten Gemüsen, Meeresgemüsen und Eiweiß. (Weniger schleimförderndes Eiweiß wie Fleisch und Milchprodukte, aber Yoghurt und Milchsäureeiweiß, Fisch, Tofu und Eier sind durchaus willkommen.)

Blütenessenzen waren *Beech* wegen Intoleranz und einer zu kritischen Haltung gegen sich selbst; *Pine* gegen Selbstvorwürfe und Schuldgefühle; *Dill*, weil er hilft, Erfahrungen zu verdauen und aufzunehmen; und *Corn*, um das Gleichgewicht zwischen der äußeren Gesellschaft (Jungfrau und Wassermann) und der inneren Welt der Psyche (Neptun in Konjunktion mit der Sonne) herzustellen. *Cereato* wurde empfohlen, um Vertrauen in die eigenen Fähigkeiten zu gewinnen (Sonne im Quadrat zum Mond), *Agimony* für die Selbstakzeptanz, *Penstemon* wegen der Auflösung von Beziehungen (Saturn im Quadrat zu Venus). *Sweet Pea* empfiehlt sich für die sozialen Bindungen innerhalb der Gruppe und *Red Clover* für die

Arbeit an dem persönlichen Ego, das dem Gruppenego gegenübersteht. Klee eignet sich auch für die Reinigung.

Was die Farben angeht, so erschienen rote und orange Farbtöne angebracht, um das Feuer herauszubringen und die physische Vitalität und das Durchhaltevermögen zu festigen. (Sonne im Quadrat zum Mond und die Betonung der veränderlichen Zeichen.) Kristalle wie Zitrin und Topas wurden empfohlen, um Blockaden im Solarplexus aufzulösen und die persönliche Kraft zu stärken.

Unter den aromatischen Ölen wurden Kamille, Majoran und Rosmarin ausgewählt, um das Nervensystem ins Gleichgewicht zu bringen (fünf Merkur-regierte Planeten), außerdem Kardamon, Fenchel, Ysop und Thymian für die Verdauung.

Ich habe diesen Klienten zum ersten Mal im Jahre 1986 gesehen. Er hatte damals einen Nierenstein. Saturn stand im Quadrat zu seiner Venus im Geburtshoroskop und war im Begriff, mit seinem MC in Konjunktion zu treten. Die Eklipse vom 3. Oktober war 135 Grad von seinem Aszendenten entfernt und die Eklipse vom 17. Oktober, 135 Grad von Venus, war in Opposition zu Merkur und im Quadrat zu Jupiter. Der Stein war im vorausgegangenen Jahr diagnostiziert worden, weil er Rückenschmerzen und Schmerzen in der Harnröhre hatte. Er stand vor der Entscheidung, mit natürlichen Heilmethoden darauf abzuzielen, daß der Stein sich von selber bewegt oder sich einer Operation zu unterziehen. Der Stein war ziemlich groß und saß an einer problematischen Stelle.

In unserer ersten Sitzung diskutierten wir, welche Zusatzstoffe, Speisepläne und Pflanzen in Frage kämen, sprachen aber auch über Blockaden emotionaler Art, die aus der Kindheit stammten (Saturn im Quadrat zu Venus) und die zu der Bildung des Steins geführt haben. Da Uranus im Transit ein Quadrat zu seiner Geburts-Sonne und seinem Geburts-Neptun bildete, war die Zeit günstig für die Auflösung alter Versteinerungen.

In der zweiten Sitzung fingen wir an, sehr intensiv auf der emotionalen Ebene zu arbeiten: mit Hilfe von Entspannungstechniken begaben wir uns auf eine erhöhte Bewußtseinsstufe. In dieser

Phase kam der Patient mit vielen alten Geschehnissen in Berührung, Verletzungen, die zu seiner Krankheit einen Bezug hatten. Er fing an, noch mehr zu entspannen und an bestimmte Stellen in den Nieren Heilimpulse zu schicken. Wir stellten ein Blütenmittel zusammen aus *Mimulus* - zur Überwindung der Ängste im Zusammenhang mit dem Weg, den der Stein nehmen mußte - und *Penstemon*, um die Arbeit in Gruppen und mit gefühlsmäßigen Bindungen zu erleichtern. Im Verlauf der Sitzungen erhielt er von seinem höheren Selbst den Hinweis, ein Smaragdmittel zu versuchen (dem wurde grüner Granat beigemischt) und ätherisches Rosmarinöl zu inhalieren und dem Bad beizugeben.

Am 1. Dezember zeigte eine Röntgenaufnahme, daß der Stein sich etwa zehn Zentimeter in Richtung Blase bewegt hatte. Wir hatten mehrere intensive Sitzungen, um ihm die Kraft zu geben, den Stein selber weiterzuschicken. Er fastete ein Wochenende und förderte die Bewegung des Steins mit Olivenöl und Zitronensaft. Aber der Stein war offensichtlich zu groß.

Am 14. Januar 1987 wurde er operiert (Uranus stand genau im Quadrat zu seiner Sonne). Die Operation, während welcher der Stein in vielen Stücken herausgeholt wurde, dauerte sechs Stunden. Der Patient litt in dem Krankenhaus sehr. Er bekam Schmerztabletten. Drei Wochen lang hatte er einen Katheder, damit die Harnsäure die Stelle passieren konnte, an der sein Stein gesessen war. Nach der Operation empfahlen sich neben seinen regulär verschriebenen Medikamenten ein homeopathisches Magnesium-Phosphat und viel flüssiges Chlorophyll. Ein Blütenmittel aus *Chamomile* für die Entspannung und *Chesnut Bud*, um alte Muster loszuwerden, wurden zusätzlich gegeben.

Als er im Februar seine Gesundheit und Vitalität wiedergewann, nahm er das Blütenmittel *Lotus*, um die Verwandlung und den Fortschritt auf dem geistigen Weg schneller zu bewältigen.

Einige Monate später erweiterte sich die Praxis des Klienten erheblich. Die therapeutische Männergruppe, die er geleitet hatte, wuchs auf mehr als das Doppelte an. Seine physische Energie und

Vitalität sind enorm, und er achtet weiter auf eine ausgewogene Diät, pflanzliche und homeopathische Mittel und, sofern er es für nötig findet, Blütenheilmittel.

Zweiter Fall

Das zweite Horoskop aus dem Jahr 1936 (Geburtshoroskop 2) zeigt die Opposition von Saturn in den Fischen zu Neptun in der Jungfrau, ziemlich genau im Quadrat zu Jupiter. Das alles deutet auf Neigung zu Hypoglykämie, Allergien und Probleme mit dem Immunsystem. Jupiter im Quadrat zu Venus weist auch auf Probleme mit dem Blutzucker. Die Sonne steht in Konjunktion mit Merkur, Aszendent ist der Wassermann, Mars in Konjunktion mit Uranus. Das heißt, daß die Frau ein ganz sensibles Nervensystem hat und sehr viel Erdung braucht. Der Mond ist 29 Grad vom Skorpion nahe am MC, erhält einen 22 1/2 Grad Aspekt von Mars und ist 135 Grad von dem jenseits des Neptun liegenden Planeten Hades entfernt (Hades ist eine Oktave höher als Pluto.) Das bedeutet, daß hier sehr starke emotionale Probleme zu bewältigen sind, Verletzungen, die von anderen Leben herrühren, und die Notwendigkeit, das hormonelle und Fortpflanzungssystem ins Gleichgewicht zu bringen. Das große Trigon von Mond zu Venus und Pluto ist hilfreich, ebenso die Konjunktion von Mond und Ceres, weil darin eine nährende, warme Natur betont ist und die Fähigkeit, hormonelle Gleichgewichtsstörungen auszugleichen.

Bei dieser Frau hat man unzureichende Immunität diagnostiziert, die sich in einem chronischen Epstein-Barr-Virus äußert (ein Virus, der extreme Erschöpfungszustände, Depression, Verdauungsstörungen und verschiedene harmlosere Infekte hervorruft.)

In diesem Fall muß, den Nerven und dem Immunsystem zuliebe, das Gewicht auf die Versorgung mit Vitaminen und Mineralien gelegt werden. Folgende Zusätze sind angebracht:

1. Magnesium, vor allem in Form von flüssigem Chlorophyll, und Kalium-Magnesium- oder Kalzium-Magnesium-Tabletten.
2. Mangan für das Nervensystem.

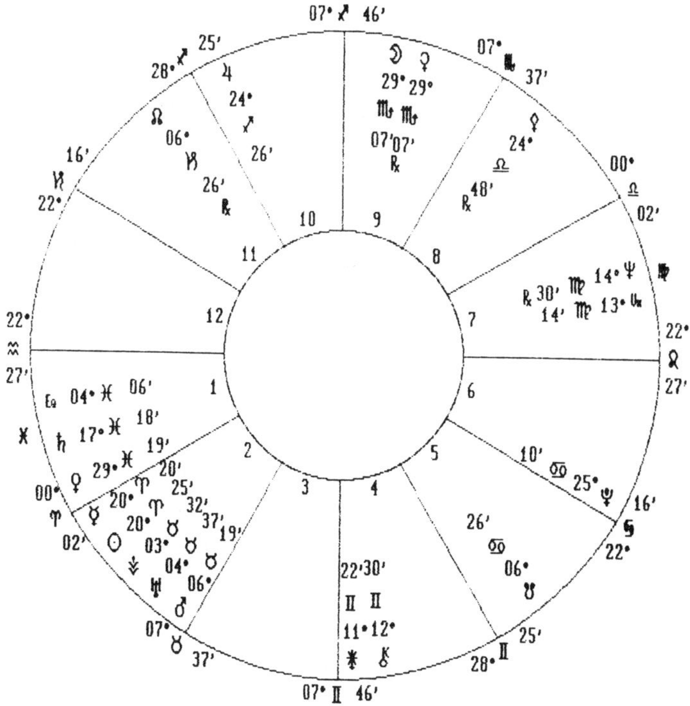

Horoskop 2: 10. 4.1936, 3.19 Uhr PST, 37°52'n.B., 122°16'w.L., Oakland, Calif., Koch-Häusersystem

3. Pantothensäure gegen Streß und Allergien.
4. Vitamin B_{12} für das Nervensystem und um die Aufnahme von Eisen zu erleichtern (Saturn und Venus in den Fischen)
5. Bioflavone als Vorbeugung gegen Allergien und zur allgemeinen Aufrechterhaltung eines guten Gesundheitszustandes.
6. Vitamin E für das hormonelle Gleichgewicht
7. *Evening Primerose*-Öl oder *Dong Quai*-Kapseln (Dong Quai ist die weibliche Wurzel der Ginseng Pflanze) für das hormonelle Gleichgewicht.
8. Freie Aminosäure (in Tablettenform) für die Verbesserung des

Blutzuckers und für eine allgemeine Steigerung der Energie.
9. Zink für das Immunsystem.
10. Einen Anregungsmittel für die Nebennierendrüse.

Spezielle Pflanzen, die hier helfen können, sind Pflanzen, welche, die Nebennierenrinde stimulieren (Sonne und Merkur im Widder) so wie *Gotu Kola*; auch Pflanzen, welche die Leber und die Bauchspeicheldrüse stärken wie Löwenzahnwurzel und Zichorie; Pflanzen für das Immunsystem wie Echinacea-Wurzel und das chinesische Kraut *»Astragalus«*; schließlich Pflanzen für das hormonelle Gleichgewicht wie *Dong Quai*, *Squawvine* und Himbeerblätter.

Es gibt verschiedene Blütenmittel, die im Verlauf der Therapie wohltuend wirken würden: Sonne und Mond sind im Widder - das spricht für *Impatiens*. Es nimmt Spannungen weg und hilft, Geduld zu entwickeln. *Heather* schafft ein Gegengewicht gegen den Egozentrimus des Widder. Der Skorpion-Mond weist darauf hin, daß *Willow* nötig ist, um alte Vorurteile abzubauen. *Holly* verwandelt Haß und Eifersucht; die *Sticky Monkeyflowe* bringt die sexuelle Energie ins Gleichgewicht und löst von Repression. *Garlic* hilft bei Angst und Unsicherheit, die immer Energien abziehen. Der Wassermann-Aszendent verweist auf Walnuß als Mittel, mit der Vergangenheit zu brechen und alte Strukturen zurückzulassen. *Vervain* ist für extreme Schwankungen im geistigen Bereich, die sich als Streß und Spannung äußern. *Chamomile* wirkt auf das Nervensystem.

Aromatische Essenzen, die für diese Frau in Frage kommen, sind unter anderem die ätherischen Öle von Basilikum, Ingwer und schwarzem Pfeffer, weil sie die Nebennieren kräftigen und überhaupt die vitalen Kräfte anregen. Außerdem kommen Kamillen-, Rosmarin- und Majoranöl in Frage, weil sie die Nerven entspannen.

Blaue und blaugrüne Farben wirken beruhigend auf das Nervensystem und zu bestimmten Zeiten wären Rot und Orange nützlich, weil diese Farben die Lebensenergie anregen.

Kristalle wie Rauchquarz und schwarzer Obsidian können die

positiven erneuernden Eigenschaften des Skorpion-Mondes herauslocken: die Fähigkeit, das Licht im Dunkel zu erkennen und die dunklen Kräfte zu verwandeln. Lapis-Lazuli und Saphir sind Steine, mit deren Hilfe die Energie des Uranus sehr gut ausgewogen werden kann, und mit Rosenquarz erzielt man gute Ergebnisse, wenn Venus in den Fischen steht.

Ich habe die Frau zum ersten Mal im März 1987 gesehen. Sie war schon drei Jahre lang krank und arbeitete nicht mehr seit 1984. Damals war sie wegen Magenkrämpfen in die Notaufnahme eingeliefert worden. Die Untersuchungen ergaben eine Laktose-Unverträglichkeit.

Nach unbefriedigenden Auseinandersetzungen mit den Hütern der Schulmedizin traf sie auf ganzheitlich arbeitende Ärzte, die eine Candida albicans (ein hefeartiger Pilz, der Lebensmittelunverträglichkeiten, Haarausfall, Erschöpfung und depressive Zustände auslöst) und das Epstein-Barr-Syndrom diagnostizierten. Sie wurde auf eine strenge Diät gesetzt, und man gab ihr viele zusätzliche Vitamine und Mineralstoffe. In diesen drei Jahren hatte sie Gewicht verloren und ihr Arzt hatte sie ins Krankenhaus einweisen wollen, um ihr Immunsystem mit einer Gamma-Globulin-Infusion mit einem Schlag zu stärken. Er wollte auch kleine Kortisol-Gaben verschreiben, ein Kortisonpräparat für das Immunsystem. Da sie zu allergischen Reaktionen auf Medikamente neigte, wollte sie keine von diesen Behandlungen haben.

Nach einer gründlichen Analyse ihrer Diät, der Kräuter und Zusätze in ihrer Nahrung, ließen wir uns auf eine tiefgehende Analyse ihres Gefühlslebens ein, bei der viele ihrer verborgenen Ängste zum Vorschein kamen. Als Kind hatte sie Angst davor, das Haus zu verlassen und woanders als zuhause zu schlafen. Ihre Eltern waren übermäßig fürsorglich mit ihr und ihrer Schwester. Sie hatte viele Ängste, die mit allen möglichen körperlichen Tätigkeiten zusammenhingen. Sie empfand sich immer als anders und hatte an den Festen und Unternehmungen während der Schulzeit keine Freude. Von 1950 - 54, während sie auf der Oberschule war, hatte sie am ganzen Körper Ekzeme. Sie litt unter Haarausfall und Allergien.

Ich empfahl ihr zusätzlich zu unseren Sitzungen einen Chiropraktiker, der mit angewandter Kinesiologie arbeitet, um festzustellen, wo die strukturellen, ernährungsbedingten, biochemischen und emotionalen Störungen liegen. Er arbeitete mit ihr am Schädel (um das Nervensystem ins Gleichgewicht zu bringen). Er benutzte außerdem die Methode der dynamischen Einwirkung auf die Nervengefäße (eine tief auf die Organe wirkende Arbeit). Später hatte sie noch Akupunktur-Behandlungen.

Das erste Blütenmittel, das sie während ihrer Sitzungen bekam, war *Walnut*: wegen ihrer Überempfänglichkeit für Ideen von außen und für elterliche Enflüsse. Die *Mimulus* war gegen die Ängste und die *Indian Paintbrush* für den Aufbau ihrer Lebensenergie.

Sie kaufte auch einige Kristalle, beonders Rosenquarz und Amethyst. Sie fühlte sich abwechselnd mehr oder weniger vital. Wir arbeiteten mit ihren Träumen, in denen viele ihrer Ängste zum Ausdruck kamen. Außerdem erforschten wir einige ihrer vergangenen Leben, um an die Quellen ihrer moralischen Zweifel und Blockaden heranzukommen. Als ihre Energie deutlich zunahm, nahm sie Yogakurse und machte Yogaübungen zu einem festen Bestandteil ihres Stundenplans.

Während der nächsten Monate verschrieb ich ihr folgende Blütenmittel: *Pomegranate*, um ihr einen Zugang zu ihrer weiblichen kreativen Energie zu verschaffen, *Hornbeam* gegen physische und geistige Erschöpfung und *Wild Rose* zur Belebung ihrer Begeisterungsfähigkeit und Energie. Sie übt sich in positiver Verstärkung, wenn sie die Blütenmittel nimmt.

Wir arbeiten daran, sie mit Kraft zu füllen, damit sie ihr eigenes Heilungsprogramm entwerfen kann und sich nicht mehr von denen beeinflussen läßt, die ihr immer weiter Kortisongaben verschreiben wollen. Sie schließt in ihre Diät jetzt schon Nahrungsmittel ein, die während der Candida-Diät verboten waren. Sie lernt, ein Pendel zu benützen, damit sie selber testen kann, welche Lebensmittel, Kräuter und Zusätze für sie verträglich sind. Sie besucht inzwischen

Kurse, um mehr über die Anwendung von Kristallen zu lernen und ihr Wissen auch weiterzugeben. Noch hat sie keine regelmäßige Arbeit aufgenommen. Wenn sie es einmal tun wird, wird es bestimmt etwas ganz anderes sein, als ihre frühere Arbeit in der Bank.

Dritter Fall

Das dritte Horoskop (Geburtshoroskop 3) zeigt ein Übergewicht der Feuerzeichen mit fünf Planeten im Löwen, einem Widder-Mond, dem Saturn und dem Aszendenten im Schützen. Mit der Betonung der Wasserhäuser, einem Mond im Eckhaus und einer Krebs-Sonne ist eine starke gefühlsmäßige und psychische Empfindsamkeit vorgegeben. Die drei großen Feuerplaneten Uranus, Merkur und Mars weisen auf einen spirituellen und kreativen Menschen hin. Tatsächlich machte der Träger dieses Horoskops bereits mit 18 Jahren die Erfahrung, daß er spiritueller Kanal eines Mediums war. (Sein Widder-Mond steht in Opposition zu dem jenseits von Neptun befindlichen Planeten Poseidon, der eine Oktave höher schwingt als Neptun und auf große psychische Begabung hinweist.)

Merkur in Konjunktion mit Uranus und Mars deutet auf ein hochgespanntes Nervensystem, neue und innovative Ideen und viel Aktivismus. Mit all dem Feuer und dem Schütze-Aszendenten kann es so aussehen als würde dieser Mensch ausbrennen. Er muß daher seine Nierenenergie stärken. Mars steht auch im Quadrat zu den Mondknoten, was für einen sehr emotionalen Charakter spricht und, im Hinblick auf den Widder-Mond, wahrscheinlich mit viel Wut verbunden ist. Das einzige wirkliche Erdelement im Horoskop ist Jupiter in der Jungfrau. Er steht im Quadrat zum Aszendenten, was auf Probleme mit der Leber und der Bauchspeicheldrüse hindeuten könnte. Saturn im Schützen spricht eher für Lungen- und Atmungsprobleme. Das wird unterstrichen von der Merkur/Uranus-Konjunktion.

Dieser Mann war Alkoholiker und hatte außerdem im Lauf seines Lebens einen hohen Drogenkonsum. Er hatte eine schwieri-

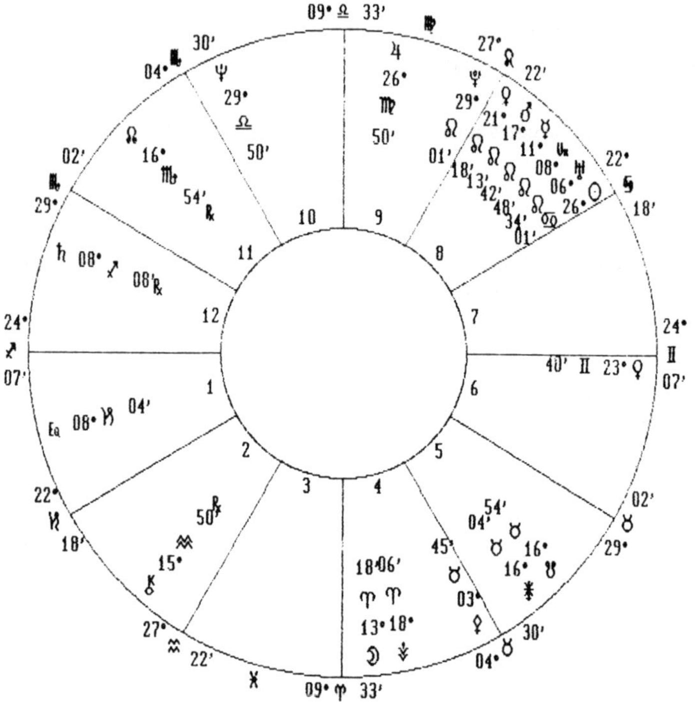

Horoskop 3: 18.7.1957, 16.59 CST, 31o18' n.B., 92o27'w.L., Alexandria, La. Koch-Häusersystem

ge Kindheit mit einer stark alkoholabhängigen Mutter. Die Eltern lebten getrennt, und er zog während vieler Jahre seiner Kindheit mit seinem Vater, seinen Schwestern und seinem Bruder die Ostküste hinauf und herunter, bis er wieder zu seiner Mutter nach Kalifornien zog. Er war eigentlich immer depressiv und jedenfalls hypoglykemisch.

Folgende Zusätze zu seiner Ernährung wurden auf der Basis seines Horoskops und seiner Geschichte empfohlen und durch die Radiästhesie bestätigt:

1. Flüssiges Chlorophyll zur Entgiftung seiner Leber und als Magnesium-Zugabe.

2. Zwei große Löffel Olivenöl und eine halbe frische Zitrone mehrmals die Woche, um Gallenblase und Leber zu reinigen.

3. Jeden Morgen den Saft der Aloe Vera, um den Dickdarm zu reinigen

4. Aminosäure-Tabletten zum Ausgleich des Blutzuckers und als Energiestoß.

5. Mangantabletten für das Nervensystem

6. Pantothensäure, um vom Streß zu befreien und durch Erhöhung von Blutzucker und Energie die Nebennierenrinde anzuregen.

7. Zink für das Immunsystem.

8. Ein Stärkungsmittel für die Bauchspeicheldrüse

9. Bioflavonkapseln für die Lunge und zur allgemeinen Verbesserung des Gesundheitszustands

Folgende Kräuter wurden empfohlen: Mahoniewurzel und Löwenzahnwurzel für Leber, Gallenblase und Pankreas; Kleine Königskerze, Huflattich und Beinwell für die Lunge; Eibischwurzel für die Atemwege und die Nebenniere und für die Nebenniere auch Gotu Kola.

Für diese Person sind aufgrund ihres Horoskops und im Licht iher Problemgeschichte folgende Blütenmittel geeignet:

1. *Honeysuckle* - damit er vergangene Gefühlsmuster und Emotionen losläßt

2. *Larch* - wegen seines Mangels an Selbstvertrauen und seiner Versagensangst

3. *Golden Eardrops* - um Kindheitserinnerungen und frühkindliche Erfahrungen fahren zu lassen

4. *Mariposa Lily* - für traumatische Störungen in der Eltern-Kind-Beziehung und für das Gefühl, ungeliebt zu sein

5. *Yarrow* - für psychischen Schutz und für Schutz gegen die Umwelt

6. *Clematis* - gegen Uninteressiertheit, Verträumtheit, Konzen-

trationsschwäche und fehlenden Sinn für das Praktische

7. Manzanita - für Erdung, Gleichgewicht und Öffnung gegenüber höherem Bewußtsein

8. *Vine* - damit die Führungseigenschaften der Löwe-Planeten sich entfalten können.

9. *Borage* - für Helligkeit und Humor

10. *Wild Oat* - damit er einen Ehrgeiz entwickelt und die Empfindung von Unzufriedenheit und Verzagtheit überwindet.

Verschiedene aromatische Essenzen helfen, wenn es darum geht, ein emotionales und geistiges Gleichgewicht herzustellen. Melisse zum Beispiel kann den Geist erheben und stärkt die Nerven und das Gehirn. Muskateller-Salbei löst Depressionen auf und stärkt die Nerven. Weihrauch wirkt tröstend auf Geist und Gefühl. Myrrhe kräftigt das Lungensystem.

Farben wie Indigo, Violett und Purpur führen eine höhere Schwingung ein. Bei den Steinen sind sind es vor allem die Türkise, die der Leber gut tun, weil sie die Produktion der Gallenflüssigkeit anregen und dadurch reinigend wirken. Kristalle wie Amethyst und Fluorit erlauben es dem Geist, mitten in der körperlichen Beschäftigung einen meditativen Zustand aufrecht zu erhalten. Wegen des starken achten Hauses braucht der Mann, um den es hier geht, Rauchquarz, damit er das Licht im Dunkel sieht und fähig wird, die Dunkelheit zu verwandeln.

Ich sah diesen Mann zum ersten Mal im April 1987, gerade als sein Saturn einen Zyklus beendete. Er arbeitete körperlich, unter anderem brach er Kristalle, und war damit sehr zufrieden. Er war scheu und empfindlich und hatte Probleme mit Menschen und Gruppen. Es war auch voller Wut - gegen seine Mutter besonders, aber auch gegen seine ehemalige Frau, bei der seine beiden Kinder lebten. Es gab Schwierigkeiten mit der Besuchsregelung.

Er wollte seinen Körper reinigen und suchte Rat bezüglich Diät und Zusatzstoffen. Er erwähnte seinen früheren Alkohol- und Drogenkonsum. Wir arbeiteten an einer eher basischen-orientierten

Diät mit Vollkorn, vor allem am Morgen, um seinen Blutzuckerspiegel hoch zu halten, viel gekochtes Gemüse und Proteine, die wenig Schleim produzieren. Wir nahmen auch Kräuter und Zusatzstoffe in den Plan auf, um seinen Körper zu reinigen und ins Gleichgewicht zu bringen.

Als wir tiefer in die Therapie einstiegen, benutzte er folgende Blütenheilmittel: *Clematis*, *Yarrow*, *Honeysuckle*, *Mariposa Lily* und *Wild Oat*. Er benutzte auch *Vervain*, um mit seiner Überängstlichkeit und seinen hochgespannten Nerven fertig zu werden. Er brach Kristalle im Bergbau und nutzte sie für sich selber.

Erst als Uranus im Übergang seinen Aszendenten traf, gestand er freimütig seinen Alkoholismus. Im November 1986 meldete er sich bei einer Organisation für Antialkoholiker an und ging regelmäßig zu den Treffen. Langsam überwand er seine Furchtsamkeit und konnte bald in der Gruppe mitreden. Er fing an zu reisen, Kristalle zu verkaufen und in verschiedenen Gegenden der Vereinigten Staaten abzubauen.

Noch hat er seine Wut - vor allem gegen Mutter und Ex-Ehefrau - nicht überwunden. Seit November 1986 hat er aber weder Alkohol noch Drogen zu sich genommen. Er nimmt weiterhin Zusatzstoffe, die helfen, seine Energie ins Gleichgewicht zu bringen und seinen Blutzucker zu kontrollieren.

Anschriften und Bezugsquellen

Horoskopberechnungen
Astrologische Beratungen
Kräuterversandhändler
Mineralienversandhändler
Meditationsmusik-Vertriebe
Blütenheilmittel
Aromatherapeutische Essenzen

In allen astrologischen Fachzeitschriften wie Astrolog, Astrologie heute, Jupiter oder Meridian bieten astrologische Computer-Service ihre Dienste an und es gibt in vielen Städten spezielle Fachgeschäfte für Kräuter, Mineralien, Musik und Düfte, außerdem werden viele dieser Dinge auch von Naturkostläden und ganz besonders Buchhandlungen angeboten. Für all diejenigen, die keine diesbezüglichen Möglichkeiten in der Nähe haben, haben wir eine Liste mit verschiedenen Versandhändlern, die dem Verlag bekannt sind, zusammengestellt. Diese Liste wird ständig aktualisiert und erweitert und kann mittels eines adressierten und frankierten Rückumschlages (Ausland: Internationaler Antwortschein) kostenfrei bezogen werden. Schreiben sie an:

Windpferd Verlag
Stichwort "So heilt der Kosmos"
Postfach
D - 8955 Aitrang

Bibliographie

Kapitel 1

Clow, Barbara. *Chiron: Rainbow Bridge Between the Inner and Outer Planets*. St. Paul, MN: Llewellyn Publications, 1987.

George, Demetra. *Asteroid Goddesses*. San Diego, CA:ACS Publications, Inc., 1986.

Hand, Robert. *Horoscope Symbols*. Gloucester, MA: Para Research, Inc.,1981.

Moore, Marcia and Mark Douglas. *Astrology, the Divine Science*. York Harbor, ME: Arcane Publications, 1971.

Naiman, Ingrid. *The Astrology of Healing*, Vol. II. Santa Fe, NM: Ingrid Naiman, 1984.

Naumann, Eileen. *The American Book of Nutrition & Midical Astrology*. San Diego, CA: ACS Publications, Inc., 1982.

Starck, Marcia. *Astrology: Key to Holistic Health*. Birmingham, MI: Seek-It Publications, 1982.

Kapitel 2

Ballentine, Rudolph, M.D. *Diet and Nutrition-A Holistic Approach*. Honesdale, PA: Himalayan Publications, 1978.

Heritage, Ford. *Composition and Facts about Foods*. Mokelumne Hill, CA: Health Research, 1971.

Rohe, Fred. *The Complete Book of Natural Foods*. Boulder, CO: Shambhala Publications, Inc., 1983

Kapitel 3

Grieve, M.A *Modern Herbal*. Mineola, NY: Dover Publications, Inc., 1971.

Hutchens, Alma R. *Indian Herbology of North America*. Windsor, Ontario: Merco, 1969.

Kloss, Jethro. *Back to Eden*. New York: Benedict Lust Publications, 1971.

Lucas, Richard. *Secrets of the Chinese Herbalists*. New York: Cornerstone Library, Inc., 1979.

Lust, John, *The Herb Book*. New York: Benedict Lust Publications, 1974.

Santillo, Humbart. *Natural Healing with Herbs*. Prescott Valley, AZ: Hohm Press, 1984.

Tierra, Michael.*The Way of Herbs*. Berkeley, CA: Orenda Publishing/Unity Press, 1980.

Kapitel 4

Clark, Linda. *The Ancient Art of Color Therapy*. New York: Simon & Schuster, Inc., 1975.

David, William. *The Harmonics of Sound, Color & Vibration*. Marina del Rey, CA: De Vorss & Co., 1980.

Dinshah, Darius. *The Spectro-Chrome System*. Malaga, NJ: Dinshah Health Society, 1979.

Gimbel, Theo. *Healing Through Colour.* Saffron Walden, Essex, Great Britain: C.W. Daniel Co., Ltd., 1980.

Heline, Corinne. *Healing & Regeneration Through Music*. Santa Barbara, CA: J.F. Rowny Press, 1968.

dto.*Healing & Regeneration Through Color.* Santa Barbara, CA: J.F. Rowny Press, 1972.

dto. *Color & Music in the New Age*. Marina del Rey, CA: De Vorss & Co., 1985.
Keyes, Laurel. Toning: *The Creative Power of the Voice*. Marina del Rey, CA: De Vorss & Co., 1964.
Lingerman, Hal. *Die Geheimnisse großer Musik,* Windpferd, Aitrang, 1990.
Tame, David. *The Secret Power of Music*: The Transformation of Self & Society Through Musical Energy. New York: Destiny Books, 1984.

Kapitel 5

Baer, Randall & Vicki. *Windows of Light.* San Francisco, CA: Harper & Row Publishers, Inc., 1984.
Bhattacharya, Benoytosh. *Gem Therapy.* Calcutta: Firma KLM Private Limited, 1985.
Isaacs, Thelma. *Gemstones, Crystals, & Healing*. Black Mountain, NC: Lorien House, 1982.
Lorusso, Julia & Joel Glick. *Healing Stoned: The Therapeutic Use of Gems & Minerals.* Albuquerque, NM: Adobe Press, 1976.
Mella, Dorothy. *Stone Power*. Albuquerque, NM: Brotherhood of Life, Inc., 1986.
Raphaell, Katrina. *Grystal Enlightenment: Vol. I.* New York: Aurora Press, 1985.
dto.*Crystal Healing: Vol. II.* New York: Aurora Press, 1987.
Uyldert, Mellie. Hugendubel, München, Verborgene Kräfte der Edelsteine 1988.

Kapitel 6

Chancellor, Philip M. *Handbook of the Bach Flower Remedies.* London: C.W. Daniel Co. Ltd., 1971

Flower Essence Repertory. Nevada City, CA: Flower Essence Society, 1986.
Gurudas. *Flower Essences and Vibrational Healing*. Albuquerque, NM: Brotherhood of Life, Inc., 1983.

Kapitel 7

Price, Shirley. *Praktische Aromatherapie*, Urania Verlag, CH-Neuhausen, 1991.
Tisserand, Robert B., *Aromatherapie-Heilbuch,* Windpferd, Aitrang, 1991.
Valnet, Jean, M.D. *Aromatherapy:* Heyne, München, 1988.

Kapitel 8

Starhawk. *The Spiral Dance: Rebirth of the Ancient Religion of the Goddess*. San Francisco, CA: Harper & Row Publishers, Inc., 1979.
Stein, Diane. *The Womens's Spirituality Book.* St. Paul, MN: Llewellyn Publications, 1987.

Verzeichnis der lateinischen und englischen Pflanzennamen (Kapitel 3)

Widder		
Nesseln	Nettles	Urtica urens
Klettenwurzel	Burdock Root	Articum lappa
Cayenne	Cayenne	Capsicum annum
Rotklee	Red Clover	Trifolium pratense
Gotu Kola	Gotu Kola	Hydrocotyle asiatica
Sassafras	Sasafras	Sassafras officinale
Krauser Ampfer	Yellow Dock	Rumex crispus
Johanniskraut	St. John´s Wort	Hypericum perfoliatum
Schafgarbe	Yarow	Millefolium
Stier		
Süßholz	Licorice	Glycyrrhizia glabra
Rotulme	Slippery Elm	Ulmus rubra
Bockshornklee	Fenugreek	Trigonella foenum graecum
Zwillinge		
Huflattich	Coltsfoot	Tussilago farfara
Königskerze	Mullein	Verbascum thapsiforme
Weißer Andorn	Horehound	Marrubium vulgare

Yerba Santa (Heiliges Kraut)	Yerba Santa	Yerba Santa
Echter Ysop	Hyssop	Hyssopus officinalis
Echter Alant	Elecampane	Inula helenium
Melisse	Lemon Balm	Melissa officinalis
Krebs		
Pfefferminze	Peppermint	Mentha piperita
Krauseminze	Spearmint	Mentha spicata
Papayablätter	Papaya leaf	Carica papaya
Löwe		
Borretsch	Borage leaves	Borrago officinalis
Weißdorn	Hawthorn	Crataegus oxyacantha
Mistel	European Mistletoe	Viscum album
Herzgespann	Motherwort	Leonurus cardiaca
Jungfrau		
Brombeere	Blackberry	Rubus div. spec.
Dill	Dill	Anethum graveolens
Fenchel	Fennel	Foeniculum vulgare
Leinsamen	Flax	Linum usitatissimum
Wegerich	Plantain	Plantago major
Waage		
Klettenlabkraut	Cleavers	Galium aparine
Wacholder	Juniper	Juniper communis
Petersilie	Parsley	Petroselinum sativum

Uva Ursi (Bärentraube)	Uva Ursi	Actostaphyllos Uva Ursi
Skorpion		
Aloe Vera	Aloe Vera	Aloe
Benediktendistel	Blessed Thistle	Cnicus benediktus
Faulbaum	Cascara Sagrada	Cascara sagrada
Ginseng	Ginseng	Panax ginseng
Poleiminze	Pennyroyal	Hedeoma pulegioides
Himbeerblätter	Raspberry leafs	Rubus idaeus
Sennesblätter	Senna	Cassica angustifolia
Schütze		
Löwenzahn	Dandelion	Taraxacum
Schachtelhalm	Horsetail	Equisetum arvense
Alraune*	Mandrake	Mandragora officinarum
Mahoniewurzel	Oregon Grape Root	Berberis aquifolium
Yamwurzel	Wild Yam	Dioscorea villosa
Steinbock		
Beinwell	Comfrey	Symphytum officinalis
Weißeiche	White Oak	Quercus alba
Wintergrün	Wintergreen	Gaultheria
Weinraute	Rue	Ruta graveolens
Wassermann		
Kamille	Chamomile	Matricaria chamomilla

Echte Katzenminze	Catnip	Nepetum cataria
Passionsblume	Passion flower	Passiflora incarnata
Helmkraut	Scullap	Scutellaria laterifolia
Baldrian	Valerian	Valeriana officinalis
Hopfen	Hops	Humulus lupulus
Fische		
Kanadische Gelbwz	Golden Seal	Hydrastis canadensis
Myrrhe	Myrrh	Commiphora myhrra
Echinazea-Wurzel (Sonnenhut)	Echinaccea Root	Echinacea augustifolia
Augentrost	Eyebright	Euphrasia rostkoviana
Beifuß	Mugwort	Artemisia vulgaris
Kava-Kava	Kava-Kava	Piper methysticum

Die Sternzeichenmusik von Merlin´s Magic

Spirit of Sagittarius
MC 30 Min. DM 24,-
ISBN 3-89385-248-4
CD 30 Min. DM 29,80
ISBN 3-89385-247-6

Spirit of Capricorn
MC 30 Min. DM 24,-
ISBN 3-89385-250-6
CD 30 Min. DM 29,80
ISBN 3-89385-249-2

Spirit of Aquarius
MC 30 Min. DM 24,-
ISBN 3-89385-252-2
CD 30 Min. DM 29,80
ISBN 3-89385-251-4

Spirit of Pisces
MC 30 Min. DM 24,-
ISBN 3-89385-794-X
CD 30 Min. DM 29,80
ISBN 3-89385-793-1

Spirit of Aries
MC 30 Min. DM 24,-
ISBN 3-89385-742-7
CD 30 Min. DM 29,80
ISBN 3-89385-741-9

Spirit of Taurus
MC 30 Min. DM 24,-
ISBN 3-89385-744-3
CD 30 Min. DM 29,80
ISBN 3-89385-743-5

Spirit of Gemini
MC 30 Min. DM 24,-
ISBN 3-89385-788-5
CD 30 Min. DM 29,80
ISBN 3-89385-787-7

Spirit of Cancer
MC 30 Min. DM 24,-
ISBN 3-89385-790-7
CD 30 Min. DM 29,80
ISBN 3-89385-789-3

Spirit of Leo
MC 30 Min. DM 24,-
ISBN 3-89385-792-3
CD 30 Min. DM 29,80
ISBN 3-89385-791-5

Stephan Schulte

Reiki und Energiearbeit

Immer mehr Menschen wollen Reiki kennenlernen

Die Hände sanft auflegen, Energie fließen lassen - und Heilung geschieht wie von selbst. Das ist Reiki. Hunderttausende lassen sich derzeit in die geheimnisvollen Rituale zur Übertragung reinster Lebensenergie einweihen. „Reiki und Energiearbeit" informiert knapp, aber umfassend über die Entdeckung von Reiki, Einweihungsrituale, Handpositionen und den Ablauf einer Reiki-Behandlung. Stephan Schulte, selbst Reiki-Meister und Heilpraktiker, schreibt hier aus der Sicht seiner eigenen Praxis, was man beim Umgang mit Reiki besonders beachten muß. Immer mehr Menschen wollen selbst Reiki-Meister werden oder einfach das wohltuende Fließen der Reiki-Energie genießen.

160 Seiten, DM/SFr 19,80
ÖS 155,00 ISBN 3-89385-133-X

Walter Lübeck

Die Reiki-Hausapotheke

Reiki-Behandlungen zur begleitenden Therapie von Über 40 Krankheiten. Mit naturheilkundlichen Ergänzungen

Eine wesentliche Wirkung der Reiki-Kraft ist die Unterstützung aller Lebensprozesse. Die Reiki-Hausapotheke gibt viele praktische Anleitungen zum Einsatz von Reiki bei der alltäglichen Gesundheitsvorsorge: Erstmals wird auch auf den Zusammenhang von Reiki und Ernährung ausführlich eingegangen. Reiki-Meister Walter Lübeck gibt Anleitungen - von der Reiki-Ganzbehandlung bis hin zu Reiki-Sonderpositionen. Den Kern des Buches bilden dabei die speziellen Behandlungspositionen für die einzelnen Beschwerden - mit vielen Abbildungen anschaulich und leicht nachvollziehbar illustriert.

160 Seiten, DM/SFr 19,80
ÖS 155,00 ISBN 3-89385-115-1

Gaby Rossbach

Visuelle Meditationen

Wege zum inneren Frieden. Kraftvolle Meditationen zur Tiefenentspannung, Atemharmonisierung, Energetisierung, Heilung und Harmonisierung von Aura und Chakren

„Visuelle Meditationen" ist ein ganz und gar praktisches Handbuch und wertvoll für alle, die gern meditieren. Bilder wie "Edelsteinhöhle", "Wanderung durch die Lichtsphären"und "Tempel im Himalaya" machen das Entspannen, Genießen und Davon-schweben zu einem Körper, Seele und Geist belebenden Ereignis. Diese visuellen Phantasiereisen mit ihrer archetypischen Bilder- und Symbolwelt wirken tief in die Psyche und Seele hinein und führen zu den höchsten Stufen spiritueller Meditation, in einen Raum von überwältigender Stille und Klarheit.

144 Seiten, DM/SFr 19,80
ÖS 155,00 ISBN 3-89385-108-9

Chris Foster

Wind über den Wellen

Liebe und Leben, Karma und Schicksal, verwoben in das feine Netz subtiler Energie, das alles Lebendige miteinander verbindet

Dieses Buch berührt das Herz wie ein wärmender, liebevoller Lichtstrahl. Liebe verbindet alle Wesen und Erscheinungen. Sie ist eine Macht, stärker als alles Unglück, alle Angst oder Einsamkeit. Und sie besitzt die Kraft zu verwandeln. Die Geschichte: vier Lebenswege, die nur scheinbar zufällig zusammengeführt werden - und ein verbindendes Netz von Energien ist ins Leben gerufen. Ein Wal, ein zweitausend Jahre alter Redwood-Baum, ein Mann und eine Frau. Eine ergreifende, spirituelle Liebesgeschichte.

144 Seiten, DM/SFr 16,80
ÖS 131,00 ISBN 3-89385-105-4

Melissa Gayle West

Wenn ich nur eine bessere Mutter wäre...

Wenn Mütter sich schuldig fühlen und glauben, nicht gut genug oder nicht verfügbar genug zu sein. Ein Weg zu emotionalem Gleichgewicht und spirituellem Wachstum

Frauen, die Probleme mit dem Ideal der "guten Mutter" haben - und das sind 99 % aller Mütter -, werden dieses Buch begrüßen - weil es ihnen zeigt, wie sie ihren Ärger, ihre Frustration aus Überforderung und ihre fortwährenden Schuldgefühle und unproduktiven Selbstzweifel als Anlaß zu einem kreativen und spirituellen Umgang mit sich selbst verändern können. Ein wichtiges Buch, das die verborgenen Gefühle vieler Mütter in positivster Weise verändern wird. Melissa Gayle West ist Mutter und Familientherapeutin.

176 Seiten, DM/SFr 19,90
ÖS 155,00 ISBN 3-89385-120-8

Cheryl Hetherington

Nie mehr abhängig sein

Erkennen und verändern: Beziehungsmuster, in denen man sich selbst verliert

Das Buch beschreibt mit kurzen Beispielen die Verhaltensmuster, die mehr als Indizien dafür sind, daß in Beziehungen zu viel Leid empfunden wird.
Co-Abhängigkeits-Muster werden diese Verhaltensweisen genannt, die sich vornehmlich als Reaktion auf einen oder mehrere Menschen beschreiben lassen. Wie kann man diese leidverursachenden Muster verlassen?
Das Buch bietet ein Lernprogramm, das hilft, bestimmte Dinge im Leben zu verändern - damit die eigenen Bedürfnisse angenommen und eigene Ziele entwickelt werden können: Für Co-Abhängige die wichtigste Aufgabe, die es in ihrem Leben zu lösen gibt.

144 Seiten, DM/SFr 19,80
ÖS 155,00 ISBN 3-89385-120-8